全国建设行业职业教育任务引领型规划教材

物业管理法规应用

（物业管理专业适用）

主编　蔡　峰
主审　邓世豹

中国建筑工业出版社

图书在版编目（CIP）数据

物业管理法规应用（物业管理专业适用）/蔡峰主编. —北京：中国建筑工业出版社，2012.7
（全国建设行业职业教育任务引领型规划教材）
ISBN 978-7-112-14496-9

Ⅰ.①物… Ⅱ.①蔡… Ⅲ.①物业管理-法规-基本知识-中国 Ⅳ.①D922.181

中国版本图书馆CIP数据核字（2012）第153179号

本书分为物业管理法律基础知识的准备、物业服务企业相关法规应用、业主及业主组织相关法规应用、前期物业服务相关法规应用、物业服务合同法规应用、物业管理事务相关法规应用、物业收费相关法规应用、物业管理纠纷的处理共八个部分。

本书可作为职业院校物业管理专业教材，也可作为相关专业人员培训教材。

* * *

责任编辑：张　晶　刘平平
责任设计：李志立
责任校对：肖　剑　陈晶晶

全国建设行业职业教育任务引领型规划教材
物业管理法规应用
（物业管理专业适用）
主编　蔡　峰
主审　邓世豹

*

中国建筑工业出版社出版、发行（北京西郊百万庄）
各地新华书店、建筑书店经销
北京红光制版公司制版
北京市安泰印刷厂印刷

*

开本：787×1092毫米　1/16　印张：12½　字数：268千字
2013年1月第一版　2013年1月第一次印刷
定价：27.00元
ISBN 978-7-112-14496-9
（22566）

版权所有　翻印必究
如有印装质量问题，可寄本社退换
（邮政编码　100037）

前　言

　　《物业管理法规应用》是根据职业教育物业管理专业的特点和要求，在任务引领型大纲的指引下，本着中等职业教育理论知识够用，注重实操技能的原则，结合目前职业学校学生的学习、就业实际情况的基础上编写的。

　　本书有以下特点：

　　1. 内容编排合理，按照物业管理活动的顺序分为八个任务，内容包括：物业管理法律基础知识的准备、物业服务企业相关法规应用、业主和业主组织相关法规应用、前期物业管理法规应用、物业服务合同相关法规应用、物业事务相关法规应用、物业收费相关法规应用、物业管理纠纷的解决。书中提供了大量综合案例分析和现实建议，可以帮助读者结合实际学习物业法规，该书每个任务后面还提供了课堂活动，建议老师有效利用活动进一步提高学生解决问题的能力。

　　2. 法规全面、内容新，由于我国的物业管理立法十分活跃，不断有新法代替旧法，本书是根据新的《物权法》和国务院修改的《物业管理条例》进行编写，而且物业管理存在很大程度的学科交叉性，大量涉及物业管理的法律法规散见于其他法律法规之中。此外，地方性物业管理法规和规章尤其丰富。所以，本教材特别注重在众多法律性文件中选择需要的内容在教材中加以阐述。

　　3. 内容实用，本书选取一些典型案例、疑难问题和常用文书，尽可能为读者提供更多实用、宽角度的纠纷解决信息。问题的设置是由浅入深，达到引导的效果，同时还列举了案例相关的法条，并解释了案例中的问题，使读者可以进一步了解相关的法律规定和应用知识。

　　本书可作为中等职业学校、高等职业技术院校、成人教育学院的教学用书，也可作为从事物业管理的相关人员学习和日常工作用书。

　　本书由蔡峰主编，其中任务1、任务5、任务8由蔡峰负责编写；任务2、任务3、任务4由关红丽负责编写；任务6、任务7由许燕丹负责编写。

　　广州市土地房产管理职业学校的有关领导对本书的编写极为重视，温小明校长、彭玉蓉科长、何汉强主任都给予了大力支持和帮助，广东商学院法学院院长邓世豹拨冗审阅了本书，并提出很多宝贵意见，在此一并表示衷心的感谢。

　　由于时间和篇幅有限，对于本书不足之处，诚挚欢迎广大读者提出宝贵的批评和修改意见。

任务1 物业管理法律基础知识的准备 ································ 1
任务1.1 认识物业管理行业涉及的法律法规 ·························· 1
任务1.2 认识物业管理法律关系 ······································ 6
任务1.3 认识物业管理法律责任 ······································ 13

任务2 物业服务企业相关法规应用 ································ 21
任务2.1 物业服务企业性质、法律地位和种类的认识 ················ 21
任务2.2 物业服务企业的设立 ······································ 25
任务2.3 物业服务企业的资质管理 ·································· 30

任务3 业主及业主组织相关法规应用 ······························ 38
任务3.1 业主与物业使用人的认识 ·································· 38
任务3.2 业主大会的召开 ·· 42
任务3.3 业主委员会的组建 ··· 49
任务3.4 业主委员会委员的选举及其资格的终止 ···················· 57

任务4 前期物业服务相关法规应用 ································ 61
任务4.1 临时管理规约的制订 ······································ 61
任务4.2 物业管理招投标 ·· 69
任务4.3 物业服务机构更迭时的承接查验 ··························· 75

任务5 物业服务合同法规应用 ······································ 82
任务5.1 前期物业服务合同法规的应用 ······························ 82
任务5.2 物业服务合同的订立 ······································ 89
任务5.3 物业服务合同效力的认定 ·································· 100
任务5.4 物业服务合同的履行、变更、转让和终止 ·················· 106
任务5.5 物业服务合同违约责任的认定 ······························ 110

任务6　物业管理事务相关法规应用 ……116
　　任务6.1　物业管理事务之装修管理 ……116
　　任务6.2　物业管理事务之维修管理 ……125
　　任务6.3　物业管理事务之共用部位、设施设备管理 ……129
　　任务6.4　物业管理事务之公共安全防范管理 ……134
　　任务6.5　物业管理事务之消防管理 ……139
　　任务6.6　物业管理事务之车辆管理 ……143
　　任务6.7　物业管理事务之清洁、绿化管理 ……148

任务7　物业收费相关法规应用 ……153
　　任务7.1　物业服务费的管理 ……153
　　任务7.2　物业专项维修资金的管理 ……160

任务8　物业管理纠纷的处理 ……166
　　任务8.1　常见物业纠纷解决途径的认识 ……166
　　任务8.2　物业纠纷仲裁的认识 ……170
　　任务8.3　物业纠纷民事诉讼的认识 ……176
　　任务8.4　物业纠纷行政诉讼的认识 ……184

参考文献 ……191

任务 1
物业管理法律基础知识的准备

【学习目标】
1. 了解中国内地物业管理的立法概况,了解中国香港物业管理的立法概况。
2. 能够正确指出实践活动中物业管理法律关系的主体、客体、内容三要素。
3. 能够正确判断物业服务行为所属的法律责任的种类,熟悉其承担责任方式,运用法律责任归责原则来认定责任。

任务 1.1 认识物业管理行业涉及的法律法规

我国内地的物业管理产生于 20 世纪 80 年代初期,1981 年 3 月 10 日深圳第一家物业服务企业的成立,首创了"社会化、专业化、企业化经营性的物业管理体制"。之后物业管理在我国迅速发展,为了更好地规范物业管理行业,促进行业的健康发展,使物业管理行业有章可循、有法可依、适应时代的要求,从 1994 年深圳市颁布了《深圳经济特区住宅区物业管理条例》开始,全国性的行政法规和地方法规规章都对物业管理这个朝阳行业作了详细的规定。

物业管理法律法规,是指由国家权力机关或其授权的行政机关制定的,旨在调整国家及其有关机构、企事业单位、社会团体、公民之间在物业管理活动中发生的各种社会关系的一系列特定的物业管理法律规范的整体。从狭义上来讲,我国还没有专门的物业管理法律,即没有全国人大制定颁布的专门性物业管理法律。2003 年 9 月 1 日国务院颁布实施的《物业管理条例》(以下简称《条例》)是国家级物业管理行政法规,具有里程碑式的意义,它标志着我国物业管理进入了法制化、规范化发展的阶段。《条例》是我国第一部全国性物业管理行政法规,是物业管理从业人员执业最直接依赖的法律依据。其他行政法规主要以部门规章以及地方性物业管理法规和规章为主。2007年全国人大通过了《中华人民共和国物权法》，该法第六章"业主的建筑物区分所有权"明确了物业管理中的一些相关原则和概念。从广义来讲，凡是宪法、经济法、民法等各部门法律中有关物业管理活动及物业管理关系的法律规范，都属于物业管理法的范畴。

1.1.1 了解物业管理法律法规和政策体系

到目前为止，我国还没有由全国人大制定颁布的专门的物业管理法律。这里把在物业管理工作中经常要用到的相关法律法规和政策归纳如下：

1. 宪法

宪法是国家的根本大法，由全国人民代表大会制定和修改，具有最高的法律效力，是一切组织和个人的根本活动准则。宪法是物业管理法律规范制定的基础和依据，宪法中有关土地所有、使用及公民财产权保护等方面的规定，是物业管理立法的基本依据和指导思想。

2. 法律

法律是由国家最高权力机关及其常设机关，即全国人民代表大会和全国人大常委会制定颁布的规范性文件，其法律效力仅次于宪法，在全国范围内生效。此外，全国人民代表大会和全国人大常委会发布的具有规范性内容的决定和决议，也与法律具有同等效力。目前没有专门调整物业管理关系的如《物业管理法》等法律。广义上，物业管理法律规范在法律这一层级涵盖在《中华人民共和国民法通则》、《中华人民共和国物权法》、《中华人民共和国城市房地产管理法》、《中华人民共和国合同法》、《中华人民共和国公司法》、《中华人民共和国土地管理法》、《中华人民共和国消防法》等的一些条文中。

3. 行政法规

行政法规是由国家最高行政机关即国务院在法定职权范围内为实施宪法和法律而制定的有关国家行政管理的规范性文件，包括条例、规定、办法三种形式，其效力仅次于宪法和法律，也在全国范围内生效。此外，国务院发布的决定和命令，其中有规范性内容的，也与行政法规具有同等的效力。在国务院制定的行政法规、决定和命令中，其中有关物业管理的部分，是物业管理法律规范的具体表现形式之一，如《物业管理条例》、《城市私有房屋管理条例》、《城市房地产开发经营条例》、《城市绿化条例》等。

4. 部门规章

部门规章是国务院所属部委根据法律和国务院行政法规、决定、命令，在本部门的权限内，所发布的各种行政性的规范性文件，其效力低于宪法、法律和行政法规。国务院所属各部委在其职权范围内发布的有关物业管理的命令、指示、规章，也是我国物业管理法律规范的具体表现形式之一，如《城市新建住宅小区管理办法》、《前期物业管理招标投标管理暂行办法》、《物业服务收费管理办法》、《物业服务企业资质管理办法》等。

5. 地方性法规

地方性法规是由省、自治区、直辖市、全国人民代表大会特别授权的市及省会城市和经国务院批准的较大的市的人民代表大会及其常务委员会根据本地区的具体情况和实际需要，在法定权限内制定发布的适用于本地区的规范性文件，其效力低于宪法、法律和行政法规，如《广东省物业管理条例》等。

6. 地方性规章

省、自治区、直辖市、省会城市和较大的市的人民政府，可以根据法律、行政法规和地方性法规，制定地方政府规章，其效力低于同级权力机关制定的地方性法规，例如，1998年7月20日发布施行的《深圳经济特区物业管理行业管理办法》、2001年3月23日发布施行的《广州市物业管理办法》等。

7. 司法解释

司法解释也是物业管理法律规范的表现形式。司法解释是根据最高司法机关对工作中具体应用法律问题所作的解释。这类解释包括最高人民法院作出的审判解释，最高人民检察院作出的检察解释，以及最高人民法院和最高人民检察院联合作出的解释，如《最高人民法院关于审理物业服务纠纷案件具体应用法律若干问题的解释》、《最高人民法院关于审理建筑物区分所有权纠纷案件具体应用法律若干问题的解释》等。

8. 国家政策

在物业管理立法相对滞后，不能适应物业管理发展的需要时，如果在物业管理活动出现法律没有规定的情况，可以依据国家政策予以处理和解决。如国务院发布的《进一步深化城镇住房制度改革、加快住房建设的通知》、《关于促进房地产市场持续健康发展的通知》，均是对物业管理有重大影响的国家政策。但是，政策作为物业管理法的表现形式，必须与现行法律基本精神不相抵触，并且其适用必须是现行法律没有规定的。

9. 其他规范性文件

规范性文件是指与物业管理活动相关的行政管理机关在其法定职权范围内制定的实施具体行政行为的具有约束力的规范性管理文件，具有法律效力，如广东省建设厅发布的《关于贯彻〈物业管理条例〉有关问题的通知》等。要说明的是有些部门和单位所制定、执行自己制定的规范性文件，如与现行法律法规相抵触，则是无效的。

1.1.2 认识《物权法》和物业管理关系

《物权法》共5编、19章、247条，其中与物业管理方面关联最密切的是其第六章。第六章对业主的建筑物区分所有权作了全面的界定。明确了业主对建筑物专有部分和共有部分享有的权利与应尽的义务，并具体对建筑区划内的道路、车位、车库归属作了相应的规定。对业主是否及如何成立组织团体，行使决定权的主要内容范围及规则，建筑物及其附属设施的维修资金归属、筹集、用途，建筑物及其附属设施的费用分摊、收益分配，业主管理建筑物及其附属设施的方式，业主的基本行为规范，业主组织对违规行为的制止权和求偿权，业主个人的维权方式等作了较为详尽的规定。2007年9月1日，国务院根据《物权法》的精神，公布了《关于修改〈物业管理条例〉的决定》以及新的《条例》的全文，在业主委员会的成立、业主对一些事项的决定和业主权益的保护等几个方面对原有的《物业管理条例》作了重要的修改，并且明确了物业服务公司"服务"的职能定位。

1.1.3 认识中国香港地区的物业管理立法

香港政府1970年制定的《多层大厦（业主立案法团）条例》建立起一套具有地方特色的物业管理制度。但是由于成立"业主立案法团"法律限制太多，对法团的授权不足，因此"业主立案法团"自治管理发展模式较慢。经过多年讨论和修改，1993年5月8日香港政府颁布的《建筑物管理条例》（香港法例344章）正式生效，为香港政府物业管理的正常运作提供了完善的法律构架。

《建筑物管理条例》增加了业主对大厦管理的参与决策权，对业主立案法团的成立、管理委员会、大厦公共契约的强制性条款、业主的权利义务及业主在行使权力时应受到的限制、违反条例的罚则等都作了详细的规定，如规定成立业主法团首先要召开业主大会。召开业主大会，须在会议举行前14天由召集人将会议通知送达每一位业主。会议通知要列明开会日期、时间、地点，以及会议将要决定的事项，其中包括成立管理委员会。管理委员会成立后的28天内，必须向田土注册处申请将业主注册为法团，法团成立后，该建筑物所享有的权利、特权和责任将都交由法团去运作和执行，法团在法律上便负起业主对该建筑物各公共地方应负的一切责任，而管理委员会则以类似公司董事局的方式处理法团事务。法团可以直接对大厦进行管理也可以委托物业公司代为管理，法团与物业公司签订合同，法团通常以招标的方式雇佣物业服务企业，这是一种双向的市场选择。

香港物业管理的立法模式是"物业管理法模式"也就是专设物业管理法（《建筑物管理条例》），统一规制物业管理法律关系。这种模式和内地比较接近，值得借鉴，例如在业主委员会的设计上，目前内地对此存在争议，香港做法是：①与业主委员会相对应的机构名称是管理委员会，管理机构的性质和地位是某一建筑物的业主立案法团的代表机构与执行机构。业主立案法团是一个经过登记注册的社团法人。管理委员会不以自己名义对外，而以业主立案法团的名义对外，这类似于一个机构中的董事会。②管理委员会由一定业主开会决议成立，之后由管理委员会再行申报设立业主立案法团，即管委会成立在先。同时，业主不能根据业主会议决定成立时，则由主管行政机关依业主的申请命令成立，或者由一定数量的业主或主管行政机关向司法机构申请，由司法机构裁定并任命一名业主召集业主开会成立。③管理委员会的成员不限于业主自身，可以是业主，也可以是业主委托的代表，也可以是承租人委任的代表。④管理委员会的职权主要由公共契约规定，而非由法律明确列举规定，通常包括为维护建筑物的正常使用、社区秩序的运行及对违反公契的人的追究等事项的决定及执行。

1.1.4　认识物业管理法律法规与政策的关系

在物业管理的探索和起步阶段，房地产和物业管理方面的相关政策是管理工作的主要依据，一方面物业管理在我国的发展速度很快，而另一方面立法工作又相对滞后，在这种情况下，相关政策就成为法律法规的必要补充。物业管理的相关政策主要见于涉及土地管理体制、房地产市场发展乃至经济体制改革等更为宏观领域的政策文件之中，只在其中的某项或某部分规定有所体现，纯粹规定物业管理方面内容的政策几乎是没有的。作为物业管理从业人员，要密切关注党和国家发布的与房地产和物业管理有关的所有最新政策，从中领会对现实工作有指导意义的精神，并将其尽快贯彻到自己的实际工作中去。

在我国，法律与政策是互相联系的，政策是法律的依据，对法律起着指导作用。法律的制定和实施都必须以政策为根据和作为指导。我们既不能把政策与法律等同起来，也不能把法律和政策割裂开来甚至对立起来。法律和政策互为目的和手段，但政策不能代替法律，法律对政策起着制约作用。政策与法律之间有着本质的区别：

1. 制定的主体和程序不同

法律是由国家制定或认可、由国家立法机关按照法定的立法程序制定出来的。党的政策是由党中央制定的。

2. 实施的方式不同

法律是由国家强制力保证实施，它具有普遍的约束力，每个社会成员都必须遵守，对违法犯罪的，要由国家给予相应的法律制裁。党的政策的实施不是依靠国家强制力，只对于党的组织和党员具有约束力。党的政策在人民群众中的贯彻实施，主要依靠党组织的宣传说服教育和号召，以及人民群众对党的政策的信任和自觉拥护。

3. 表现形式不同

法律具有确定性和规范性，它是肯定的、明确的、普遍的规范。法律制定后，以条文的形式颁布施行，具体规定出人们的权利与义务关系。党的政策虽然也有规范人们行为的属性，但不像法律规定的那样明确和具体，一般比较原则、概括，属于方针性的规定和号召，带有方向性、指导性、号召性的特征。权利和义务关系规定得不很明确和具体。政策的表现形式也是多种多样的。

4. 调整社会关系的范围不完全相同

社会主义法律一般是调控对国家政权和人民利益有直接和重大影响的社会关系。党的政策却在整个社会生活的各个领域中发挥作用。法律与政策调整的社会关系有交叉和重合，但也有区别。一般地说，政策比法律调整的社会关系的范围更广泛。

5. 相对稳定性不同

法律一般是按照规定的立法程序由国家机关制定、修改或废除，具有比较大的相对稳定性。法律一旦被制定出来，非经有权机关按照法定程序加以修改、补充或废除，任何其他机关、团体或个人，都无权擅自修改或废除。党的政策是党和国家根据一定的政治经济形式发展的需要制定、修改和废除的，它随形势的发展变化而变化，因此，政策的灵活性和变化性较大，其相对稳定性比较小。

总之，依法行为，依合同服务，是物业管理最为重要的原则之一。物业管理人员必须随时关注和了解国家和地方政府颁布的有关法律、法规、规章与政策，领会精神，把握实质，依法依约行为，规范尽责服务。

【课堂活动】

1. 上网查阅《物权法》第6章。

思考：总结归纳《物权法》颁布对物业管理有哪些方面的影响？

2. 以下是我国颁布的一些与物业管理有关的政策法规：①宪法；②《物权法》；③《民法通则》；④《合同法》；⑤《物业管理条例》；⑥《物业服务企业资质管理办法》；⑦《物业服务收费管理办法》；⑧《前期物业管理招标投标暂行办法》；⑨《业主大会和业主委员会指导规则》。

思考：根据法律效力由高到低，对以上的规范性文件进行列举（如果效力相同的，并列写在括号里）。

任务1.2　认识物业管理法律关系

法律关系是法律规范在调整人们行为的过程中所形成的一种特殊的社会关系，即法律上的权利与义务关系。物业管理法律关系是法律关系的一种，即物业管理法律规范调整人们在物业管理过程中形成的权利与义务关系。

1.2.1　认识物业管理法律关系的特征和类型

1. 物业管理法律关系的特征

（1）物业管理法律关系是由多重关系共同组成的统一体，即它并非仅指某一对主体之间的关系，而是人们在取得、利用、经营和管理物业的过程中形成的多重关系的组合。在这个多重关系中有主要关系和次要关系之分，比如：物业服务企业受业主委员会的委托，承担居住小区的物业管理，物业服务企业与业主委员会签订了物业服务合同。合同签订后，由物业服务企业向所在地的区、县房地产行政管理机关备案。在这个物业管理法律关系中，主要关系是物业服务企业与业主委员会之间的关系，次要关系是物业服务企业与房地产行政管理机关之间的关系。次要关系是从属于主要关系的，也就是说，没有主要关系的发生，次要关系也不会存在。

（2）物业管理法律关系的内容即主体间的权利、义务，既有平等主体间的民事关系，又有不平等主体间的行政管理关系。如前所述，物业服务企业与业主委员会的关系是平等主体之间的民事关系，在物业管理过程中，物业服务企业作为一种民事主体，对物业进行修缮、养护、经营和对业主或非业主使用人提供特约服务，业主或非业主使用人给物业服务企业支付一定的劳务报酬。双方的权利义务用物业服务合同的形式予以反映。另外，物业是城市的基本组成部分，管理维护物业及环境是一种重要的社会管理内容，各种物业管理主体在公共安全、公共秩序、社会责任等方面也应当承担一定的法律责任，所以政府或司法机关对开发建设单位、物业服务企业、业主、物业使用人在物业使用、维护、监控等方面存在着监管关系。并不是说，只要界定和规范好业主与物业服务企业的关系，政府就可以不用管了，在民事关系之外，还必须存在着行政管理关系。

2. 物业管理活动中常见的法律关系

（1）业主相互之间的关系

业主是物业管理区域内重要的责任主体，物业管理本质上是业主对物业管理区域内共同利益的维护和管理。业主大会和业主委员会都是业主权利的延伸，临时规约也是保证业主在行使自己权利的同时应当承担相应的义务。

（2）物业服务企业与业主之间的关系

物业服务企业是依照公司法设立的，自主经营、独立核算、独立承担民事权利和义务的民事主体。业主和物业服务企业完全平等，双方通过签订物业服务合同，形成了物业服务企业服务、业主支付服务费的等价交换关系，是一种真正的民事行为。

（3）开发商与业主及物业服务企业之间的关系

开发商在没有销售完商品房之前，拥有这些房屋的产权通常叫他"大业主"，商品房销售阶段的物业管理服务，也就是前期服务，前期物业服务合同由开发商和物业服务企业来签订，同时购房人在与开发商签订的购房合同中，必须包含前期物业服务合同的内容，从而让购房人承担前期物业服务合同约定的权利和义务。实际上，业主在前期物业管理阶段接受服务是建立在以上两个合同之上，因此他们之间是合同关系。

（4）供水、供电等单位与业主及物业服务企业之间的关系

供水、供电、供气、通讯、有线电视等单位是企业，他们向业主提供产品和服务，业主交纳有关费用，因此也是一种合同关系。而这些单位和物业服务企业并没有这种合同关系。《物业管理条例》第45条的明确规定："物业管理区域内，供水、供电、供气、供热、通讯、有线电视等单位应当向最终用户收取有关费用。"这条行政法规将交纳义务人的业主、住户（即最终使用者）规定为该等公用事业服务的最终用户，而非物业服务企业。

（5）社区居委会和业主、业主大会及物业服务企业的关系

社区居委会是自我管理、自我教育、自我服务的基层群众性自治组织，在很多职能上是政府的延伸。业主大会是业主由于共同财产关系而形成的利益群体，居委会和业主大会之间并不存在隶属关系，也不是上下级关系。但是，业主、业主大会要维护好自己的权益，离不开当地居委会的指导和帮助。

(6) 物业管理各方主体与政府之间的关系

政府与物业管理各方主体之间的关系，是一种行政法律关系。政府的主要职责是依法制定规则来规范有关主体的行为，并通过加强规范和监督维护这种规则，为双方创造良好的交易环境。

1.2.2 认识物业管理法律关系的主体

物业管理法律关系的主体，是指物业管理法律关系的参加者，是物业法律关系中依法享有权利和承担义务的个人、法人和其他组织。物业管理法律关系的主体主要包括业主和物业使用人、业主大会和业主委员会、开发商、物业服务企业、专业服务企业、行政管理机关、物业管理行业协会等。

1. 业主和物业使用人

(1) 业主，即物业的所有权人，是物业管理法律关系的最重要、最基础的主体。业主完全有权利依照自己的意愿占用、使用、收益、处分自己所有物业的权利。业主可以分为自然人主体和非自然人主体。自然人主体具有权利能力和行为能力。权利能力始于出生，终于死亡。只要有本国国籍的自然人均享有平等的权利能力。自然人的行为能力主要指其民事行为能力，分为完全民事行为能力、限制民事行为能力和无民事行为能力。《民法通则》第11条规定："十八周岁以上的公民是成年人，具有完全民事行为能力，可以独立进行民事活动，是完全民事行为能力人。十六周岁以上不满十八周岁的公民，以自己的劳动收入为主要生活来源的，视为完全民事行为能力人。"第12条规定："十周岁以上的未成年人是限制民事行为能力人，可以进行与他的年龄、智力相适应的民事活动；其他民事活动由他的法定代理人代理，或者征得他的法定代理人的同意。不满十周岁的未成年人是无民事行为能力人，由他的法定代理人代理民事活动。"第13条规定："不能辨认自己行为的精神病人是无民事行为能力人，由他的法定代理人代理民事活动。不能完全辨认自己行为的精神病人是限制民事行为能力人，可以进行与他的精神健康状况相适应的民事活动；其他民事活动由他的法定代理人代理，或者征得他的法定代理人的同意。"而非自然人的权利能力和行为能力一般是同时产生同时消灭。

(2) 物业使用人，是指物业的承租人和其他实际使用物业的人。物业使用人与建设单位和物业服务企业没有直接的关系，既不是买卖合同的一方，也不是物业服务合同的一方。该类主体由于对物业不享有所有权，因此一般也不能成为业主大会和业主委员会的成员。但物业使用人却是现代物业区域的重要成员，为了能约束物业使用人独立存在的地位，物业使用人的权利和义务不仅源自其与业主间租赁合同的约定，而且也出自法律法规及管理规约等规定。如：《物业管理条例》第42条规定："业主应当根据物业服务合同的约定交纳物业服务费用。业主与物业使用人约定由物业使用人交纳物业服务费用的，从其约定，业主负连带交纳责任。已竣工但尚未出售或者尚未交给物业买受人的物业，物业服务费用由建设单位交纳。"第48条规定："物业使用人在物业管理活动中的权利义务由业主和物业使用人约定，但不得违反法律、法规和管理规约的有关规定。物业使用人违反本条例和管理规约的规定，有关业主应当承担连带责任。"

2. 业主大会和业主委员会

（1）业主大会，是由物业管理区域内全体业主组成的，是物业内的最高决策机构。各国及地区关于业主大会的法律地位有不同规定。有的认为可以注册为法人，如法国、新加坡及中国香港地区；有的认为不具备法人资格，如德国及中国台湾地区。《物业管理条例》第8条规定："物业管理区域内全体业主组成业主大会。业主大会应当代表和维护物业管理区域内全体业主在物业管理活动中的合法权益。"第10条规定："同一个物业管理区域内的业主，应当在物业所在地的区、县人民政府房地产行政主管部门或者街道办事处、乡镇人民政府的指导下成立业主大会，并选举产生业主委员会。"但目前《物权法》和《物业管理条例》并未明确业主大会的法律地位。

（2）业主委员会，是指由物业管理区域内的业主根据业主大会议事规则选举产生，代表业主利益的组织机构，是业主大会的常设理事机构。《物业管理条例》及各地方立法都突出了业主委员会的法律地位，赋予其许多职责和权能。

3. 开发商

开发商即房地产开发企业，《城市房地产管理法》第29条规定："房地产开发企业是以营利为目的，从事房地产开发和经营的企业。"由于开发商是物业的投资者，是物业原始所有权的取得者，因而在物业销售前具有唯一业主的资格，特别在前期物业管理中因其大业主的身份，更具有特殊的职能。例如《物业管理条例》第22条规定："建设单位应当在销售物业之前，制定临时管理规约，对有关物业的使用、维护、管理、业主的共同利益、业主应当履行的义务，违反规约应当承担的责任等事项依法作出约定。"目前实践中前期的物业管理多由开发商下属的物业企业或者选聘的物业企业管理，开发商在物业售出后一段时间仍然持有较多的所有权比例，因此开发商有第一次选择物业服务企业的优先权。但随着物业销售的进展，开发商将逐步失去其在前期物业管理中的地位，最终成为普通业主或退出业主的行列。

4. 物业服务企业

物业服务企业是指根据物业服务合同，接受开发商或业主的委托，对物业进行专业化管理，提供有偿物业服务的企业，是物业管理法律关系中另一个最重要的主体。《物业管理条例》第32条规定："从事物业管理活动的企业应当具有独立的法人资格。"因此物业服务企业主要是以公司的形式出现，成为物业服务企业。

物业服务企业具有双重职能。一方面，物业服务企业是物业服务合同的一方当事人，为业主提供有偿物业管理服务，与业主之间是平等的民事主体，双方存在服务和被服务关系、委托和被委托关系；另一方面物业服务企业承担了部分政府对城市管理的职能，包括公共秩序维护等事项的协助管理、环卫、交通、绿化等，并接受有关部门的行政管理。

5. 专业服务企业

专业服务企业是指专门从事某项服务的企业。随着物业管理专业化的需要，物业服务企业可以将物业管理区域内的专项服务委托给专业服务企业。这就需要和其他管理工作有关的专业发生联系，同他们签订委托合同，如保安企业、绿化企业、清洁企业、煤气企业、电梯企业等，由他们对小区内的专项业务提供服务。

6. 行政管理部门

房地产行政管理部门是物业管理活动的归口管理部门，目前各地房地产行政管理部门一般都设有物业管理办公室负责本行政区域内的物业管理工作。此外物业管理法律关系中的业务管理部门还包括建设、公安、消防、环保、市政等行政管理部门分别负责相应的物业管理活动。《物业管理条例》第5条规定："国务院建设行政主管部门负责全国物业管理活动的监督管理工作。县级以上地方人民政府房地产行政主管部门负责本行政区域内物业管理活动的监督管理工作。"第46条规定："对物业管理区域内违反有关治安、环保、物业装饰装修和使用等方面法律、法规规定的行为，物业服务企业应当制止，并及时向有关行政管理部门报告。有关行政管理部门在接到物业服务企业的报告后，应当依法对违法行为予以制止或者依法处理。"

7. 物业管理协会

物业管理协会是以物业服务企业为主体，相关企业参加，按照相关法律、法规自愿组成的行业性自律组织，其宗旨在于促进本行业集体性利益或共通性利益。它有非营利性和中介性特点，例如中国物业管理协会是具有社团法人资格的社会团体，业务主管部门为国土资源和房屋管理局，注册部门为民政局。主要是"双向服务"，一是为政府，二是为企业。具体职能包括：协助政府贯彻执行有关的国家政策法规；协助政府开展行业调研和统计，为政府在物业管理行政管理中的决策提供咨询建议；协助政府组织和指导物业管理行业科研成果的转化和新技术、新产品的推广应用工作，促进行业科技进步；代表和维护企业的合法权益，向政府反映企业合理要求和建议；组织制定并监督本行业的行规行约，建立行业自律机制，规范行业自我管理行为，树立行业良好的形象；进行行业内部协调，维护行业内部公平竞争；为会员单位的企业管理和发展提供信息和咨询服务；组织和开展对物业服务企业的资质评定和管理、物业管理优秀示范项目的达标考评和从业人员执业资格培训工作；促进国内、国际行业交流和合作。

1.2.3 认识物业管理法律关系的客体

物业管理法律关系的客体是指物业管理法律关系权利义务指向的对象，包括物、行为和非物质财富等。

1. 物

物即物业，包括建筑物、附属设施设备和相关场地。物业的所有权归属一般分为专有部分和共有部分。专有部分是指物业中具有构造上和使用上的独立性部分，业主对专有部分享有单独所有权，物业服务合同中授权委托物业服务企业服务内容一般不涉及专有部分。共有部分指物业中除去专有部分由全体或多数业主共同拥有和使用的部分。业主对共有部分的使用不得妨碍侵犯其他业主的权益，而且共有部分的重大事项必须经业主大会决议批准。共用部分的维修管理是物业服务合同的主要内容。

2. 行为

行为即指物业管理关系中各主体的行为，具体可分以下三类：①业主及非业主使用人的行为。业主和非业主使用人必须依照法律、规约和合同规定使用物业，交纳物业服务费，不损害其他业主的利益。业主大会和业主委员会必须依照法律和规约的要求行使权利。②物业服务企业的行为。物业管理本质上是一种服务行为，因此物业管理法律关系的客体主要是指这类行为，它是物业管理当事人权利义务关注的焦点。③有关部门的行政管理行为。包括房地产行政主管部门对物业服务企业的行业管理及其他有关部门对物业服务企业的业务管理，也包括有关部门依法对业主大会和业主委员会的成立和活动的管理。

3. 非物质财富

非物质财富是指物业管理中涉及智力活动成果，如物业小区的荣誉称号、规划设计等。

1.2.4 认识物业管理法律关系的内容

物业管理法律关系的内容是指物业管理法律关系的主体之间依据法律、合同而享有的权利和所承担的义务。

物业管理的权利是指物业服务企业或物业的所有者、使用者依照法律规范或物业服务合同所规定的主体所享有的，作出某种行为的可能性。它既可以表现为享有权利的人有权自己作出一定的行为，例如，物业的所有人或使用人可以合法使用物业及其附属的公共配套设施；也可以表现为享有权利的人有权要求他人作出或不做一些行为，例如，物业所有人或使用人有权要求物业服务企业不得在休息时间视察房屋、维修房屋；同样物业服务企业有权要求住户不得拒绝或干扰管理人员的合理入户巡查等。

物业管理的义务是指物业服务企业或物业的所有者、使用者依照法律规定或合同约定的主体所必须承担的某种行为的必要性或责任。它表现为负有义务的物业服务企业或物业所有人、使用人必须按照物业所有人（或使用者）的要求作出一定的行为，如按时交纳管理费、纠正违章并赔偿已造成的损失等。

物业管理的法律关系纵横交错，权利的主体和义务的主体经常处于交叉混合的状态，如住户在享有使用物业的法定权利的同时，又负有维护物业完好的公共秩序义务；物业服务企业在行使法定权利同时，又负有不侵害住户的合法权利，为住户热情服务的义务。物业管理法律关系的权利和义务具有一致性，一个主体在享受权利的时候，往往就意味着承担义务，二者互相依存，互相联系。

1.2.5 认定事实物业管理关系

事实物业管理关系是指平等的物业服务合同当事人一方或双方通过一定的合法的事实行为，履行了合同的主要义务对方又接受的而成立的债权债务关系。在实践中常见的有两种情形：一种是前期物业服务合同期限届满后，小区未召开业主大会，业主委员会也未成立，或虽成立业主大会，但业主委员会并未另行委托物业服务企业对小区进行物业管理，因而前期物业服务企业在小区继续履行物业服务。这就出现物业服务企业对小区的物业管理缺少合同依据的处境。另外一种情形是物业服务合同已经到期，小区的业主委员会未聘请新的物业服务企业对小区的物业进行管理，也未与原物业服务企业重新签订物业服务合同的情况，原物业服务企业继续提供服务，从而使小区的物业管理处于事实物业管理的状况。

出现了上述两种情况有些业主不一定按照约定向物业服务企业交纳管理费，从而产生物业服务欠费纠纷。对于这种情况一般法院都会认定双方形成事实物业管理关系，判决由业主向物业服务企业支付物业费。理由如下：

第一，《合同法》第 37 条规定："采用合同书形式订立的合同，在签字或者盖章之前，当事人一方已经履行了主要义务，对方接收的，该合同成立。"根据合同法的公平、权利义务一致的原则，只要物业服务企业提供了合格的物业管理服务，接受服务的业主就应承担给付物业费的义务，单个业主不能以其未与物业服务企业签订物业服务合同为由，拒绝物业服务企业的服务，拒绝交纳物业费。

第二，《物业管理条例》第 7 条规定："业主在物业管理活动中，应按时交纳物业服务费用。"也就是说业主交纳物业服务费不仅仅是基于合同的约定，还是基于法律规定。所以在物业服务合同未成立，物业服务企业已经实际履行的情况下，则应当由业主按照法律规定来对物业服务企业完成的委托事项支付报酬及必要费用。

【课堂活动】

案例分析：2002 年 5 月万达物业服务公司向该市工商行政管理局申请注册登记。该公司经过房地产行政主管部门核准为三级资质的物业服务企业。2003 年 12 月，该市宏城小区召开第一次业主大会，该小区的前期物业服务企业是合泰物业服务公司，由于该物业公司服务较差，因此业主大会决定不再聘请合泰物业公司。与此同时，宏城小区通过招标的方式选择了万达物业公司进行管理并与之签订了物业服务合同。而合泰物业公司不愿退出，拒不移交小区资料。该市的房地产行政主管部门对合泰公司逾期不交资料的行为罚款 2 万元。

思考：

(1) 请你指出本案中存在哪些物业管理法律关系？
(2) 分析万达物业公司和宏城小区物业服务合同法律关系的构成要素？

任务1.3 认识物业管理法律责任

法律责任是存在于法的各个部门中,是衔接法与法律制裁的中间环节。简单说,法律责任是指违法行为人或违约行为人对其违法或违约行为应承受某种不利的法律后果。法律责任与道义责任或其他社会责任不同的是:法律责任具有国家强制性,并以法律的规定为最终依据。具体到物业管理法律责任,是指物业管理法律关系主体未履行法定义务,物业服务合同的约定义务或出现其他法律事实而应当依法承担的具有强制和否定性的法律负担。

1.3.1 辨析法律责任的种类

法律责任包括民事责任、行政责任和刑事责任。

1. 民事责任

民事责任是民事主体违反合同义务或法定民事义务而应承担的法律后果。民事法律责任与其他法律责任不同的主要特点是:它主要表现为一种财产责任,而且民事责任的内容可以由当事人自行约定。我国《民法通则》第134条规定了十种承担民事责任的方式:

(1) 停止侵害。指对行为人正在实施的侵权行为,受害人有权请求停止实施或请求人民法院制止其实施。

(2) 排除妨碍。指权利人在行使其权利受到他人不法阻碍或妨碍时,有权请求行为人排除妨碍或者请求人民法院强制排除妨碍。

(3) 消除危险。指在有造成财产或人身损害之时,权利人有权请求行为人消除或请求法院强制其消除。

(4) 返还财产。权利人的财产被行为人非法侵占时,权利人有权请求其返还该财产。

(5) 恢复原状。指财产被不法侵害或性能状态被改变而有复原的可能时,受害人有权请求将财产恢复到未受损坏或未改变时的状态。

(6) 修理、重做、更换。

(7) 赔偿损失。指行为人以其财产填补受害人的损失。

(8) 支付违约金。指依照法律规定或当事人约定,违约方向对方支付一定数额的金钱。

(9) 消除影响,恢复名誉。指公民或法人的人格权受到不法侵害时,有权通过人民法院要求行为人以公开形式承认过错,澄清事实,或者辟谣,消除所造成的不良影响,以恢复未受损害时社会对其品行、才能、信用的良好评价。

(10) 赔礼道歉。指公民或者法人的人格权受到不法侵害时,权利人可以请求行为人当面承认错误或者在公开发行的刊物上表示歉意,以保护其人格尊严。

2. 行政责任

行政责任是指行政主体或者行政相对人的行为违反行政法律法规而必须承担的法律责任。承担行政责任的方式有两种：行政处罚和行政处分。

（1）行政处罚即对公民、法人违反行政管理法律法规的行为所实施的制裁。我国《行政处罚法》第2条明文规定："行政处罚的种类有警告；罚款；没收违法所得、没收非法财物；责令停产停业；暂扣或吊销执照、许可证；行政拘留；法律、行政法规规定的其他行政处罚等。"

（2）行政处分即由国家机关、企事业单位依据国家法律法规对其工作人员违反行政法规或组织纪律的行为实施的制裁，包括警告、记过、降职、降薪、撤职、留用察看、开除等。

3. 刑事责任

刑事责任是行为人违反刑法的规定、实施犯罪行为所应承担的法律责任，由国家审判机关依法给予行为人以相应的刑事制裁。根据我国《刑法》的规定，承担刑事责任的方式是刑事处罚，包括主刑和附加刑。主刑包括管制、拘役、有期徒刑、无期徒刑和死刑；附加刑包括罚金、没收财产和剥夺政治权利。

1.3.2 辨析物业管理法律责任的种类

1. 物业管理民事法律责任

物业管理民事法律责任可以分为物业管理违约责任和物业管理侵权责任。

（1）物业管理违约责任是指一方不履行物业服务合同义务或履行义务不符合约定。依法应当承担的继续履行、采取补救措施、赔偿损失等民事责任。如《物业管理条例》第36条规定："物业服务企业未能履行物业服务合同的约定，导致业主人身、财产安全受到损害的，应当依法承担相应的法律责任。"这里的法律责任就是违约责任。

物业管理活动中主要的违约行为有：

1）业主违反物业服务合同和管理规约的规定，违规装饰装修的。

2）业主违法物业服务合同和管理规约的规定，不交纳物业服务费用和住宅维修资金。

3）业主违反管理规约的规定，擅自改变公共建筑和共用设施用途，擅自占用、挖掘物业管理区域内的道路、场地，损害业主的共同利益。

4）物业服务企业未按物业服务合同的约定内容提供物业服务。

5）物业服务企业违反物业服务合同的约定，擅自提高收费标准。

6）物业服务企业将一个物业管理区域内的全部物业管理一并委托给他人的。如《物业管理条例》第62条规定："违反本条例的规定，委托所得收益，用于物业管理区域内物业共用部位、共用设施设备的维修、养护，剩余部分按照业主大会的决定使用；给业主造成损失的，依法承担赔偿责任。"

7）物业服务企业违法物业服务合同的约定，未经业主大会同意，擅自改变物业管理用房的用途。如上述第62条。

8) 建设单位不履行物业移交法定义务。如《物业管理条例》第 29 条规定了建设单位应当移交的资料。

9) 建设单位擅自处分属于业主的共用部位、共用设施的所有权或使用权的。如《物业管理条例》第 58 条规定了建设单位应当承担赔偿责任。

(2) 物业管理侵权民事责任是指在物业管理民事活动中，民事主体因违法实施侵犯公、私财产权和公民、法人人身权的行为而应承担的不利后果。主要有下列行为所应承担的法律责任。

1) 国家机关或其工作人员因执行职务造成侵权损害的民事责任。
2) 法人对其工作人员执行职务造成侵权损害的民事责任。
3) 因产品质量不合格致人损害的民事责任。
4) 因建筑施工或物业维修施工而产生的侵权责任。
5) 建筑物等物所有人或管理人的侵权责任。
6) 饲养的动物致人损害的民事责任。
7) 破坏、污染环境的侵权责任。
8) 无行为能力人、限制民事行为能力人致人损害的民事责任。
9) 因妨害行为而产生的侵权责任。

2. 物业管理行政法律责任

物业管理行政法律责任是指在物业管理过程中，行政相对人的行为违反有关物业管理行政法规而应当依法承担的不利性法律后果。物业管理法律关系主体的违法或违约行为，有时除了承担民事法律责任外，还要同时承担行政责任。承担行政责任所依据的法律法规主要有《物业管理条例》、《物业服务企业资质管理办法》、《物业服务收费管理办法》、《行政处罚法》。在物业管理过程中需要追究行政责任的行政违法行为可以归纳为以下四类：

(1) 业主（包括使用人）的行政违法行为

1) 违反装修规定的行为，如侵占了物业共用部位或共用设施设备，使用装修材料造成环境污染的，擅自修改供暖、燃气管道的。
2) 违反有关道路交通管理方面的法规，在物业公共区域内违反道路交通规则，违章停车的。
3) 不按规定使用水、电、气等社会供给的。
4) 违反规定发出超过规定标准的噪声或严重破坏物业公共区域卫生的。
5) 不按规定在物业区域饲养动物的。
6) 非法存放剧毒、易燃、易爆及放射性物品的；破坏、损坏物业共用设施设备的；利用物业区域内其所有或使用的房屋从事违法活动的。

对上述行为物业管理行政主管部门和有关行政部门应当给予行政处罚。

(2) 业主组织的行政违法行为

1) 决定违法。它是指业主大会、业主委员会作出违反国家、地方有关物业管理规范性文件的规定之决定行为。对此类行为，由《物业管理条例》第 19 条规定：由物业管理行政主管部门依法责令限期改正或撤销其决定。

2）不履行法定义务行为。它是指违反物业管理法规的作为义务规范而不做出法规所要求的行为。如《物业管理条例》第 16 条规定："业主委员会应当在选举产生之日起 30 日内，向物业所在地的区、县人民政府的房地产行政主管部门备案。业主委员会成立、变更和撤销不及时备案的，物业行政主管部门可以根据情节给予警告、责令办理登记等处罚。如在物业服务企业承接物业时，业主委员会不移交有关资料的，由县级以上地方政府房地产行政主管部门责令限期改正。"

3）业主委员会运作混乱、制度不健全、不能正常履行职能的，县级以上物业管理行政部门应当责令其停止活动，进行整改。

（3）物业服务企业的行政违法行为

1）非法经营行为。它是指不具备物业管理的资质和能力的企业，以物业服务企业的名义违法从事物业管理经营活动。具体表现为三种情形：一是无证经营。二是超越资质能力经营。三是超越营业执照登载的经营范围经营。前两种情形由物业管理行政主管机关依法追究行政责任。第三种情形由工商行政管理部门依法行政处罚。如《物业管理条例》第 60 条："违反本条例的规定，未取得资质证书从事物业管理的，由县级以上地方人民政府房地产行政主管部门没收违法所得，并处 5 万元以上 20 万元以下的罚款；给业主造成损失的，依法承担赔偿责任。以欺骗手段取得资质证书的，依照本条第一款规定处罚，并由颁发资质证书的部门吊销资质证书。物业服务企业超越资质等级承接物业管理业务的，由县级以上地方人民政府房地产行政主管部门予以警告，责令限期改正，并处 1 万元以上 3 万元以下的罚款。物业服务企业无正当理由不参加资质年检的，由资质审批部门责令其限期改正，处 1 万元以上 3 万元以下的罚款。物业服务企业不按照出租、出借、转让资质证书的，由县级以上地方人民政府房地产主管部门予以警告，责令限期改正，并处 1 万元以上 3 万元以下的罚款。物业服务企业不按照本办法规定及时办理资质变更手续的，由县级以上地方人民政府房地产行政主管部门责令限期改正，可处 2 万元以下的罚款。"

2）不正当竞争行为。它是指物业服务企业在市场交易中违反公平竞争的法律规定和公认的商业道德，采用不正当手段损害其他经营者的合法权益，扰乱社会经济秩序的行为。如在物业管理招投标过程中采用不正当的手段竞标的。

3）擅自作为行为。它是指物业服务企业在实施物业管理过程中，违反物业管理法规的禁为规范或者违反物业服务合同中的禁为约定，而擅自做出的犯禁行为。如擅自扩大收费范围、提高收费标准，擅自改变物业管理维修资金的用途，擅自不按规定定期公布收入账目，擅自改变专用房屋用途或未按规定使用等。如《物业管理条例》第 63 条："违反本条例的规定，挪用专项维修资金的，由县级以上地方人民政府房地产行政主管部门追回挪用的专项维修资金，给予警告，没收违法所得，可以并处挪用数额 2 倍以下的罚款；物业服务企业挪用专项维修资金，情节严重的，并由颁发资质证书的部门吊销资质证书；构成犯罪的，依法追究直接负责的主管人员和其他直接责任人员的刑事责任。"第 65 条："违反本条例的规定，未经业主大会同意，物业服务企业擅自改变物业管理用房的用途的，由县级以上地方人民政府房地产行政主管部门责令限期改正，给予警告，并处1万元以上10万元以下的罚款；有收益的，所得收益用于物业管理区域内物业共用部位、共用设施设备的维修、养护，剩余部分按照业主大会的决定使用。聘用未能取得物业管理职业资格证书的人员从事物业管理活动的，由县级以上地方人民政府房地产行政主管部门责令停止违法行为，处5万元以上20万元以下罚款。"

4）不履行或不忠实履行受托管理义务的行为。它是指物业服务企业不履行物业服务合同规定义务或违反忠实义务，不尽心尽力履行管理义务，致使物业管理制度不健全、管理混乱、物业管理和维修养护不善的行为。如《物业管理条例》第36条：对此种行为物业管理行政主管部门可以责令限期改正、赔偿损失，并处罚款，情节严重的可以降低物业管理资质等级，直至吊销资质证书。

5）损害消费者权益的行为。它是指物业服务企业在向消费者提供服务时，违反《消费者权益保护法》第3章关于经营者的义务之规定所做出的侵害消费者合法权益的行为。对此类行为，工商行政管理部门和其他部门在职权范围内予以处罚。

（4）建设单位的行政违法行为

建设单位的法律责任以民事责任和行政责任为主，而且这两种形式往往发生一定的重合，即有时要求建设单位向不同的主体分别承担民事法律责任和行政法律责任。这里对于前面交代过重复的内容就不再展开。

1）不履行前期物业管理义务的行为。如《物业管理条例》第57条："违反本条例的规定，住宅物业的建设单位未通过招投标的方式选聘物业服务企业或者未经批准，擅自采用协议方式选聘物业服务企业的，由县级以上地方人民政府房地产行政主管部门责令限期改正，给予警告，可以并处10万元以下的罚款。还有要求制定临时管理规约等。"

2）不履行物业移交法定义务的行为。如要求按照规定与物业服务企业办理物业承接验收，不得擅自处分属于业主的物业共用部位等规定。

3）不履行物业维修专用资金代收代存法定义务的行为。一般来说，对于首次专项维修资金，建设单位也有交纳或代交的义务。

4）其他行政违法行为。

3. 物业管理刑事法律责任

目前我国刑法还没有对物业管理活动中业主或非物业使用人等违反物业管理法律的行为作出专门的刑事责任规定。《物业管理条例》仅有第63条和第69条对物业管理活动中构成犯罪应当追究刑事责任作出了规定。第63条规定："挪用专项维修资金的，构成犯罪的，依法追究直接负责的主管人员和其他直接责任人员的刑事责任。"第69条规定："国务院建设行政主管部门、县级以上地方人民政府房地产行政主管部门或者其他有关行政管理部门的工作人员利用职务上的便利，收受他人财物或者其他好处，不依法履行监督管理职责，或者发现违法行为不予查处，构成犯罪的，依法追究刑事责任；尚不构成犯罪的，依法给予行政处分。"因此多数违反物业管理法规的行为还是依照《刑法》的一般性规定处罚。

在物业管理活动中通常涉及的刑事责任有以下几种刑罚罪名：

（1）业主可能触犯的主要罪名有：故意毁坏财物罪；放火、决水、爆炸、投毒或者以其他危险方法危害公共安全罪；破坏电力、易燃易爆设备罪；非法携带枪支、弹药、管制刀具、危险物品危及公共安全罪；消防责任事故罪；妨害公务罪；聚众扰乱公共场所秩序罪；重大环境污染事故罪。

（2）业主组织可能触犯的主要罪名有：挪用资金罪；职务侵占罪；串通投标罪；非法搜查罪、非法侵入住宅罪；妨碍公务罪。

（3）物业服务企业可能触犯的主要罪名有：虚报注册资本罪；虚假出资、抽逃出资罪；提供虚假财务报告罪；偷税罪、抗税罪、逃避追缴欠税罪；挪用资金罪；打击报复会计罪；损害商业信誉罪；虚假广告罪；串通投标罪；行贿罪。

（4）物业管理行政主管部门可能触犯的主要罪名有：受贿罪；贪污罪；玩忽职守罪。

1.3.3 认定物业管理法律责任

1. 分析物业管理法律责任的构成条件

物业管理法律责任的构成是指构成法律责任必须具备的各种条件或必须符合的标准，它是国家机关要求行为人承担法律责任时进行分析、判断的标准。在一般情况下，法律责任的归责条件由下列四要素构成：

（1）行为违法

法律责任一般是由违法行为的发生而引起的，因此，违法本身的构成条件，自然应当成为法律责任构成的基础和必要的前提条件。违法行为一般有两种表现形式，即作为的违法行为和不作为的违法行为。作为的违法行为是指行为人作了法律不允许的行为；不作为的违法行为是指法律要求行为人作为而没有作为的违法行为。判断行为人有没有不作为的违法行为主要看一是行为人在法律上是否有作为的义务，二是负有一定义务的人在当时是否能认定其有不作为的违法行为。

（2）损害结果

损害是指给被侵害方造成的利益损失和伤害。损害的形式主要有人身的损害、财产的损害、精神的损害和其他利益方面的损害。损害的范围包括直接实际损害和丧失预期可得利益的间接损害。行为具有一定程度的社会危害性，给社会特定利益关系造成了危险或损害，并且危害结果达到了法律规定应追究相应法律责任的程度，是构成物业管理法律责任的一个必要条件。在有些法律责任中，损害结果不是必要要素。

（3）因果联系

违法行为与损害结果之间应当存在因果联系。法律上的因果联系不是一般的因果关系，而是指某种事实上的行为与特定损害结果之间的必然联系。如果某项损害结果不是因某人的行为所必然引起的，则该行为人就不对该项结果负责。由于行为与结果之间的联系多种多样，有必然联系和偶然联系之分，有直接联系和间接联系之分，有一果多因和一因多果之分，因此在把物业管理法律责任归于某一违法行为时，必须搞清楚违法行为与特定的损害结果之间的联系，这对于行为定性、确定法律责任种类和大小具有重大影响。

（4）行为人主观有过错

过错是指行为人实施行为时对自己的违法行为及其后果的一种心理认识状态，分为故意和过失两种表现形式。故意是指行为人明知自己的行为会损害其他物业管理法律关系人的合法权益而为之；过失是指由于疏忽大意或过于自信而给他人带来损失。直接和间接故意的违法行为应负法律责任，重大过失的违法行为一般要负民事责任或行政责任，在法律有明文规定下才须负刑事责任。对物业管理中的民事侵权行为行政违法行为和刑事违法行为的归责，大多数是采取过错责任归责原则。

除上述一般归责四要素外，在确定物业管理法律责任实务中，还应考虑行为人的责任能力即违法行为人承担法律责任的资格和条件。无民事行为能力和限制民事行为能力的自然人通常不具有或不完全具有责任能力，因而其对自己所实施的违法行为就依法不负责任或不负完全责任，但其行为引发的民事损害赔偿责任依法转由其法定监护人承担。

2. 归结物业管理法律责任

物业管理法律责任中的归责即法律责任的认定和归结，是指在物业管理活动中因违法行为所导致的事实后果是否应当由违法行为关系当事人承担的判断过程，应根据事先确定的标准和规则判断当事人是否应当承担法律责任，回答各种法律责任如何认定问题。物业管理法律责任的归责一般遵循以下法律原则：

（1）过错责任原则

凡是因实施了违法行为而致人损害者，如果不能证明自己主观上没有过错，就被推定为有过错并承担相应的法律责任。过错的性质和程度，反映着行为人对自己行为的认识水平。法律要求每一位具有行为能力的主体能够理性地预见自己行为的后果，并对自己的行为后果负责。过错责任类型具备一般归责四要素。按过错责任归属何方主体的情况不同，可分出侵害人过错责任、受害人过错责任和侵害人、受害人双方过错责任三种具体类型。如果受害人本人对受损害也有过错的，则可减轻侵害人的责任。

（2）无过错责任原则

无过错责任原则又称严格责任原则。只要行为人作出特定侵权行为或违约行为而造成损害结果，不论其主观有无过错，即使无过错仍应当依法承法律责任。这种责任适用于产品责任、某些特殊侵权责任和合同违约责任。其中某些特殊侵权行为包括高度危险作业致人损害、污染环境致人损害、地面施工致人损害、饲养的动物致人损害、无民事行为能力和限制民事行为能力人致人损害的侵权行为。我国《合同法》第107条对违约责任的原则规定就是无过错责任原则。无过错责任的优点突出表现在涉及无过错责任的诉讼中，原告只需向法庭证明自己受损害的事实存在和该损害与被告相关，或者只证明被告未履行合同义务的事实，不要求举证证明被告有过错，也不要求被告证明自己对于不履行义务或作出侵权行为无过错，免去了证明过错有无的困难。被告只能举证证明原告未受损害、受损害是原告自己的行为或第三人的行为所导致的或者损害是不可抗力造成的，但不得单纯证明本人无过错而要求免除责任，从而加强了对受害人的保护，也方便裁判，节省诉讼成本。由于物业管理中存在大量的服务合同关系，因而掌握无过错责任类型的法理知识，对物业管理关系各方都是十分必要的。

(3) 公平责任原则。

凡是当事人对发生的损害都没有过错，也没有作出违法行为，但受害人要求有关当事人承担民事责任的，法院依据《民法通则》第132条规定，可以根据实际情况，按照公平合理原则由当事人分担民事责任。例如，物业服务企业开展学雷锋活动，某职工到某业主家免费帮助擦窗户，在干活过程中失足摔倒跌断股骨，因医疗发生的费用，可以依法按公平责任类型处理，物业服务企业和作为受益人的业主应适当承担一部分医疗费用。但是公平责任不适用于精神损害赔偿场合。

【课堂活动】

案例分析：徐某在2005年6月购买一套商品房，与妻子周末和小女儿徐骄共同居住，2006年3月5日凌晨1点，两名罪犯通过小区一扇通往垃圾场的没上锁的小铁门闯入徐家盗窃，被徐某发现，罪犯打伤徐某仓皇逃跑，后被抓获，判处3年有期徒刑。在刑事附带民事诉讼中，徐某索赔医疗费和精神损失费，法院判决刑事被告人赔偿12030元，其无力承担。徐某根据物业服务合同的约定又向法院提起民事诉讼，请求物业服务企业承担违约损害赔偿责任。法院判决物业公司承担违约损害赔偿2万元，对精神损害赔偿不支持。

思考：

(1) 本案中有关主体（罪犯、物业服务企业）承担了哪些法律责任？
(2) 法院为什么对徐某的精神损害不予支持？

【案例背景】

张清从中职学校毕业后，一心想寻找一间与其所学专业对口的物业服务公司工作。某天，她在招聘广告上看到信义物业服务企业要招聘物业助理，所以，她抱着满怀的希望去应聘。信义物业服务企业是一间刚成立的公司，现公司所接管的乐嘉花园小区管理人员岗位有空缺，公司考虑到张清各方面条件不错，因而聘用了她并派往其至乐嘉花园担任物业助理。

张清到乐嘉花园工作后不久，就遇到了一系列棘手的问题。

任务 2

物业服务企业相关法规应用

【学习目标】
1. 认识物业服务企业的特征、法律地位和分类。
2. 了解物业服务企业的设立、登记程序、组织机构。
3. 掌握物业服务企业资质管理规定。

任务 2.1　物业服务企业性质、法律地位和种类的认识

【案例 2-1 导入】

张清的同学陈龙最近遇到了麻烦事。由于他对张清所在的物业公司经营业务管理各方面都挺感兴趣，于是他也通过多方面渠道了解了我国物业服务行业发展情况，觉得这一行业前景广阔。为此，陈龙找到了自己的好朋友何东，希望俩人合伙成立一家物业公司，结果两人一拍即合。于是，两人便带着相关材料到工商局登记成立合伙企业。但是工作人员告诉他们，物业公司必须具有法人资格，不能是合伙企业。俩人认为工作人员是在故意刁难他们，与工作人员发生了争执。

【思考】
1. 为什么物业公司不能是合伙企业？
2. 物业公司有哪些组织形式？

【参考法条】

《物业管理条例》第 32 条：从事物业管理活动的企业应当具有独立的法人资格。

《物业服务企业资质管理办法》第 2 条：在中华人民共和国境内申请物业服务企业资质，实施对物业服务企业资质管理，适用本办法。

本办法所称物业服务企业，是指依法设立、具有独立法人资格，从事物业管理服务活动的企业。

【案例分析】

1. 根据《物业管理条例》的规定，从事物业管理活动的企业应当具有独立的法人资格。这就要求物业公司应当依照《公司法》设立，从事物业管理服务活动，自主经营、自负盈亏、独立核算。而合伙企业不具有法人资格，因此物业企业不能采用合伙企业形式。

2. 物业公司可以采取有限责任公司和股份有限公司两种组织形式，可以是国有企业、集体企业，也可以是个人企业或外商投资企业。但无论采取何种组织形式和所有制，都必须符合《公司法》的规定，并根据《企业法人登记管理条例》的规定到工商行政管理部门办理注册登记手续，领取法人营业执照。

【知识点】

问题一：物业服务企业有什么特征？

物业服务企业是依法成立、具备专门资质并具有独立企业法人地位，依据物业服务合同从事物业服务相关活动的经济实体。其特征可以归纳为以下三点：

第一，是独立的企业法人。物业服务企业严格遵循法定程序建立，拥有一定的资金、设备、人员和经营场所；拥有明确的经营宗旨和符合法规的管理章程，具备相应的物业管理资质；独立核算，自负盈亏，以自己的名义享有民事权利，承担民事责任；所提供的服务是有偿的和盈利性的。

第二，属于服务性企业。物业服务企业的主要职能是通过对物业的管理和提供的多种服务，确保物业正常使用，为业主和物业使用人创造一个舒适、方便、安全的工作和居住环境。物业服务企业本身并不制造实物产品，它主要通过常规性的公共服务、延伸性的专项服务、随机性的特约服务、委托性的代办服务和创收性的经营服务等项目，尽可能实现物业的保值和增值。因此，物业服务企业的"产品"就是服务，与工业企业等其他经济组织是有区别的。

第三，具有一定的公共管理性质的职能。物业服务企业在向业主和物业使用人提供服务的同时，还承担着物业区域内公共秩序的维护、市政设施的配合管理、物业的装修管理等，其内容带有公共管理的性质。

问题二：物业服务企业的法律地位是什么？

1. 物业服务企业与业主委员会通过订立物业服务合同建立委托关系，物业服务公司受业主委员会的委托为全体业主提供物业服务。根据合同，物业服务企业提供物业管理服务，业主承担物业服务费用。从这个方面来说，物业服务企业与业主委员会是民事合同中的双方当事人，双方权利义务对等，地位相当，没有什么特殊性。

2. 根据物业服务合同和有关法规规章，物业服务企业有权结合实际情况制定物业服务中有关事项，要求业主、非业主使用和其他人员遵守，并有权制止物业服务活动中业主、非业主使用人或其他人员违反物业服务有关规定，损害或可能造成物业损坏的行为。

3. 物业服务企业根据委托合同对物业进行管理，可以通俗理解为物业服务企业是受雇用人，而业主是雇主。但是，在物业服务过程中，为了维护全体业主的根本利益，却需要由物业服务企业在物业服务过程中对包括业主在内的人员的行为进行管理，为了规范这种管理，物业服务企业有权制定有关物业管理的详细规定，要求物业服务区域内的所有人遵守。从这个角度来说，物业服务企业在一定程度上处于管理者的位置。

问题三：我国物业服务企业的类型有哪几种？

1. 按物业管理主体的组建和形成分类

（1）由房地产开发企业投资设立的分支机构，主要是管理由上级公司开发建设的房地产项目。这类公司的最大优势在于项目有保障，并对项目运行的全过程有所了解，便于与开发商协调工作。

（2）由房地产部门所属的房管所转换为物业服务企业。这类企业转制时间不长，行政色彩较浓。

（3）由大中型企事业单位自行组建的物业服务企业，这类企业福利色彩较浓。

（4）按照《公司法》要求，由社会上的公司、个人发起组建的，通过竞争取得房产管理权的物业服务企业。这类企业较有活力，必须适应市场，提供较好的服务方可生存。

（5）由街道办事处组建的物业服务企业。

2. 按物业服务企业内部的运作分类

（1）管理型物业服务企业。此类企业除主要领导人和各专业管理部门技术骨干外，其他各项服务，如保安、清洁、绿化等通过合同形式交由社会上的专业化公司承担。这类公司人员适中精干。

（2）顾问型物业服务企业。此类企业由少量具有丰富物业管理经验的人员组成，不具体承担物业管理工作，而是以顾问的形式出现，收取顾问费。这类公司人员少，素质高。

（3）综合性物业服务企业。此类企业不仅直接接手项目，从事管理工作，还提供顾问服务，适应性强。

3. 按物业服务企业与物业的产权关系分类

(1) 委托服务型物业服务企业。该类企业接受多个产权人的委托、管理各栋房屋乃至整个小区，物业所有权和经营权是分开的。

(2) 自主经营型物业服务企业。该类企业受上级公司指派、管理自主开发的物业。物业产权上属上级公司或该类企业，通过经营收取租金，回收投资，获取利润。物业所有权和经营权是一致的，商业大厦、办公楼、写字楼等较常见。

4. 按投资主体分类

(1) 全民所有制物业服务企业。全民所有制物业服务企业的资产属于国家所有。这类企业大多是从已有的全民所有制企业或行政事业单位中分离出来，以原有企业或行政事业单位的房屋管理和维修部门为基础，由原有企业或行政事业单位负责组建。这类企业在刚成立时，往往依附于原来企业或行政事业单位，管理的物业一般是由原有企业或行政事业单位自建的，具有自建自管的特点。随着物业管理市场的不断发展和全民所有制企业改革的不断深入，这类企业已逐步走上市场化发展的轨道。

(2) 集体所有制物业服务企业。集体所有制物业服务企业的资产属于集体所有。这类企业一般是以街道原有的房产管理机构为基础，由街道或其他机构负责组建，管理街道区域内的物业或其他物业。此外，这类企业还可以由集体所有制的房地产开发公司负责组建，主要管理企业自己开发的各类房产。

(3) 民营物业服务企业。民营物业服务企业是指民营性质的物业服务企业。

(4) 外资物业服务企业。外资物业服务企业是以外商独资经营、中外合资经营或合作经营等形式进行运作的物业服务企业。

(5) 其他物业服务企业。其他物业服务企业是指企业资产属于多种所有制经济成分的投资主体所有的物业服务企业。

5. 按股东出资形式来划分

(1) 物业管理有限责任公司。物业管理有限责任公司的股东以其出资额为限，对公司承担有限责任，公司以其全部资产对公司的债务承担责任。

(2) 物业管理股份有限公司。物业管理股份有限公司的全部资产被分为等额股份，股东以其所持股份为限对公司承担责任，公司以其全部资产对公司的债务承担责任。

(3) 股份合作型物业服务企业。股份合作型物业服务企业的股东通过订立合作经营章程，按其股份享有权利和义务，企业以其全部资产对其债务承担责任。

问题四：物业服务企业与房地产建设单位的关系有哪些常见模式？

1. 房地产建设单位的附属子公司或部门

房地产建设单位的附属子公司是指由房地产开发建设单位投资成立的法人或非法人物业服务企业。另外，也有部分房地产企业在其内部设立专门部门（不属于企业），承担售后物业的管理工作。这种企业的特点是：房地产建设单位与物业管理单位之间属上下级关系。这类物业服务企业过去的主要管理对象为上级建设单位开发的房地产项目，但近年来随着市场化进程不断推进，除了管理上级建设单位开发的项目以外，也通过市场获取物业管理项目。

2. 独立的物业服务企业

独立的物业服务企业是指不依附于房地产开发建设单位和其他单位，独立注册、自主经营、自负盈亏的物业服务企业。

3. 物业管理集团公司

物业管理集团公司主要由集团总公司和下属子公司或分公司构成。集团总公司是宏观控制机构，集团发展的战略决策由总公司负责，总公司机关中设若干业务处室和行政办公部门；子公司或分公司既可按地域设置，也可按专业服务内容划分，如楼宇设备的维修公司、清洁服务公司、保安服务公司以及物业服务公司等。

任务 2.2 物业服务企业的设立

【案例 2-2 导入】

2009 年 3 月，由于之前物业服务合同到期，乐嘉花园小区业主委员会拟改聘新的物业公司即信义物业服务企业，不再续聘兴龙物业公司，但是信义物业服务企业未取得独立法人资格，不具有签订物业服务合同的主体资格。鉴于此，信义物业服务企业说服了业主同意由信义物业服务企业的主营单位信义房地产开发有限责任公司代替信义物业服务企业签订服务合同，等到信义物业服务企业取得独立的法人资格之后，再由信义物业服务企业补签合同。在双方当事人的同意之下，信义房地产开发有限责任公司与业主签订了物业服务合同，并在合同上签字盖章。

2009 年 5 月，信义物业服务企业取得独立法人资格后，与业主委员会又签了一份协议，声明原物业服务合同即日起移交物业公司，原合同中的规定对小区业主继续有效。

业主黄某自入住小区之后，从未交纳过物业费。在多次催交无果的情况下，信义物业服务企业于 2009 年 7 月 18 日向法院起诉，要求判令黄某交纳逾期物业服务费 2520 元。黄某认为：由于 2009 年 3 月，信义物业服务企业不是独立法人，不具有签订物业服务合同的主体资格，而信义房地产开发有限责任公司不具有物业经营权，其与业主委员会签订的物业服务合同无效。因此，业主可以拒绝交纳物业服务费。

【思考】

1. 信义房地产公司能否代替信义物业服务企业与乐嘉花园业委会签订《物业服务合同》？合同是否有效？
2. 本案中，信义物业服务企业是否有权要求黄某缴纳物业服务费用？

【参考法条】

《物业管理条例》第 32 条：从事物业管理活动的企业应当具有独立的法人资格。

【案例分析】

1. 根据《物业管理条例》第 32 条规定："从事物业管理活动的企业应当具有独立的法人资格。"物业服务企业属于从事经营活动的市场主体。作为市场主体，应当具有相应的主体资格，享有完全的民事权利能力和行为能力，能够独立地承担民事责任。如果物业服务企业不具备独立的法人资格，与其进行交易的相对人的合法权益难以得到有效保障。所以，物业公司即使与开发商是母子公司关系，但作为独立法人，与业主委员会签订物业服务合同时也必须以自己的名义在合同上签字盖章。只有这样，物业公司才能享有合同约定的权利，并要求业主承担交费的义务。由于开发商不具有物业管理资质和物业管理经营权，其与业主委员会签订的物业服务合同无效。在本案中。开发商代替物业公司在物业服务合同上签字盖章的行为，违反了法律规定，应属无效。

2. 本案中，虽然信义房地产公司所签的《物业服务合同》是无效的，但对小区的物业管理服务工作一直是信义物业服务企业在做，而且业主当时也没有提出异议，客观上接受了物业公司提供的服务，事实上已经确立了合同关系。而且从 2010 年 5 月起，信义物业服务企业取得独立法人资格后，与业主委员会从新订立的《物业服务合同》是对全体业主都产生法律效力的。可见，业主黄某应该履行相应的合同义务，不能以合同无效为由拒绝交纳物业服务费。

【知识点】

问题一：物业服务企业的设立条件是什么？

物业服务公司有有限责任公司与股份有限公司两种形式。物业管理有限责任公司是由 50 个以下股东共同出资，并以其出资额为限对公司承担责任，公司以其全部资产对公司的债务承担责任的企业法人。物业管理股份有限公司是一般由 2 个以上发起人成立，全部资本为等额股份，每个股东以其所持股份为限对公司承担责任，公司以其全部资产对公司的债务承担责任的企业法人。根据《公司法》及相关规定，设立物业服务公司一般应当具备下列条件：

1. 发起（股东）符合法定人数

我国《公司法》第 24 条规定："有限责任公司由五十个以下股东出资设立。"第 79 条规定："设立股份有限公司，应当有二人以上二百人以下为发起人，其中须有半数以上的发起人在中国境内有住所。"

2. 股东出资到法定资本最低限额

《公司法》分别对有限责任公司和股份有限公司的注册资本作出最低限额规

定。《公司法》第 26 条规定："有限责任公司注册资本的最低限额为人民币三万元。"对于物业管理股份有限公司，则应适用第 81 条规定："股份有限公司注册资本的最低限额为人民币五百万元。"

3. 股东共同制定章程

公司章程是规定公司组织及行为的基本规则的重要文件。公司章程是明确企业宗旨、性质、资金状况、业务范围、经营规模、经营方向和组织形式、组织机构以及利益分配原则、债权债务处理方式、内部管理制度等规范的书面文件。章程在公司成立后生效，对公司、股东、董事、监事、经理具有约束力。所以，公司章程的好坏直接影响到公司日后的生产经营活动及股东之间的合作。公司章程是要式法律文件。设立物业服务公司，应当具备《公司法》要求的有限责任公司或者股份有限公司的章程。

4. 有公司名称

公司名称是公司组成的一部分，是一个公司与其他公司区别的标志。根据《企业名称登记管理规定》：①公司只准使用一个名称，在登记主管机关辖区内不得与已登记注册的同行业企业名称相同或者近似；②企业名称应当由以下部分依次组成：字号（或者商号）、行业或者经营特点、组织形式，因此，设立有限责任公司必须表明"有限责任公司"字样。企业名称还应当冠以企业所在地省（包括自治区、直辖市，下同）或者市（包括州，下同）或者县（包括市辖区，下同）行政区划名称；③企业名称不得含有下列内容和文字：有损于国家、社会公共利益的，可能对公众造成欺骗或者误解的，外国国家（地区）名称、国际组织名称，政党名称、党政军机关名称、群众组织名称、社会团体及部队编号，汉语拼音字母（外文名称中使用的除外）、数字，其他法律、行政法规规定禁止的。

5. 建立符合《公司法》要求的组织机构

物业服务公司作为独立法人，应当有自己的意思机关，独立进行意思表示，享受权利并承担义务。因此，应当根据《公司法》规定设立股东会、监事会和董事会。股东会是公司的权力机构，它决定公司的经营方针和投资计划、选举和更换董事、选举和更换由股东代表担任的监事。监事会由股东会选出的监事和公司职工民主选举产生的监事组成，这是公司监督机构。董事会是经营决策机构和业务执行机构，董事长为公司的法定代表人。公司经理，由董事会聘任或解聘。

6. 有固定的生产经营场所和必要的经营条件

生产经营场所是公司进行生产经营等业务活动的所在地。生产经营场所与公司住所不同，公司住所是其主要办事机构所在地，只能有一个。生产经营场所可能有多个，可以在公司住所，也可以在其他生产经营地点。必要的经营条件是指具备管理物业委托合同等能力。

问题二：设立物业服务企业需进行哪些登记？

根据我国有关法规的规定，成立物业服务企业应先向工商行政管理部门申请工商登记，然后向物业服务主管部门备案和提出资质申请，得到可以从事物业服务经营的许可才能从事物业服务活动。另外，还要到税务部门进行税务登记。

1. 工商登记。有限责任公司和股份有限公司的设立，都应当依照《中华人民共和国登记管理条例》的规定进行工商登记。经公司登记机关依法核准登记，领取《企业法人营业执照》，取得企业法人资格。未经核准登记的，不得以公司名义从事经营活动。

2. 资质审核登记。物业服务企业自领取营业执照之日起 30 日内，应到物业服务行政主管部门备案，物业服务行政主管部门对备案的物业企业核定资质登记。未经主管部门进行资质评定并取得资质证书的，不得从事物业服务业务。新设立的物业服务企业应按有关规定到当地县级以上人民政府物业服务行政主管部门申请领取《临时资质证书》。

3. 税务登记。根据《中华人民共和国税收征收管理办法》的规定，企业、企业在外地设立的分支机构和从事生产、经营的场所，个体工商户和从事生产、经营的事业单位自领取营业执照之日起 30 日内，持有关证件向税务机关申报办理税务登记。税务机关审核后发给税务登记证件。纳税人按照规定使用税务登记证件。税务登记证件不得转借、涂改、损毁、买卖或者伪造。

问题三：物业服务企业申请设立登记需准备哪些文件？

1. 申请公司名称预先核准所需文件。设立有限责任公司，应当由全体股东指定的代表或者共同委托的代理人向公司登记机关申请名称预先核准；设立股份有限公司，应当由全体发起人指定的代表或者共同委托的代理人向公司登记机关申请名称预先核准。

申请名称预先审核，应当提交：有限责任公司的全体股东或者股份有限公司的全体发起人签署的公司名称预先核准申请书；股东或者发起人的法人资格证明或者自然人的身份证明；公司登记机关要求提交的其他文件。

2. 申请设立有限责任公司所需文件。申请设立有限责任公司，应当向公司登记机关提交：公司董事长签署的设立登记申请书；全体股东指定代表或者共同委托代理人的证明；公司章程；具有法定资格的验资机构初级的验资证明；股东的法人资格证明或者自然人身份证明；载明公司董事、监事、经理的姓名、住所的文件以及有关委派、选举或者聘用的证明；公司法定代表人任职文件和身份证明；企业名称预先核准通知书；公司住所证明。

法律、行政法规规定设立有限责任公司必须报经审批的，还应当提交有关的批准文件。设立国有独资公司，应当由国家授权投资的机构或者国家授权的部门作为申请人，申请设立登记。法律、行政法规规定设立有限责任公司必须报经审批的，应当自批准之日起 90 日内向公司登记机关申请设立登记；逾期申请设立登记的，申请人应当报审批机关确认批准文件的效力或者另行报批。

3. 申请设立股份有限公司所需文件。

问题四：物业服务企业变更哪些登记事项需要重新登记？

1. 公司变更名称的，应当自变更决议或者决定作出之日起 30 日内申请变更登记。

2. 公司变更住所的，应当在迁入新住所前申请变更登记，公司变更住所跨公司登记机关辖区的，应当在迁入新住所前向迁入地公司登记机关申请变更登记；迁入地公司登记机关受理的，由原公司登记机关将公司登记档案移送迁入地公司登记机关。

3. 公司变更法定代表人的，应当自变更决议或者决定做出之日起30日内申请变更登记。

4. 公司变更注册资本的，应当自提交具有法定资格的验资机构出具的验资证明。公司增加注册资本的，应当自股款缴足之日起30日内申请变更登记。股份有限公司增加注册资本的，应当自提交国务院授权部门或者省、自治区、直辖市人民政府的批准文件；以募集方式增加注册资本的，还应当提交国务院证券管理部门的批准文件。公司减少注册资本的，应当自较少注册资本决议或者决定做出之日起90日后申请变更登记。

5. 公司变更经营范围的，应当自变更决议或者做出决定之日起30日申请变更登记变更经营范围涉及法律、行政法规规定必须报经审批的项目的，应当自国家有关部门批准之日起30日内申请变更登记。

6. 公司变更类型的，应当按照拟变更的公司类型的设立条件，在规定的期限内向公司登记机关申请变更登记，并提交有关文件。

7. 有限责任公司变更股东的，应当自股东发生变动之日起30日内申请变更登记，并应当提交新股东的法人资格证明或者自然人的身份证明。

8. 公司章程修改未涉及登记事项的，应当将修改后的公司章程或者公司章程修正案送原公司登记机关备案。

9. 公司董事、监事、经理发生变动的，应当向原公司登记机关备案。

10. 因合并、分立而存续的公司，其登记事项发生变化的，应当申请变更登记；因合并、分立而解散的公司，应当申请注销登记；因合并、分立而新设立的公司，应当申请设立登记。股份有限公司合并、分立的，还应当提交国务院授权部门或者省、自治区、直辖市人民政府的批准文件。

【现实建议】

物业服务企业的设立应依法成立，有符合要求的注册资本，有固定的场所并具备相应的各类管理人员和专业技术人员等。物业服务企业的设立除要符合《民法通则》关于一般法人设立的条件外，还要符合《公司法》关于有限责任公司与股份有限责任公司设立的规定及《物业服务企业资质管理办法》的规定。

【课堂活动】

案例分析：李某2008年大学企业管理专业毕业后回到家乡找工作，听说当地新建一住宅小区，便和几个同学一起找到建设单位，要去以个人名义签订合同接管住宅小区的前期物业服务，建设单位觉得他们较有诚意，便口头承诺这份合同。一周后，李某他们却被告知没有物业服务的资质，建设单位无法与他们签订合同。

思考：根据物业服务企业的设立条件规定，李某如要接下这个管理项目，他们需要怎样操作？

任务 2.3　物业服务企业的资质管理

【案例 2-3 导入】

在前期物业阶段，乐嘉花园开发商聘请了恒祥物业公司进行物业服务工作。随着小区业主入住率的提高，成立了业主大会并选举了业主委员会。业主委员会成立之后，一直以小区全体业主们的利益为重，尽职尽责，业主们有事情一般也会向业主委员会反映情况。一段时间过去，业主委员会发现业主们反映较多的，还是关于物业服务方面的问题，因此，业主委员会便找物业公司说明情况，要求提高物业服务水平，减少业主们的投诉。可是该小区物业服务情况未见好转，业主委员会便对物业公司进行了深入了解。后发现，该物业公司根本不具备从事本小区物业服务的相应资质。于是，业主夏某、谢某等人便向有关部门反映了情况，并向法院提起诉讼，以维护全体业主的合法权益。

【思考】

1. 国家对从事物业服务活动的企业实行怎样的资质管理制度？
2. 未取得资质证书从事物业服务活动的物业服务企业，应承担什么法律责任？

【参考法条】

《物业管理条例》第 32 条：从事物业管理活动的企业应当具有独立的法人资格。

国家对从事物业管理活动的企业实行资质管理制度。

《物业管理条例》第 60 条：违反本条例的规定，未取得资质证书从事物业管理的，由县级以上地方人民政府房地产行政主管部门没收违法所得，并处 5 万元以上 20 万元以下的罚款；给业主造成损失的依法承担赔偿责任。以欺骗手段取得资质证书的，依照本条第一款规定处罚，并由颁发资质证书的部门吊销资质证书。

《物业服务企业资质管理办法》第 2 条：在中华人民共和国境内申请物业服务企业资质，实施对物业服务企业资质管理，适用本办法。

本办法所称物业服务企业，是指依法设立、具有独立法人资格，从事物业管理服务活动的企业。

【案例分析】

1. 根据《物业管理条例》第 32 条规定，物业服务企业应当具有相应的主体资格，即享有完全的民事权利能力和行为能力，能够独立承担民事责任，具备独立的法人资格。另国务院建设行政主管部门为了加强对物业管理活动的监督管理，规范物业管理市场秩序，提高物业管理服务水平，还根据《物业管理条例》制定了《物业服务企业资质管理办法》（2007 年 11 月修订），实施对物业服务企业资质管理。

2. 根据《物业管理条例》第 60 条规定，对无资质从事物业管理服务活动的物业企业一是承担民事上的损害赔偿责任，可能存在违约责任与侵权责任的竞合问题，即物业服务企业的行为既可能构成违约，也可能构成侵权；业主既可以要求其承担违约责任，也可以要求其承担侵权责任，二者可选其一。二是行政责任包括：首先，没收违法所得，并处 5 万元以上 20 万元以下的罚款；其次，由颁发资质证书的部门吊销资质证书。

本案中，通过以上的分析，物业公司不仅要承担法律规定的行政责任，而且要承担小区业主因此而遭受损害的民事赔偿责任。

【知识点】

问题一：物业服务企业的资质管理部门是谁？

为加强物业服务企业的资质管理，提高物业管理水平，促进管理行业健康发展，我国对物业服务企业的资质管理部门作了严格规定。根据建设部 2004 年 5 月 1 日实施的《物业服务企业资质管理办法》，国务院建设主管部门负责一级物业服务企业资质证书的颁发和管理；省、自治区人民政府建设主管部门负责二级物业服务企业资质证书的颁发和管理；直辖市人民政府房地产主管部门负责二级和三级物业服务企业资质证书的颁发和管理，并接受国务院建设主管部门的指导和监督；设区的市级人民政府房地产主管部门负责三级物业服务企业资质证书的颁发和管理，并接受省、自治区人民政府建设主管部门的指导和监督。根据上述办法的规定，物业服务企业应当按照本办法规定申请企业资质等级评定，未经主管部门进行资质评定并取得资质证书的，不得从事物业管理业务。

问题二：物业服务企业的资质等级有几种，有什么条件？

根据《物业服务企业资质管理办法》的规定，物业服务企业资质等级分为一、二、三级。各资质等级物业服务企业的条件如下：

一级资质：①注册资本人民币 500 万元以上；②物业管理专业人员以及工程、管理、经济等相关专业类的专职管理和技术人员不少于 30 人。其中，具有中级以上职称的人员不少于 20 人，工程、财务等业务负责人具有相应专业中级以上职称；③物业管理专业人员按照国家有关规定取得职业资格证书；④管理两种类型以上物业。并且管理各类物业的房屋建筑面积分别占下列相应计算基数的百分比之和不低于100%：①多层住宅200万平方米；②高层住宅100万平方米；③独立式住宅（别墅）15万平方米；④办公楼、工业厂房及其他物业50万平方米。⑤建立并严格执行服务质量、服务收费等企业管理制度和标准，建立企业信用档案系统，有优良的经营管理业绩。

二级资质：①注册资本人民币300万元以上；②物业管理专业人员以及工程、管理、经济等相关专业类的专职管理和技术人员不少于20人。其中，具有中级以上职称的人员不少于10人，工程、财务等业务负责人具有相应专业中级以上职称；③物业管理专业人员按照国家有关规定取得职业资格证书；④管理两种类型以上物业，并且管理各类物业的房屋建筑面积分别占下列相应计算基数的百分比之和不低于100%：①多层住宅100万平方米；②高层住宅50万平方米；③独立式住宅（别墅）8万平方米；④办公楼、工业厂房及其他物业20万平方米。⑤建立并严格执行服务质量、服务收费等企业管理制度和标准，建立企业信用档案系统，有良好的经营管理业绩。

三级资质：①注册资本人民币50万元以上；②物业管理专业人员以及工程、管理、经济等相关专业类的专职管理和技术人员不少于10人，其中，具有中级以上职称的人员不少于5人，工程、财务等业务负责人具有相应专业中级以上职称；③物业管理专业人员按照国家有关规定取得职业资格证书；④有委托的物业管理项目；⑤建立并严格执行服务质量、服务收费等企业管理制度和标准，建立企业信用档案系统。

问题三：国家对物业服务企业的资质等级是如何管理的？

依据《物业服务企业资质管理办法》之规定，资质等级是物业服务企业进入物业管理市场的准入证，未经主管部门进行资质评定并取得资质证书的物业服务企业，不得从事物业服务业务；获得资质证书的物业服务企业也只能在其资质等级相应的范围内从事物业服务业务。一级资质物业服务企业可以承接各种物业管理项目。二级资质物业服务企业可以承接30万平方米以下的住宅项目和8万平方米以下的非住宅项目的物业管理业务。三级资质物业服务企业可以承接20万平方米以下住宅项目和5万平方米以下的非住宅项目的物业管理业务。

申请升级的物业服务企业将所需材料报初审部门，初审部门将审核意见报审批部门。资质等级升级逐级上升，不可越级升级。

【案例2-4导入】

乐嘉花园后来与前期物业公司恒祥物业公司解除前期物业服务合同，重新聘请了一家兴龙物业服务企业进行本小区的物业服务工作。物业公司和业主委员会签订了物业服务合同，约定服务期限从2008年3月1日至2009年2月28日。住宅部分的物业服务费收取标准为每平方米每月2.6元，由业主在每月月底前交纳。兴龙物业服务有限公司为具有三级资质的物业公司。业主李某于2008年3月20日办理入住手续，一直未交纳物业服务费。兴龙物业服务有限公司于2008年9月1日将李某诉至法院，要求其交纳2008年3月1日至2008年9月1日间的物业服务费及滞纳金。李某辩称：按照小区的规模，只有具有二级以上资质的物业公司才能管理，而兴龙物业服务公司为具有三级资质的物业公司，其物业服务行为违反了《物业管理条例》的规定，属于无效民事行为。应免除其交纳物业服务费的义务。同时，李某也向业主委员会反映，兴龙物业公司聘用了一些没有物业管理职业资格的人员从事物业管理服务，业主委员会向物业公司提出异议，并要求其解释。物业公司无法隐瞒该事实，未能给出合理的解释。于是，小区业主李某联合业主唐某、陆某等人便将该情况向有关部门反映，并将兴龙物业公司起诉至人民法院，要求其承担相应的法律责任。

【思考】

1. 物业服务企业是否可以超越资质等级承接业务？
2. 我国对从事物业管理的人员有什么资质要求规定？
3. 物业服务企业聘用人员没有物业管理职业资格，该企业要承担什么法律责任？

【参考法条】

《物业管理条例》第32条：从事物业管理活动的企业应当具有独立的法人资格，国家对从事物业管理活动的企业实行资质管理制度。具体办法由国务院建设行政主管部门制定。

第33条：从事物业管理的人员应当按照国家有关规定，取得职业资格证书。

第61条：违反本条例的规定，物业服务企业聘用未取得物业管理职业资格证书的人员从事物业管理活动的，由县级以上地方人民政府房地产行政主管部门责令停止违法行为，处5万元以上20万元以下的罚款；给业主造成损失的，依法承担赔偿责任。

《物业服务企业资质管理办法》第19条：物业服务企业取得资质证书后，不得降低企业的资质条件，并应当接受资质审批部门的监督检查。

资质审批部门应当加强对物业服务企业的监督检查。

【案例分析】

1. 根据建设部《物业服务企业资质管理办法》的规定，物业服务企业超越资质等级承接物业管理业务的。由县级以上地方人民政府房地产主管部门予以警告，责令限期改正。并处以罚款。由此可看出，我国对物业服务企业实行资质管理制度。对不同资质等级的物业服务企业的业务范围作了限制，对超越资质等级承接业务的物业服务企业要给予行政处罚。但是，乐嘉花园业委会与物业服务企业签订的《物业服务合同》是双方的真实意思表示，内容未违反法律法规的强制性规定，因此是合法有效的。业主既然享受了物业服务企业提供的服务，就应该交纳物业服务费。当然。业主可以就物业服务企业的违法行为向有关行政管理部门投诉，由有关行政管理部门对物业服务企业作出处理。

2.《物业管理条例》第33条规定："从事物业管理的人员应当按照国家有关规定，取得职业资格证书。"职业资格是对从事某一职业所必备的学识、技术和能力的基本要求。职业资格包括从业资格和执业资格。从业资格是指从事某一专业，在学识、技术和能力的起点标准。

执业资格是指政府对某些责任较大，社会通用性强，关系公共利益的专业准入控制，是依法独立开业或从事某一特定专业的学识、技术和能力的必备标准。物业管理人员的素质直接决定了物业服务企业的服务水平与服务质量。违反职业资格准入制度的行为往往和服务水平降低、服务质量不合格联系在一起。但是如果物业服务企业对此要求置之不理，对未取得物业管理职业资格证书的人员仍然予以聘用的话，那么关于从业人员资格的要求就会被虚置，从而无法杜绝未取得资格人员从业的违法现象。

3.《物业管理条例》第61条："违反本条例的规定，物业服务企业聘用未取得物业管理职业资格证书的人员从事物业管理活动的，由县级以上地方人民政府房地产行政主管部门责令停止违法行为，处5万元以上20万元以下的罚款；给业主造成损失的，依法承担赔偿责任。"为了保障物业管理服务的质量，依法维护业主的合法权益，不仅要规定物业服务企业的资质要求，而且要规定物业服务企业从业人员的资格要求。所以，为了预防不符合条件的从业人员进入物业管理的市场，国家对违反职业资格准入制度的行为设定行政处罚。规定了违法聘用无职业资格人员的法律责任。

本条规定的违法行为主体是物业服务企业，而不是未取得职业资格证书的人员本身。因为物业服务企业聘用未取得物业管理职业资格的人员从事物业管理活动，物业服务企业应当对其聘用人员的行为负责。因此，国家对物业服务企业设定了义务，要求其在聘用物业管理人员时，必须遵守国家有关职业资格证书制度的规定，聘用具备相应资格的人员。

物业服务企业的行政责任构成要件包括：其一，物业服务企业聘用了他人从事物业管理。如果所聘用的人员不是进行物业管理，而是在物业服务企业中从事其他工作，如党团活动、行政服务等，那么即使该人员不具备物业管理的职业资格，物业服务企业也不承担本条所规定的责任。其二，物业服务企业聘用从事物业管理的人员不具备条例所规定的职业资格。行政责任的具体内容包括：一是责令停止违法行为，即物业服务企业不得继续聘用未取得物业管理职业资格证书的人员从事物业管理活动，已经聘用的，应当依法解除劳动合同关系。二是并处5万元以上20万元以下的罚款。行政处罚由县级以上地方人民政府房地产行政主管部门依法作出。

本条同时还规定了赔偿损失的民事责任，既可能是违约责任也可能是侵权责任。责任的构成要件因违约责任和侵权责任的不同而有所不同。违约责任的构成要件是：物业服务企业违反合同的约定；造成了损失；违约行为与损失之间有因果关系。侵权责任的构成要件是：物业服务企业聘用的人员没有资格而从事物业管理活动，其行为具有违法性，存在过错；行为人无资格的物业服务行为给业主造成了损失；违法行为与业主损失之间具有因果关系。业主可以根据实际情况，选择追究相关责任人违约责任或者侵权责任。

本案中，业主向有关主管部门反映情况，可要求追究物业服务企业行政责任；向人民法院起诉物业公司，可追究其民事责任，即要求其赔偿因违法或违约行为给业主造成的损失。

【知识点】

问题一：如何监督和检查物业服务企业的资质？

资质等级是一个物业服务企业的水平、规模与综合实力的反映。任何单位和个人不得伪造、涂改、出租、出借、转让资质证书。物业服务企业取得资质证书后，不得降低企业的资质条件，并应当接受资质审批部门的监督检查。

依据《物业服务企业资质管理办法》规定，有下列情形之一的，资质审批部门或者其上级主管部门，根据利害关系人的请求或者根据职权可以撤销资质证书：

（1）审批部门工作人员滥用职权、玩忽职守作出物业服务企业资质审批决定的；

（2）超越法定职权作出物业服务企业资质审批决定的；

（3）违反法定程序作出物业服务企业资质审批决定的；

（4）对不具备申请资格或者不符合法定条件的物业服务企业颁发资质证书的；

（5）依法可以撤销审批的其他情形。

物业服务企业超越资质等级承接物业管理业务的，由县级以上地方人民政府房地产主管部门予以警告，责令限期改正，并处1万元以上3万元以下的罚款。物业服务企业无正当理由不参加资质年检的，由资质审批部门责令其限期改正，可处1万元以上3万元以下的罚款。物业服务企业出租、出借、转让资质证书的，由县级以上地方人民政府房地产主管部门以予警告，责令限期改正，并处1万元以上3万元以下的罚款。物业服务企业不按照规定及时办理资质变更手续的，由县级以上地方人民政府房地产主管部门责令限期改正，可处2万元以下的罚款。

资质审批部门有下列情形之一的，由其上级主管部门或者监察机关责令改正，对直接负责的主管人员和其他直接责任人员依法给予行政处分；构成犯罪的，依法追究刑事责任：

（1）对不符合法定条件的企业颁发资质证书的；

（2）对符合法定条件的企业不予颁发资质证书的；

（3）对符合法定条件的企业未在法定期限内予以审批的；

（4）利用职务上的便利，收受他人财物或者其他好处的；

（5）不履行监督管理职责，或者发现违法行为不予查处的。

问题二：物业服务企业资质等级的申请和审批是怎样的？

根据《物业服务企业资质管理办法》的规定，申请评定资质等级的物业服务企业应提交下列材料：

(1) 物业服务企业资质等级申请表。
(2) 营业执照复印件。
(3) 建设部颁发的物业服务企业经理岗位证书、从业人员岗位证书复印件和管理人员、工程技术人员专业技术职务资格证书复印件，劳动合同。
(4) 物业服务委托合同复印件。
(5) 物业服务业绩材料。
(6) 企业资质证书正、副本。

资质审批部门应当自受理企业申请之日起20个工作日内，对符合相应资质等级条件的企业核发资质证书。一级资质审批前，应当由省、自治区人民政府建设主管部门或者直辖市人民政府房地产主管部门审查，审查期限为20个工作日。经资质审查合格的企业，由资质审批部门发给相应等级的《资质证书》。该《资质证书》格式由建设部统一制定，分为正本和副本，正本和副本具有同样法律效力。

问题三：什么情况下物业服务企业不予资质审批？

根据《物业服务企业资质管理办法》规定，物业服务企业申请核定资质等级，在申请之日前一年内有下列行为之一的，资质审批部门不予批准：

(1) 聘用未取得物业管理职业资格证书的人员从事物业管理活动的；
(2) 将一个物业管理区域内的全部物业服务业务一并委托给他人的；
(3) 挪用专项维修资金的；
(4) 擅自改变物业管理用房用途的；
(5) 擅自改变物业管理区域内按照规划建设的公共建筑和共用设施用途的；
(6) 擅自占用、挖掘物业管理区域内道路、场地，损害业主共同利益的；
(7) 擅自利用物业共用部位、共用设施设备进行经营的；
(8) 物业服务合同终止时，不按规定移交物业管理用房和有关资料的；
(9) 与物业管理招标人或者其他物业管理投标人相互串通，以不正当手段谋取中标的；
(10) 不履行物业服务合同，业主投诉较多，经查证属实的；
(11) 超越资质等级承接物业管理业务的；
(12) 出租、出借、转让资质证书的；
(13) 发生重大责任事故的。

问题四：物业服务企业资质证书的补领、重新核定、变更和注销的程序时怎样的？

企业遗失资质证书，应在新闻媒体上声明后，方可申请补领。

企业发生分立、合并的，应当向工商行政管理部门办理变更手续后30日内，到原资质审批部门申请办理资质证书注销手续，并重新核定资质等级。

企业的名称、法定代表人等事项发生变更的，应当在办理变更手续后30日内，到原资质审批部门办理资质证书变更手续。

企业破产、歇业或者因其他原因终止业务活动的，应当在办理营业执照注销手续后15日内，到原资质审批部门办理资质证书注销手续。

问题五：物业服务公司选聘的员工应符合哪些条件？

物业服务企业中，公司员工通常可分为高级管理人员和一般工作人员。对于一般的工作人员只需具备一些基本条件及相应的岗位证书就可上岗工作。如物业保安应持有《物业保安人员上岗证》，方可上岗从事物业保安工作。从事物业服务工作的一般管理员，则应持有《物业管理上岗证》。物业公司高级管理人员也应持有相应的证书，如物业公司经理应持有《物业企业经理证书》。作为高级管理人员，除应持有证书外，还应具备较多的专业知识和较强的工作能力。

【现实建议】

《物业服务企业资质管理办法》是规范物业服务企业资质管理的重要法规。该办法对物业服务企业资质标准划分为一级、二级、三级。此外，该办法对物业服务企业资质的主管部门、申请审批、不予审批的情况，资质证书的补领、重新核定、变更和注销，监督检查及违反《物业服务企业资质管理办法》均作了明确规定。

【课堂活动】

案例分析：2008年5月，甲、乙、丙三企业协商，决定共同投资创办一个物业服务有限责任公司。各方出资为30万元，公司注册资本共90万元。目前，三方具有物业管理专业人员以及工程、管理、经济等相关专业类的专职管理和技术人员共15人，其中中级以上职称的人员5人，管理两种类型以上的物业，其中多层住宅和高层住宅各50万平方米。三方共同制定的章程约定对公司债务承担无限责任。各方准备向该区所在市的工商行政管理局申请二级物业管理资质。公司设股东会、董事会和监事会，以董事会为公司的权力机构，总经理为法定代表人。甲受托于2008年6月向当地政府主管部门办理公司成立注册登记手续。

思考：

1. 设立物业服务有限责任公司应依照哪些法律法规？
2. 该物业服务有限责任公司能否获得批准？为什么？

任务 3
业主及业主组织相关法规应用

【学习目标】
1. 了解业主、业主大会、业主委员会的权利和义务。
2. 熟悉业主大会和业主委员会的设立条件和组织架构。
3. 熟悉业主大会召开、业主委员会产生的程序与方式。
4. 熟悉业主大会和业主委员会的议事规程。
5. 掌握有关物业服务中的法律规定协助业主大会和业主委员会执行决议及展开日常工作。

任务 3.1　业主与物业使用人的认识

【案例 3-1 导入】

乐嘉花园在由信义物业服务企业接管前,是由兴龙物业服务企业提供管理服务的,但该物业服务企业自接手管理后,很多小区业主对服务质量不满意,对小区业主委员会提出意见,此业委会却在很多问题上并没有维护广大业主的合法权益。因此,小区业主自发推选产生新的业主委员会,但新的业主委员会在向国土资源和房屋管理局申请登记的过程中,却遭到了拒绝。为此,小区业主联合向人民法院提出行政诉讼。请求判令国土资源和房屋管理局罢免原业主委员会成员,对新业主委员会予以登记。国土资源和房屋管理局辩称:新的业主委员会成立不符合《物业管理条例》的有关规定,因此,不能予以登记。另外,原告中的几名成员并非全部为小区业主,而只是与业主存在亲属关系,因此,他们无权以业主身份起诉。而作为第三人的原业主委员会则辩称：原业主委员会是经过合法程序产生的，并是由物业管理行政部门批准登记的合法组织；而由原告组成的新的业主委员会成立不符合法定程序。此外，根据业主委员会要从业主中选举产生的规定，原告中几名成员是业主的配偶，并非小区业主，因此，他们不享有业主的选举权和被选举权，更不能成为业主委员会的成员。

【思考】
1. 业主的配偶是不是业主？
2. 如果要确认配偶的业主身份，要提供什么材料证据？

【参考法条】
《物业管理条例》第6条第1款：房屋的所有权人为业主。
《婚姻法》第17条：夫妻在婚姻关系存续期间所得的下列财产，归夫妻共同所有：
（一）工资、奖金；
（二）生产、经营的收益；
（三）知识产权的收益；
（四）继承或赠与所得的财产，但本法第18条第3项规定的除外；
（五）其他应当归共同所有的财产。
夫妻对共同所有的财产，有平等的处理权。

【案例分析】
1. 本案涉及业主的配偶是不是业主的问题。根据《物业管理条例》的规定，房屋的所有权人为业主。那么房屋的所有权人是否就是房产证上的登记人呢？我国《婚姻法》明文规定，除非另有约定。夫妻在婚姻关系存续期间取得的财产归双方共有。很明显"房屋的所有权人"应是夫妻双方，而不只是房产证上的"登记人"。在我国目前的情况下，即便是夫妻共有的房屋，也往往只登记一个人的名字，但这并不能否定未登记方的所有权，只要是夫妻双方购买的房屋，无论在房产证上有没有登记，都是这座房子的所有权人，也都是小区的业主。针对在房产证上仅登记人姓名带来的弊端，我国《房屋登记办法》规定，共有房屋，应当由共有人共同申请登记。但由于习惯的影响，人们往往只登记一个人的名字。因此，在实践中就会产生一些误解，从而将作为房屋所有权共有人的配偶一方排除在业主范围之外。

2. 只要配偶一方提供《结婚证书》和房屋权属证书或者《商品房买卖合同》，并同时出具所购房屋为婚后共同财产的证据后，就应该确认其业主身份。

【知识点】

问题一：已实际居住但未获产权之前，买受人是否为业主？

《最高人民法院关于审理建筑物区分所有权纠纷案件具体应用法律若干问题的解释》第1条第2款规定：基于与建设单位之间的商品房买卖民事法律行为，已经合法占有建筑物专有部分，但尚未依法办理所有权登记的人，可以认定为物权法第6章所称的业主。

问题二：未成年人是否享有业主投票权？

业主大会由全体业主组成，业主都有参加业主大会的权利。对于业主身份的认定，一般以房屋产权证记载的所有权人为准。根据《物业管理条例》的规定，业主有权参加业主大会会议，行使投票权。因此，作为未成年人，不论其年龄状况如何，均有权参加业主大会行使投票权。根据《民法通则》的规定，10周岁以上的未成年人属于限制民事行为能力人，可以进行与其年龄、智力相适应的民事活动，其他民事活动由法定代理人代理。但十六周岁以上不满十八周岁的公民，以自己的劳动收入为主要生活来源的，视为完全民事行为能力人。从行为能力的角度出发，未成年人在投票表决事关业主重大利益的事项时考虑问题可能会不成熟，因此投票权应由其父母代为行使。业主委员会和物业公司不应当以其为限制行为能力人而否认其客观存在的权利能力，其实质构成对业主权利的侵犯。

问题三：开发商有权参与业主大会并行使表决权吗？

根据《物业管理条例》的规定，房屋的所有权人为业主。业主大会由全体业主组成。开发商能否成为业主，关键是看其是否对房屋享有所有权。一般来说，开发企业开发建筑物，分为两个阶段：第一阶段是开发企业依法取得土地使用权后，通过开发建设取得建筑物所有权，即通常所说的"大产权"。第二阶段是开发企业依法将"大产权"分割为若干区分所有权，并通过出售等方式将建筑物区分所有权转移给买受人。开发企业将建筑物区分成为各个单元或套房出售，使得建筑物区分所有权得以产生，而依法获得了建筑物区分所有权专有权的所有人，即成为业主。但是如果开发企业并未将物业管理区域内所有房屋都出售，由于这部分房屋的所有权未发生转移，这时开发企业就由原来的建筑物的大产权人依法变成了建筑物的区分所有权人，与其他业主一样，拥有区分所有权，同样成为小区的业主。房地产开发商可以像其他业主一样参与业主大会的筹备以及享有法律、法规规定和合同约定的其他权利。

问题四：业主代理人和业主代表人有什么区别？

1. 业主代理人

业主因故不能参加业主大会会议的，可以书面委托代理人参加。代理人应当在业主委托书的授权范围内行使代理权，如投票、发表意见、参加表决等等。业主委托代理人的授权内容不得超越业主自身权限，如投票权数。业主只能委托代理人代理事项，不能委托代理人代理业主身份，代理人无权以候选人身份参加业主委员会成员的竞选。

2. 业主代表人

物业管理区域内业主人数较多的，可以按照幢、单元、楼层等为单位，推选一名业主代表参加业主大会会议。推选业主代表参加业主大会会议的，业主代表应当于参加业主大会会议 3 日前，就业主大会会议拟讨论的事项，书面征求其所代表的业主意见。凡需投票表决的事项，业主代表应当要求业主将赞同、反对及弃权的决定及享有的投票权数书面签字，然后由业主代表在业主大会上代表业主如实投票。业主代表因故不能参加业主大会会议的，其所代表的业主应当另外推选一名业主代表参加大会。

问题五：业主依法享有什么权利？

依据法律法规的规定，一般来讲，物业管理活动中业主主要享有以下具体权利：

（1）按照物业服务合同的约定，接受物业服务企业提供的服务。物业服务合同是业主与物业服务企业之间约定双方权利义务的协议。物业服务企业应当提供所约定的各项服务；业主在支付了合同约定的物业服务费用之后，享有接受物业服务企业提供服务的权利。

（2）提议召开业主大会会议，并就物业管理的有关事项提出建议。

（3）提出制定和修改管理规约、业主大会议事规则的建议。

（4）参加业主大会会议，行使投票权。

（5）选举业主委员会成员，并享有被选举权。

（6）监督业主委员会的工作。

（7）监督物业服务企业履行物业服务合同。业主有权要求物业公司定期公布住宅区物业管理收支账目；有权对物业公司提出意见、建议；有权就本小区的物业管理服务向本行政区域内的相关主管部门投诉或提出意见与建议。

（8）对物业共用部位、共用设施设备和相关场地使用情况享有知情权和监督权。

监督物业共用部位、共用设施设备专项维修资金的管理和使用。专项维修资金如果不加以有效的监督，可能导致滥用。所以，业主享有物业共用部位、共用设施设备专项维修资金的管理和使用的监督权。

（9）法律、法规规定的其他权利。业主的权利还可能在其他法律、法规中作出规定，对于这些权利业主也当然享有。

问题六：业主依法履行什么义务？

权利与义务是相对应的，业主在物业管理活动中享有一定权利的同时，还应依法履行一定的义务。业主在物业管理活动中具体应当履行的义务主要有：

（1）遵守管理规约、业主大会议事规则；

（2）遵守物业管理区域内物业共用部位和共用设施设备的使用、公共秩序和环境卫生的维护等方面的规章制度；

（3）执行业主大会的决定和业主大会授权业主委员会作出的决定；

（4）按照国家有关规定交纳专项维修资金；

(5) 按时交纳物业服务费用；

(6) 法律、法规规定的其他义务。

【现实建议】

我国《物业管理条例》第6条将业主界定为房屋的所有权人。业主既是业主个体自治法律关系的基本主体，又是业主团体自治法律关系的构成主体，业主和依法成立、接受业主委托从事物业管理活动的物业服务企业一起共同构成了物业管理法律关系的主体。

【课堂活动】

小组讨论一：长沙市某地下商业街召开首届业主大会，此前，业主大会筹备小组规定凡办理了银行按揭手续的业主以及一次性付款的业主，才能参加业主大会。而开发商则强调自己拥有总商铺49％的产权，要求享有总票数928张中的450张选票权，并坚持60多名没有办好房屋按揭手续的购房者不能享有参加业主大会的权利。购房者则认为，开发商是搞开发的，不应当成为业主；部分购房者已交了部分房款未办按揭，也有权参加业主大会。

请问：

1. 开发商是否能以业主的身份参加业主大会？其投票权如何？

2. 没有办好银行按揭手续的购房者是否具有参加业主大会的资格？

小组讨论二：李先生在祁乐小区租了一套住房用于居住，由于出租人在外地定居，所以双方约定物业服务费由李先生直接交给物业服务企业。在小区居住一段时间后，李先生发现该小区在物业管理方面有许多不如人意的地方，平时给物业服务企业提意见通常也得不到回应。前几天小区召开每年一度的业主大会，于是李先生向业主委员会报名参加，却被告知承租人均不能参加业主大会。李先生想不明白，既然物业费都是他交的，这种与物业管理有关的大会为什么不让他参加呢？请同学们谈谈自己的看法。

任务3.2 业主大会的召开

【案例3-2导入】

物业助理张清的表哥李健最近比较烦恼，起因是他在天城花园买了一套新房，但房子建成交付使用两年后，开发商仍未通过政府有关部门召集业主召开业主大会。于是李健连同该花园部分业主自行成立了"筹备会"，并多次以书面形式向开发商及所在区物业管理主管部门提出召开业主大会的要求，未得到答复，又以书面形式提出终止与开发商组织的物业服务机构的物业管理关系。开发商及其组织的物业服务机构均认为，部分业主自行组织的"筹备会"不具备业主委员会的资格，因而对其提出的任何要求完全置之不理。无奈，"筹备会"只得以地方主管机关为被告提起行政诉讼，要求判令地方主管机关履行义务，负责召集首次业主大会，成立业主委员会；后又由部分业主以个人名义起诉开发商，要求终止物业管理关系，并向业主移交有关房屋档案资料，退还已收取的物业服务费。法院均以主体不合格为由，驳回"筹备会"和业主的起诉。

【思考】

1. 物业区域内成立业主大会的条件是什么？
2. 地方政府主管部门和房地产开发商以及物业服务企业有义务召集首次业主大会成立业委员会吗？

【参考法条】

《物业管理条例》第10条：同一个物业管理区域内的业主，应当在物业所在地的区、县人民政府房地产行政主管部门或者街道办事处、乡镇人民政府的指导下成立业主大会，并选举产生业主委员会。但是，只有一个业主的，或者业主人数较少且经全体业主一致同意，决定不成立业主大会的，由业主共同履行业主大会、业主委员会职责。

《业主大会和业主委员会指导规则》第9条：符合成立业主大会条件的，区、县房地产行政主管部门或者街道办事处、乡镇人民政府应当在收到业主提出筹备业主大会书面申请后60日内，负责组织、指导成立首次业主大会会议筹备组。

《业主大会和业主委员会指导规则》第10条：首次业主大会会议筹备组由业主代表、建设单位代表、街道办事处、乡镇人民政府代表和居民委员会代表组成。筹备组成员人数应为单数，其中业主代表人数不低于筹备组总人数的一半，筹备组组长由街道办事处、乡镇人民政府代表担任。

《业主大会和业主委员会指导规则》第11条：筹备组中业主代表的产生，由街道办事处、乡镇人民政府或者居民委员会组织业主推荐。

筹备组应当将成员名单以书面形式在物业管理区域内公告。业主对筹备组成员有异议的，由街道办事处、乡镇人民政府协调解决。

【案例分析】

1.《物业管理条例》及有关部门规章只规定了业主大会由物业管理区域内的全体业主组成，一个物业管理区域只能成立一个业主大会，业主大会自首次业主大会会议召开之日起成立，并没有对业主大会成立的日期和条件作出规定，这使得很多小区的业主在维护自身合法权益方面遇到了很大的障碍，也引发了业主与前期物业服务企业的矛盾和冲突。我国各省市的《物业管理条例》中，基本上对业主大会的成立时间及条件都作了规定。因此，只要符合本省市《物业管理条例》

规定的条件，业主们就可以成立业主大会，行使业主权利．维护自己的合法权益。

2. 业主大会是全体业主的自治机关，业主委员会由业主大会选举产生并对业主大会负责，代表全体业主的共同利益。业主有权自主召开业主大会和成立业主委员会。地方法规和政府规章中规定，地方政府主管部门有义务召集首次业主大会成立业主委员会，目的在于保护业主的利益，保证首次业主大会的及时顺利召开和业主委员会的成立。规定并没要求首次业主大会的召开必须由开发商和地方政府主管部门负责召集。虽然有关法规规定开发商、地方政府主管部门有义务组织召开首次业主大会。若开发商、地方政府主管部门拒不履行义务，根据民事诉讼的基本原则，每个业主都应有资格起诉他们。业主自主召开业主大会成立的业主委员会只要符合法规规定的人数和程序就是合法有效的。

【知识点】

问题一：什么是业主大会？

业主大会是物业管理区域内全体业主物业合法权益的自治自律群众团体和物业管理监督组织。业主委员会是业主大会的执行机构。业主大会及业主委员会代表着广大业主的利益来管理整个物业建筑物。负责自主选聘和解聘物业服务企业，对物业的管理提出具体要求，以合同的形式选聘物业服务企业实施物业管理。业主委员会要协调和监督物业服务企业的具体工作。因此，业主大会对物业服务企业具有自主的选聘权和解聘权是业主自治的关键。

业主大会是民主性的组织，代表着广大业主的合法权益。业主大会作为代表全体业主的社会群众团体，直接参与和决定着物业管理活动的决策。广大业主、住户在业主大会及业主委员会的积极组织下以主人翁的身份自治自律参与管理，集中大家的民主智慧，把大家的实际利益、思想感情与物业管理联系起来，共同创造整洁优美、安全、舒适、文明、和谐的物业环境。

问题二：业主大会成立的筹备组由哪些组成？

首次业主大会会议筹备组由业主代表、建设单位代表、街道办事处、乡镇人民政府代表和居民委员会代表组成。筹备组成员人数应为单数，其中业主代表人数不低于筹备组总人数的一半，筹备组组长由街道办事处、乡镇人民政府代表担任。

问题三：业主大会成立的流程是怎样的？

1. 确定首次业主大会会议召开的时间、地点、形式和内容，按照政府主管部门制订的示范文本，拟定《业主大会议事规则》（草案）和《临时管理规约》（草案）；

2. 确定业主身份，确定业主在首次业主大会会议上的投票权；

3. 确定业主委员会委员候选人产生办法及名单；

4. 做好召开首次业主大会会议的其他准备工作。

问题四：如何召开首次业主大会？

筹备组应当自组成之日起 90 日内完成筹备工作，组织召开首次业主大会会议。首次业主大会的会议议程一般包括以下内容：

1. 报告业主大会的筹备工作情况；
2. 宣读业主名册和在首次业主大会会议上的投票权数；
3. 宣读《业主大会议事规则》草案和《临时管理规约》草案，宣讲业主对草案提出的修改意见，以及业主大会筹备组根据业主意见对两个草案的修改结果；
4. 投票表决通过《业主大会议事规则》和《临时管理规约》；
5. 宣读业主委员会委员候选人名单，经投票选举产生业主委员会成员。

问题五：房地产行政主管部门和街道办事处可否拒绝指导业主大会成立？

房地产行政主管部门和街道办事处的指导并非业主大会成立的必备要件，只要成立业主大会是经过物业区域内的业主、以多数决的方式决议通过的，即使房地产行政主管部门拒绝指导，也不应影响其成立的合法性。在业主大会召开并选举产生业主委员会委员后，如果房地产行政主管部门拒绝登记的，可将房地产行政主管部门作为被告提起行政诉讼。

问题六：建设单位拒绝参加筹备组时，其他业主能否组建筹备组？

业主团体（业主大会）属于受私法调整的自治性社会团体，其是否成立、如何成立以及运行规则，完全应由该团体通过多数决的方式决议。因此，只要业主大会筹备组的成员是经业主经过合法程序推举产生的，不管是否包含特殊的业主（建设单位）在内都应当有效。

【案例 3-3 导入】

由于乐嘉花园一期已入住多年，最近一段时间，小区内的几部电梯经常出现故障。有部分业主提出希望把这几部电梯进行全面检修，更换部分零部件，一来保障了住户安全，二则保证了业主的正常生活。于是，小区业主李某就向业主委员会主任张主任提出书面申请，请求立即召开业主大会讨论此事。业主委员会张主任经与部分业主沟通后，有些业主认为，业主大会应该定期召开，召开临时会议会耽误他们的工作和休息，因此拒绝参加。由于召开业主大会集中讨论有一定的难度，业主委员会就采取了发放征求意见稿的方式征求业主的意见，结果得到了大多数业主的同意。就在开始停机检修的时候，有业主出来反对，声称检修工程没有召开业主大会集中讨论，违反了法律规定，属于违法行为，应立即停止。但业主委员会认为已经书面征求了意见，大多数业主同意，无需集中召开业主大会，为此双方发生了冲突。

【思考】

1. 业主大会一定要定期召开吗？
2. 业主有权提议召开业主大会临时会议吗？
3. 业主大会会议必须采取集体讨论的形式吗？

【参考法条】

《物业管理条例》第13条第2款：业主大会定期会议应当按照业主大会议事规则的规定召开。经20%以上的业主提议，业主委员会应当组织召开业主大会临时会议。

《业主大会和业主委员会指导规则》第21条：业主大会会议分为定期会议和临时会议。

业主大会定期会议应当按照业主大会议事规则的规定由业主委员会组织召开。有下列情况之一的，业主委员会应当及时组织召开业主大会临时会议：

（一）经专有部分占建筑物总面积20%以上且占总人数20%以上业主提议的；

（二）发生重大事故或者紧急事件需要及时处理的；

（三）业主大会议事规则或者管理规约规定的其他情况。

《物业管理条例》第12条：业主大会会议可以采用集体讨论的形式，也可以采用书面征求意见的形式；但是，应当有物业管理区域内专有部分占建筑物总面积过半数的业主且占总人数过半数的业主参加。

【案例分析】

1. 根据《物业管理条例》的规定，业主大会会议分为定期会议和临时会议。业主大会定期会议应当按照业主大会议事规则的规定召开。经业主大会选举产生业主委员会后，由业主负责召集业主大会，根据《管理规约》的规定，每年召开一次或几次业主大会。除了定期会议之外，在一定条件下可以召开临时会议。所以，业主大会并不定都是定期召开的。

2. 《物业管理条例》规定，经20%以上业主提议可以召开业主临时大会。《业主大会和业主委员会指导规则》也规定，在经专有部分占建筑物总面积20%以上且占总人数20%以上业主提议的、在发生重大事故或者紧急事件需要及时处理的以及业主大会议事规则或者管理规约规定的其他情况出现时，也可召开业主临时大会。因此，在出现需要召开业主临时大会的情况时，业主委员会应该积极组织，业主也应该积极配合，以维护全体业主的利益。如果业主委员会不履行组织召开会议职责的，业主可以向区、县人民政府房地产行政主管部门反映，由其责令业主委员会限期召开。

3. 根据《物业管理条例》的规定，业主大会会议可以采用集体讨论的形式，也可以采用书面征求意见的形式；但是，应当有物业管理区域内专有部分占建筑物总面积过半数的业主且占总人数过半数的业主参加。业主可以委托代理人参加业主大会会议。其中，筹集和使用专项维修资金以及改建、重建建筑物及其附属设施，应当经专有部分占建筑物总面积2/3以上的业主且占总人数2/3以上的业主同意（注：专有部分面积按照不动产登记簿记载的面积计算；尚未进行登记的，暂按测绘机构的实测面积计算；尚未进行实测的，暂按房屋买卖合同记载的面积计算；建筑物总面积，按照前项的统计总和计算）。在本案中，业主委员会虽然没有采用集体讨论的形式，但采用书面征求意见的形式是符合法律规定的，只要得到 2/3 以上多数的支持，该决定就应该对全体业主生效。部分业主认为没有召开业主大会集中讨论属于违法行为的认识是错误的。

【知识点】

问题一：业主可以委托他人代为行使表决权吗？

根据有关法律、地方法规规定，业主应亲自出席业主大会并投票，无法出席的可以委托他人代为投票，委托他人投票的，必须出具授权委托书，否则该项委托无效。授权委托书必须有业主签字，如业主为法人，须加盖法人公章。《物业管理条例》第 12 条第二款规定："业主可以委托代理人参加业主大会会议。"

虽然业主可以委托他人代理参加业主大会并行使表决权，但由于参加业主大会，特别是行使表决权对业主关系甚大，为了防止业主利益受到侵害，必须对表决权的行使加以一定的限制，即代业主行使表决权，必须有业主的书面委托，否则不得行使。

所有享有投票权的已住用业主，均应按时出席业主大会，行使法定权利，承担法定责任。业主应亲自出席业主大会并投票，或委托他人出席和投票。如果业主既未参加业主大会又未委托他人投票视为弃权，必须服从业主大会的决议，不得以此为拒绝接受业主大会的决议。

问题二：业主大会的表决效力如何？

按照《物业管理条例》的相关规定：业主大会作出"筹集和使用专项维修资金"以及"改建、重建建筑物及其附属设施"的决定，应当经专有部分占建筑物总面积三分之二以上的业主且占总人数三分之二以上的业主同意；业主大会作出的其他决定，应当经专有部分占建筑物总面积过半数的业主且占总人数过半数的业主同意。

业主大会会议应当由业主委员会作书面记录并存档。

业主大会或者业主委员会的决定，对业主具有约束力。

业主大会或者业主委员会作出的决定侵害业主合法权益的，受侵害的业主可以请求人民法院予以撤销。

业主大会的决定应当以书面形式在物业管理区域内及时公告。

问题三：业主大会上行使表决权有什么相关规则？

1. 物业管理区域内业主人数较多的，可以幢、单元、楼层为单位，推选一名业主代表参加业主大会会议。推选业主代表参加业主大会会议的，业主代表应当于参加业主大会会议 3 日前，就业主大会会议拟讨论的事项书面征求其所代表的业主意见，凡需投票表决的，业主的赞同、反对及弃权的具体票数经本人签字后，由业主代表在业主大会投票时如实反映。

2. 通常情况下，业主大会的召开采取的是集体讨论方式，这种方式能够充分展示各方的意见。但是，对于一些问题，业主之间并没有争议，可以通过征求意见的方式，从而节约时间和成本。

3. 业主大会的召开，应当满足最低人数或投票权的限定，从而尽量体现大多数人的利益，以保障所作出的决议的科学性、合理性。《物业管理条例》中规定了最低投票权的限制，即应当有物业管理区域内专有部分占建筑总面积过半数的业主且占总人数过半的业主参加。

4. 业主参加大会的方式既包括亲自参加的方式，也包括委托代理人参加的方式。召开业主大会时，业主应当亲自出席并参与物业管理有关事项的决议。但是，如果业主无法亲自参与业主团体会议的，可以将自己的表决权书面委托他人行使。

5. 《物业管理条例》中对业主大会的决议分为两种，即一般决定和特殊决定。对于一般决定，必须经专有部分占建筑物总面积过半数的业主且占总人数过半数的业主同意．即"普通多数同意方式"。而对于特殊决定，适用"特别多数同意方式"，即必须经专有部分占建筑物总面积三分之二以上的业主且占总人数三分之二以上的业主同意。特别多数同意的决议方式，指对涉及业主群体重要事项，须保证决策的慎重和决策执行能获得绝大多数业主的支持，本条例中适用特别多数同意方式的事项限于筹集和使用专项维修资金；改建、重建建筑物及其附属设施两种事项。

问题四：业主大会的职责是什么？

《物业管理条例》第 11 条规定：业主大会履行以下职责：

1. 制定和修改业主大会议事规则；
2. 制定和修改管理规约；
3. 选举业主委员会或者更换业主委员会成员；
4. 选聘和解聘物业服务企业；
5. 筹集和使用专项维修资金；
6. 改建、重建建筑物及其附属设施；
7. 有关共有和共同管理权利的其他重大事项。

此外，业主大会规程还规定业主大会应当依法履行职责，不得作出与物业管理无关的决定，不得从事与物业管理无关的活动。业主大会应当配合公安机关，与居民委员会相互协作，共同做好维护物业管理区域内的社会治安等相关工作。

在物业管理区域内，业主大会应当积极配合相关居民委员会依法履行自治管理职责，支持居民委员会开展工作，并接受其指导和监督。住宅小区的业主大会还应将其作出的决定，及时告知相关的居民委员会，并听取居民委员会的建议。

【现实建议】

业主大会会议分为定期会议和临时会议。业主大会会议可以采用集体讨论的形式，也可以采用书面征求意见的形式。业主大会应该在业主公约中约定召开临时大会的情况，在出现相关情况时，业主或业主委员会应积极要求或组织业主临时大会，在业主委员会书面征求意见的时候，业主一定要认真对待，行使好自己的权利，以维护全体业主的合法权益。

【课堂活动】

小组讨论一：阳景小区是个只有35户居民的洋房小区，基本上所有业主都来自一个单位系统，大家彼此都很熟悉。自入住以来，不论是选聘物业公司还是处理小区其他方面的事务，都是由全体业主集体商量决定，关系处理得比较融洽，因此也没有成立业主大会、选举业主委员会。但是最近一段时间，市政府举办物业小区管理模范评选活动，把业主大会的成立率作为一个重要的评价指标。于是街道办事处几次通知该小区成立业主大会、选举业主委员会。这让业主们很是烦恼。业主们称，他们人数较少，彼此又都很熟悉，共同商议问题很方便，而且从入住以来都没有产生过纠纷，加之成立业主大会还要建设办公场所，交纳办公经费，既麻烦又浪费，没有必要成立业主大会。街道办称，小区成立业主大会是法律规定的，必须成立。街道办的说法正确吗？

小组讨论二：鉴于某小区物业服务企业管理能力差，致使该小区成为脏、乱、差的典型，小区业主代表大会做出解除物业服务合同的决议，并书面通知物业服务企业。物业服务企业复函不同意解除合同。业主代表大会遂委托小区业主委员会向法院提起诉讼，要求法院判决解除物业服务合同。法院是否受理原告的诉讼请求？

任务 3.3　业主委员会的组建

【案例 3-4 导入】

乐嘉花园于 2009 年 2 月进行业主委员会换届选举，由李某担任主任。2009 年 3 月 1 日新成立的业主委员会与信义物业服务企业签订了为期一年的物业服务合同。新一届业主委员会在选举日后三个月才向物业所在地的国土资源和房屋管理局申请备案，但未获国土资源和房屋管理局的确认，理由是申请登记日期已过 30 日。于是，前一任业主委员会主任张某要求交出已经移交给李某的财务、公章、账册及其他有关文件。并以业主身份向法院起诉，要求撤销新业委会与信义物业服务企业签订的服务合同。

【思考】
1. 国土资源和房屋管理局的说法具有合法根据吗？
2. 本案中，应登记备案的是业主委员会还是业主委员会委员？
3. 新业主委员会与信义物业服务企业签订的物业服务合同有效吗？

【参考法条】

《物业管理条例》第 16 条第 1 款：业主委员会应当自选举产生之日起 30 日内，向物业所在地的区、县人民政府房地产行政主管部门和街道办事处、乡镇人民政府备案。

【案例分析】

1. 国土资源和房屋管理局的说法没有合法依据，理由是：业主委员会在房管部门的登记仅为备案而非核准。《物业管理条例》第 16 条第 1 款规定的"备案"与一般的民事设立登记是不相同的：首先，业主委员会由业主大会产生，属于自律自治性组织，业主委员会的选举仅仅是业主内部事务，是业主的私事，完全应当由业主自治决定。如果以国土资源和房屋管理局登记备案作为业主委员会有效存在的必要条件的话，那么无疑否认了业主委员会的自治性，是对业主自治权利的过度干预。业主委员会成员的变更应该完全交由业主大会自治决定。因此，国土资源和房屋管理局的备案不是民事登记，而是行政登记，只是为了履行行业管理的需要，目的在于方便房管部门对业主委员会的指导、管理和监督，备案不是业主委员会成立的必备要件。

2. 本案应登记备案的是业主委员会委员。业主委员会成员的变动并不影响业主委员会的存续性，不管业主委员会成员如何变动，业主委员会还是存在的。本案中，新选举的是业主委员会委员，而非重新成立业主委员会，因此，重新登记的是业主委员会委员，而非业主委员会。

3. 新签订的物业服务合同是有效的。新一届业主委员会委员一经选举产生，即成为业主委员会的合法成员。我国《物业管理条例》第 12 条规定，选聘和解聘物业服务企业应当经专有部分占建筑物总面积过半数的业主且占总人数过半数的业主同意。在本案中，如在有效会议的前提下，业主大会的决议只要符合规定，即选聘信义物业服务企业决议为合法有效。

【知识点】

问题一：业主委员会成立的规则是什么？

1. 一个物业管理区域应当成立一个业主委员会

业主委员会的设置应以物业管理区域为单位，每一个经县级以上人民政府房地产行政管理部门会同有关部门划定的物业管理区域就形成一个相对独立封闭的环境，在此环境内的各业主形成了公共利益，有了共同的权利义务关系，就应当设立一个业主委员会来行使业主对该物业区域的共同的自治管理。《物业管理条例》规定，物业管理区域的划分应当考虑物业的共用设施设备、建筑物规模、社区建设等因素。具体办法由省、自治区、直辖市制定。

2. 业主委员会应由物业管理区域内的业主民主选举产生

业主委员会不是一个独立的法人，其行为的后果直接归于全体业主，责任也由全体业主共同承担，因而业主委员会的组成人员应该反映全体业主绝大部分人的意愿，即应由全体业主进行民主选举，推选出自己信任的业主担任业主委员会的委员。业主选举出的业主委员会委员应该是遵纪守法、热心公益事业，有相应的组织能力和时间、精力的业主。

3. 业主委员会应由业主组成

业主委员会作为业主自治管理物业区域的机构，其组成人员应该是业主。物业管理区域中的承租人、其他实际使用物业的人员，有关行政机构或者组织的人员都不能成为业主委员会的委员，不能代替业主行使物业自治管理权。

业主委员会是一个由5~11人单数组成的机构，其工作方式是举行会议，由各委员共同协商达成一致意见。业主委员会形成决议采取的是会议表决、多数通过的方式，因而为便于业主委员会形成决议，其成员的个数应为单数。

4. 业主委员会应当经过行政登记

业主委员会虽不是一个独立法人，不能进行法人式的独立活动，但作为一个物业管理区域内业主利益的代表机构，其长期存在，享有一定的法定权利，也承担一定的法定义务，有比较正规的运作机制和稳定的活动内容，是一个群众性的民事权利组织。为加强对于物业管理的行政监督和指导，帮助各业主维护自身的权益，业主委员会应当经过合法的行政登记才能正式成立。《物业管理条例》规定，业主委员会应当自选举产生之日起30日内，向物业所在地的区、县人民政府房地产行政主管部门和街道办事处、乡镇人民政府备案。业主委员会自登记之日起成立。因此，进行行政登记是业主委员会合法成立的必备要件。

问题二：每届业主委员会任期届满之时，是否要向国土资源和房屋管理局上交业主大会印章、业主委员会印章？

国土资源和房屋管理局作为行政主管部门，有权对物业服务进行监督管理，但应当在法律规定的范围内实施行政管理行为。依据物业管理法规规定，国土资源和房屋管理局无收取业主大会印章、业主委员会印章。政府主管部门的职责应当在于引导业主及其业主委员会的自治上，而不应直接干预业主委员会的自治管理事务。这样，才能真正体现物业服务的自治性质。

问题三：居民委员会能代替业主委员会吗？

在我国国内，凡是有人群的地方就有居民委员会。业主委员会与居民委员会之间既有区别又有联系：

1. 从性质上看，居民委员会是居民自我管理、自我教育、自我服务的基层群众性自治组织，而业主委员会是物业服务区域内的业主自我管理物业服务事务的自治性组织。

2. 从功能上看，居民委员会的功能是综合性的，宣传法律、办理公益事业、调解纠纷、协助社会治安、协助街道办事处进行工作等，更侧重于政治功能。而业主委员会功能，基本是经济性的。

3. 从人员基础上看，居民委员会是以户口为基础而建立的，所以，一个人在理论上只会在一个居民委员会之中，而业主委员会是以对物业的所有权为基础而建立的，所以一个人可能拥有多处物业而成为不同业主委员会的成员。

4. 从经费来源上看，居民委员会的工作经费，由不设区的市、市辖区的人民政府或者上级政府规定并拨付；经居民会议同意，可以从居民委员会的经济收入中给予适当补助。而业主委员会的经费由全体业主分担。

业主大会、业主委员会应当在居民委员会的指导和监督下，与居民委员会相互协作、共同配合工作，一起做好维护物业管理区域内的社会治安等相关工作。对此，《物业管理条例》第14条第2款规定："住宅小区的业主大会会议，应当同时告知相关的居民委员会。"第20条规定："业主大会、业主委员会应当配合公安机关，与居民委员会相互协作，共同做好维护物业管理区域内的社会治安等相关工作。在物业管理区域内，业主大会、业主委员会应当积极配合相关居民委员会依法履行自治管理职责，支持居民委员会开展工作，并接受其指导和监督。住宅小区的业主大会、业主委员会作出的决定，应当告知相关的居民委员会，并认真听取居民委员会的建议。"

总之，居民委员会是计划体制下，从便于管理的计划体制的基本目标出发而设立的，而业主委员会却是市场经济下为了对大型物业进行以业主自治为基础的管理而产生。但是，居民委员会毕竟不是业主委员会，不能代表业主行使权利，因此，居民委员会与物业服务公司所签订的物业服务合同无效。

问题四：业主委员会章程是可有可无的准则吗？

业主委员会的成立和其日常工作也要遵循一定的准则、受到一定的约束。这样才能更好地维护业主的权益。

《业主委员会章程》是从代表和维护业主合法权益、实施自治管理出发，对各物业小区业主委员会及成员之间处理内部事务的行为准则的规范性文件，是关于业主委员会选举、产生、任期、组织活动、行使权利和履行义务、保障业主权益的准则。

《业主委员会章程》是成立业主委员会的必备条件，也是业主委员会活动中所应遵循的原则，绝不是可有可无得准则。《业主委员会章程》起草工作由筹备委员负责，经第一次业主大会讨论通过后执行，以后可根据实际情况完善修订，其内容主要规定了成立的业主委员会的目的、宗旨、机构设置、组成人员、权利义务、工作制度、工作范围以及经费来源等问题。

问题五：业主委员会的会议制度及工作制度是什么？

业主委员会一般通过会议方式形成委员会决议，进行日常的物业管理活动。具体内容可以包括：

1. 业主委员会例会的召开时间、临时会议召开的条件。如规定业主委员会会议每3个月至少召开一次；有三分之一以上的委员提议或者委员会主任、副主任认为必要时，可以召开临时会议。

2. 委员会会议召开前的准备工作。如：会议召开的通知、议题材料应在会议前多长时间送达各委员；委员因故不能参加会议时的委托工作、手续等。

3. 委员会召开会议时的主持工作。一般委员会召开会议都应由主任主持，主任因故不能履行职责，可以委托副主任召集。

4. 业主委员会会议的参加人员。业主委员会委员不能委托代理人参加会议。在物业区域内，实际使用物业的人除了业主本人，还可能有承租人、与业主同住的业主的亲属以及其他使用人。这些使用人虽然不能成为业主委员会的委员，但委员会在召开会议的时候，可根据情况邀请使用人代表列席。同时，物业管理行政主管部门及政府有关部门（如街道办事处、派出所等）、物业服务企业的人员代表在必要时也可邀请其参加业主委员会的会议。

5. 委员会会议决议的通过。业主委员会会议应有过半数的委员出席，作出的决定必须经全体委员半数以上同意。当表决中出现赞成票数与反对票数相同时，主任或会议主持人可加投一票决定票，使决议得以形成。但应明确的是，在此决议事项中，投决定票的人员不应存在自己的特殊利益。

6. 会议记录工作以及存档工作。业主委员会会议应当制作书面记录并存档，业主委员会会议作出的决定，应当有参会委员的签字确认，并自作出决定之日起3日内在物业管理区域内公告。业主委员会的会议记录是物业管理区域中的业主对业主委员会的工作进行监督的一个途径，也是业主委员会承担相应责任的有效依据，在业主委员会的章程中应规定好会议记录的工作，以及会议档案的保存。

【案例3-5 导入】

乐嘉花园新成立的业主委员会与信义物业服务企业签订物业服务合同后，原来的兴龙物业服务有限公司撤出对乐嘉小区的物业管理。但其后乐嘉花园业主委员会在办理物业承接验收手续时，发现兴龙物业公司未向移交两项专用资金。这两项资金是当初前期物业公司恒祥物业公司移交给兴龙物业公司的物业管理服务房补费50000元及绿化养护劳务费60000元。为此，乐嘉业主委员会在经小区三分之二以上的业主表决同意后，以自己的名义起诉要求兴龙物业服务有限公司返还物业管理用房款50000元、绿化维护费60000元及相应利息。兴龙物业服务有限公司却称，乐嘉花园业主委员会无诉讼主体资格，请求法院驳回其诉讼请求。

其后，被告兴龙物业公司要求法院调解。在未取得业主大会同意的情况下，业主委员会与被告方达成如下调解协议：被告方支付物业管理服务房补费40000元及绿化养护劳务费40000元。一审以调解结束。业主认为，业主委员会未经业主大会的决定，擅自与被告调解、放弃、变更诉讼请求的行为是不合法的。

【思考】

1. 业主委员会能以自己的名义起诉吗？
2. 业主委员会的变更诉讼请求是否有效？

【参考法条】

《物业管理条例》第11条：下列事项由业主共同决定
（一）制定和修改业主大会议事规则；
（二）制定和修改建筑物及其附属设施的管理规约；
（三）选举业主委员会或者更换业主委员会成员；
（四）选聘和解聘物业服务企业或者其他管理人；
（五）筹集和使用建筑物及其附属设施的维修资金；
（六）改建、重建建筑物及其附属设施；
（七）有关共有和共同管理权利的其他重大事项。

决定前款第五项和第六项规定的事项，应当经专有部分占建筑物总面积三分之二以上的业主且占总人数三分之二以上的业主同意。决定前款其他事项，应当经专有部分占建筑物总面积过半数的业主且占总人数过半数的业主同意。

第15条：业主委员会执行业主大会的决定事项，履行下列职责：
（一）召集业主大会会议，报告物业管理的实施情况；
（二）代表业主与业主大会选聘的物业服务企业签订物业服务合同；
（三）及时了解业主、物业使用人的意见和建议，监督和协助物业服务企业履行物业服务合同；
（四）监督管理规约的实施；
（五）业主大会赋予的其他职责。

《民事诉讼法》第59条第1、2款：委托他人代为诉讼，必须向人民法院提交由委托人签名或者盖章的授权委托书。

授权委托书必须记明委托事项和权限。诉讼代理人代为承认、放弃、变更诉讼请求，进行和解，提起反诉或者上诉，必须有委托人的特别授权。

【案例分析】

1. 乐嘉花园业主委员会具备本案的诉讼主体资格。根据《物业管理条例》的规定，业主大会应当代表和维护物业管理区域内全体业主在物业管理活动中的合法权益。业主委员会是业主大会的执行机构，履行召集业主大会、报告物业管理的实施情况、代表业主与业主大会选聘的物业公司签订物业服务合同等职责，以及履行业主大会赋予的其他职责。本案所涉物业管理用房款、绿化维护费等争议涉及乐嘉小区全体业主在物业管理上的权益，乐嘉小区业主为建筑区域内的物业管理用房款等共有权利的维权诉讼，符合《物业管理条例》和《物权法》的规定。在经由乐嘉小区业主大会讨论，并经小区三分之二以上的业主表决同意，授权乐嘉业主委员会承担本案的诉讼职责，不违反上述相关法律、行政法规的规定，亦符合《民事诉讼法》的相关规定。故乐嘉业主委员会具备本案的诉讼主体资格。

2. 根据《民事诉讼法》的规定，代理人在诉讼中未经被代理人的同意，不得放弃、变更诉讼请求。业主大会由全体业主组成，它是事关业主利益的最高决策机构，重大事项均应由业主大会决定。根据《物业管理条例》的规定，业主委员会仅仅是执行业主大会意思的代表机关。凡是依法应当由业主大会决议的事项，未经业主大会决议，业主委员会不得直接为之。本案中，诉讼请求的放弃、变更对业主来说属于重大事项，业主委员会不经过业主大会的决定．就擅自变更、放弃诉讼请求的行为是不合法的，它不是全体业主的真实意思表示。

【知识点】

问题一：业主委员会的法律地位是什么？

业主委员会是经过业主大会或业主代表大会选举产生，经房地产行政管理部门核准登记成立的，具有合法的地位，有一定的组织机构和运营财产，应该属于《民事诉讼法》所说的"其他组织"的一种。它虽然不具有法人资格，但作为一个合法组织，并非各个业主的一种简单聚合，有一定的组织性和稳定性，并且长期固定存在，就应可以行使民事权利，承担民事责任，在民事纠纷、争议中应享有独立的诉讼权利，有独立的诉讼主体资格。也就是说，当在物业管理活动中，业主委员会本身的权益或者是全体业主的权益受到非法侵害时，业主委员会能够以自己的名义而非经业主的再次授权而提起民事诉讼；或者是当业主委员会本身的行为或全体业主的共同行为侵害了他人利益时，他人能对业主委员会提起民事诉讼。当然，由于认为业主委员会不是法人，没有独立的拟制人格，其行为的后果、责任应由全体业主共同承担。

问题二：业主委员会的职权是什么？

根据《业主大会和业主委员会指导规则》第35条的规定，业主委员主要履行下列职责：

（一）执行业主大会的决定和决议；

（二）召集业主大会会议，报告物业管理实施情况；

（三）与业主大会选聘的物业服务企业签订物业服务合同；

（四）及时了解业主、物业使用人的意见和建议，监督和协助物业服务企业履行物业服务合同；

（五）监督管理规约的实施；

（六）督促业主交纳物业服务费及其他相关费用；

（七）组织和监督专项维修资金的筹集和使用；

（八）调解业主之间因物业使用、维护和管理产生的纠纷；

（九）业主大会赋予的其他职责。

问题三：业主委员会的义务是什么？

1. 遵纪守法。遵纪守法是业主委员会的最根本要求，也是委员会自我约束的根本表现。业主委员会不得以行使业主自治管理权为名，违反国家法律、法规以及政策的规定，业主委员会所作出的决定，不得与法律、法规、政策相抵触。

2. 支持并配合物业服务企业的工作。物业服务企业虽然受聘于业主委员会，业主委员会有责任也有义务监督物业服务企业的工作。但业主委员会与物业服务企业并非相互对立的两方，管理好物业区域应该是双方共同的目标。所以，业主委员会有义务配合物业服务企业的工作，尽可能为其工作提供方便，应将业主的意见和要求及时向管理公司反馈，协调物业服务企业与业主之间的关系，帮助管理公司排除工作中的干扰及阻力。

3. 做好物业区域内业主的宣传、协调工作。业主委员会应向业主公布、宣传各项管理规约，督促业主自觉遵守管理规约及规章，促使业主理解有关的管理收费，并使其按规定缴纳管理费及其他应分摊的费用。

问题四：业主委员会会议的召开有什么条件？

业主委员会应当按照业主大会议事规则的规定及业主大会的决定召开会议。经三分之一以上业主委员会委员的提议，应当在7日内召开业主委员会会议。

业主委员会会议由主任召集和主持，主任因故不能履行职责，可以委托副主任召集。业主委员会会议应有过半数的委员出席，业主委员会委员不能委托代理人参加会议。

问题五：业主委员会会议的决议要满足什么条件？

业主委员会应当于会议召开7日前，在物业管理区域内公告业主委员会会议的内容和议程，听取业主的意见和建议。业主委员会会议应有过半数的委员出席，作出的决定必须经全体委员半数以上同意。

业主委员会会议应当制作书面记录并存档，业主委员会会议作出的决定，应当有参会委员的签字确认，并自作出决定之日起3日内在物业管理区域内公告。

问题六：业主委员会的日常工作包括什么？

业主委员会的日常工作要根据业主委员会章程来决定，一般而言，应有如下几项：

1. 了解和掌握物业服务区域、业主和使用权人的基本情况，包括辖区物业面积、建筑结构、产权性质，辖区基础设施、绿化情况，辖区周围环境、交通等情况。业主和使用人按户登记造册。对本辖区的物业服务的目标和要求在广泛征求业主意见后提出初步方案供讨论。

2. 如辖区原已有物业服务企业进行管理的，对原来的物业服务工作进行评价，包括取得的成绩、得当的管理措施，存在的问题，收费项目和标准的合理性，对前期物业服务企业是否续聘或解聘提出意见，向业主大会作出报告。

3. 与物业服务企业签订物业服务合同，可参照房地产行政管理部门制定的示范文本对合同草案条款逐项进行拟订，明确双方权利和义务。辖区物业服务的标准和收费在报送所在地区、县房地产行政管理部门备案前，最好事先征求意见，然后签订合同并办理备案手续。

4. 管理好物业专项维修资金，掌握好对物业专项维修资金的使用权，遵循专款专用的原则，要求物业服务企业在账务上按幢立账、按户核算，在年终时可委托有资质的审计单位对物业服务维修资金的账务进行审计，并把结果向业主大会报告。

5. 提出本辖区年度房屋修缮计划、设备维修更新计划、公共设施维修养护计划，并提出财务预算，提请业主大会审议。必要时，做好物业专项维修资金的筹集工作。

6. 督促业主和使用人遵守小区管理规约行为准则，协调好物业使用中业主的相邻关系，对于违章装修，协助物业服务企业进行管理，如有违章行为的人不听劝阻要报告有关行政管理部门依法处理。

7. 做好辖区内道路场地。车辆行驶和停放，以及设置广告等方面的管理。

8. 做好内部管理工作，起草有关物业服务公约、办法的草案；做好委员的增补选举工作；建立工作制度、会议制度和档案制度；做好办公经费的筹集和使用管理工作；做好办公用房的设置和管理工作；做好换届选举工作等。

【现实建议】

现实中，业主委员会在行使权利中存在诸多障碍。业主委员会既要处理好上下关系，也就是与物业管理行政主管部门及业主的关系，又要处理好左右的关系，也就是与选聘的物业公司以及居民委员会的关系，才能代表业主管理好物业。

【课堂活动】

小组讨论一：天虹小区是分期开发建设的小区，一期工程竣工后，由于房屋结构设计新颖，加上小区周围环境优美，很快销售一空。一年后，业主们成立业主大会，选举了业主委员会。与一家物业公司签订了物业服务合同，由其来负责小区的物业服务。二期工程竣工后，房屋也很快销售完毕。于是二期工程后入住的业主们也组织召开了业主大会，选举了业主委员会，当新业主委员会向国土资源和房屋管理局备案时，却被告知新选举的业主委员会不合法，国土资源和房屋管理局不予备案。新业主委员会委员们认为，国土资源和房屋管理局承认一期工程的业主委员会而否定他们，是对二期工程业主权利的剥夺。国土资源和房屋管理局则认为，根据有关法律法规的规定，一个物业管理区域内只能成立一个业主大会。因此也只能有一个业主委员会，他们的做法没有错。为此，双方发生了争执。究竟应如何处理本案中的纠纷呢？

任务3.4　业主委员会委员的选举及其资格的终止

【案例3-6导入】

乐嘉小区新一届业主委员会成立不久后，当选为业主委员会委员的王某将其名下物业赠与其儿子。但王某认为其仍然居住在小区，并未向业主委员会说明事实，继续担任业主委员会委员一职。之后，有部分业主闻讯，联名向国土资源和房屋管理局反映，要求王某辞职。

【思考】

1. 非业主能否担任业主委员会委员？
2. 业主委员会委员资格终止的情形有哪些？

【参考法条】

《物业管理条例》第16条第2款：业主委员会委员应当由热心公益事业、责任心强、具有一定组织能力的业主担任。

《业主大会规程》第21条第1款：业主委员会委员应当是本物业管理区域内具有完全民事行为能力的业主。

《业主大会和业主委员会指导规则》第31条：业主委员会由业主大会会议选举产生，由5～11人单数组成。业主委员会委员应当是物业管理区域内的业主，并符合下列条件：

（一）具有完全民事行为能力；

（二）遵守国家有关法律、法规；

（三）遵守业主大会议事规则、管理规约，模范履行业主义务；

（四）热心公益事业，责任心强，公正廉洁；

（五）具有一定的组织能力；

（六）具备必要的工作时间。

第43条：有下列情况之一的，业主委员会委员资格自行终止：

（一）因物业转让、灭失等原因不再是业主的；

（二）丧失民事行为能力的；

（三）依法被限制人身自由的；

（四）法律、法规以及管理规约规定的其他情形。

第44条：业主委员会委员有下列情况之一的，由业主委员会三分之一以上委员或者持有20%以上投票权数的业主提议，业主大会或者业主委员会根据业主大会的授权，可以决定是否终止其委员资格：

（一）以书面方式提出辞职请求的；

（二）不履行委员职责的；

（三）利用委员资格谋取私利的；

（四）拒不履行业主义务的；

（五）侵害他人合法权益的；

（六）因其他原因不宜担任业主委员会委员的。

【案例分析】

1. 根据《物权法》及《物业管理条例》的规定，业主委员会委员必须从业主中产生。因此，如果业主丧失了业主身份，其也就不具备继续担任业主委员会委员的资格。之所以要规定业主委员会委员必须由业主担任，是为了保障委员们确实能够勤勉地履行作为委员的职责。因为只有身为业主的委员，才与整个物业小区的管理服务利益最大化是一致的。《业主大会和业主委员会指导规则》第43、44条对业主委员会委员资格终止的情况作了较为详细的规定。其中就包括丧失业主身份这种情况。对于本案，国土资源和房屋管理局可建议由业主委员会主任召开会议，对王某的业主委员会委员资格进行罢免，并补选产生业主委员会委员。经业主委员会提请，王某的委员资格的终止可在下一次业主大会上予以确认并应及时到国土资源和房屋管理局办理变更登记手续。

2.《业主大会和业主委员会指导规则》第44条：业主委员会委员有下列情况之一的，由业主委员会三分之一以上委员或者持有20%以上投票权数的业主提议，业主大会或者业主委员会根据业主大会的授权，可以决定是否终止其委员资格：

（一）以书面方式提出辞职请求的；

（二）不履行委员职责的；

（三）利用委员资格谋取私利的；

（四）拒不履行业主义务的；

（五）侵害他人合法权益的；

（六）因其他原因不宜担任业主委员会委员的。

【知识点】

问题一：业主委员会的任期是多长？

依据我国《物业管理条例》第18条规定，业主委员会委员任期由业主大会在决议的议事规则中加以规定。该条规定完全尊重了业主自治管理权，与业主团体自治管理的性质相吻合。业主委员会委员每届任期不超过5年。这一任期既考虑业主委员会的稳定性，又考虑到了业主委员会委员的新旧更替，以保持业主委员会委员的工作热情。

问题二：业主委员会委员的条件、选举及权利义务如何？

业主委员会的行为是由各委员的行为所形成，因此在业主委员会的章程中应对其成员的行为进行必要的规定，具体内容主要应包括：

1. 委员会委员本身的素质要求。如应遵纪守法，有一定的物业管理经验、必要的法律知识等。

2. 委员的人数。一般各地都规定了委员会应由5～11名委员组成。委员的人数应为单数，以便在业主委员会会议进行表决时能形成决议。

3. 业主委员会委员撤换、增减的程序。由于业主委员会的委员是由全体业主大会选举而产生的，因而在对委员进行撤换、增减时也应由业主委员会先作出决议，再交由业主大会进行确认。

4. 撤换业主委员会委员的情形。业主委员会可以在章程中规定当某些情况出现时，在任的委员应停止委员工作。如：委员死亡的、因丧失行为能力无力担任委员工作的、因患病不能工作的、无故缺席业主委员会会议连续3次以上的、因犯罪被司法机关判刑的等等。

问题三：业主委员会委员的改选与增补由谁决定？

业主委员会是业主大会的管理机关，在业主大会闭会期间执行业主大会的决议、管理小区的公共事务。业主委员会是业主自治管理的实际操作者，其选任、罢免、改选以及补选均应由业主大会自行决议。业主委员会委员人数不足总数的二分之一时，应当召开业主大会临时会议，重新选举业主委员会。

问题四：房管部门在业主委员会委员的改选与增补事项决定中起何作用？

在业主委员会委员减少到一定数量并已影响业主委员会正常工作开展时，房管部门可以建议业主委员会召开业主大会，决议是否补选或改选业主委员会委员。房管部门不能直接决定是否改选或补选，否则属于严重干预业主大会的自治管理。

问题五：业主委员会委员应享受津贴吗？

尽管作为业主的业主委员会委员有义务参与小区物业管理，但业主委员会的委员们并不是像一般的业主那样只通过行使表决权的方式参与小区管理，而是比普通业主付出更多的时间和精力。况且，业主委员会的委员通常都是兼职的，他们抽出自己的业余时间管理小区的事务，这种劳动是作为一个普通业主无须付出的。因此，业主委员会委员应当获得相应的津贴，以补偿其付出，这样更有利于调动委员们的工作积极性。当然，应当根据工作职责向不同的委员支付数额不等的津贴。至于津贴的具体数额，应当由业主大会决定。

【现实建议】

业主委员会委员在发生不具备委员资格的情况下，应主动向业主委员会提出，业主和其他业主委员会委员也应加强监督。对不具备委员资格的委员要及时更换，以保证业主委员会的正常工作。维护全体业主的合法权益。

业主委员会开展工作的经费由全体业主承担，但收取方式既可直接向全体业主收取，也可由物业公司代为另行收取。物业公司与业委会签订关于业主委员会活动经费的代收协议时，一定要约定清楚，以免产生不必要的纠纷。

【课堂活动】

分组讨论：某小区业主委员会筹备委员会的委员遇到了一个问题：在推选的15名业主委员会委员中有4名欠交物业费，去国土资源和房屋管理局进行业主委员会资格备案时，相关负责人说："这4个人什么时候交了物业费，什么时候才能批准。"筹备委员会的委员很疑惑，但小区办的人说有文件规定，他们只好照办了。那么，这种做法是否正确呢？欠交物业费的业主是否就没有被选举为业主委员会委员的资格呢？

任务 4
前期物业服务相关法规应用

【学习目标】
1. 了解临时管理规约的作用、订立程序,学会制定临时管理规约。
2. 掌握前期物业服务的法律规定,熟悉前期物业服务招标投标的法律规定。
3. 掌握物业承接验收的规定,熟悉物业承接验收的程序。

任务 4.1 临时管理规约的制订

【案例 4-1 导入】
　　杨先生是张清的舅舅,最近到张清家里作客的时候,显得愁眉苦脸。张清就向舅舅询问了情况。原来,杨先生一家一直想买一套三居室的住房,在经过多家对比之后,终于选中了刚刚竣工销售的华明小区。但在签订《商品房买卖合同》的时候,开发商向他们出示了《临时管理规约》,要其对遵守临时管理规约予以书面承诺。杨先生认为,临时管理规约事关业主的切身利益,应该由业主通过业主大会集体决定,建设单位无权制定,他没有义务遵守。同时,杨先生也在阅读《临时管理规约》时,又发现有这样一条规定:"每晚 10 时关闭小区西门",这意味着晚归的业主将要绕行 20 分钟后才能回家。杨先生对此提出异议,认为该条规定极不合理,侵犯了业主的权益。开发商解释说,晚上 10 时关小区西门,主要是考虑到安全管理的需要。老杨认为,小区的大门开放与否应该由业主说了算。开发商说,在销售物业之前,其有权制定临时管理规约,购房者没有选择的余地,必须遵守。于是,杨先生拒绝对《临时管理规约》作出履行承诺。而开发商也表明态度，如果杨先生拒签《临时管理规约》，那么他们也拒绝与杨先生签订《商品房买卖合同》。杨先生认为，开发商的行为侵犯了其合法权益，便向房地产行政管理部门进行了投诉。

【思考】

1. 何谓《管理规约》，它有什么作用？
2. 《临时管理规约》应该由谁来制定？
3. 对于侵害业主合法权益的《临时管理规约》，业主有权拒绝吗？

【参考法条】

《物业管理条例》第22条：建设单位应当在销售物业之前，制定临时管理规约，对有关物业的使用、维护、管理，业主的共同利益，业主应当履行的义务，违反临时管理规约应当承担的责任等事项依法作出约定。

建设单位制定的临时管理规约，不得侵害物业买卖人的合法权益。

第23条 建设单位应当在物业销售前将临时管理规约向物业买受人明示，并予以说明。

物业买受人在与建设单位签订物业买卖合同时应当对遵守临时管理规约予以书面承诺。

《合同法》第40条：格式条款具有本法第52条和第53条规定情形的，或者提供格式条款方免除其责任、加重对方责任、排除对方主要权利的，该条款无效。

【案例分析】

1. 管理规约作为一种公共契约，属于协议、合约的性质。是对全体业主承诺，并对全体业主（包括物业使用人）具有约束力，是业主在物业使用、维护和管理等方面权利、义务的行为守则。管理规约应当对有关物业的使用、维护、管理，业主的共同利益，业主应当履行的义务，违反管理规约应当承担的责任等事项依法作出约定。

2. 临时管理规约是指建设单位在销售物业时，对有关物业的使用、维护、管理，业主的共同利益，业主应当履行的义务，违反规约应当承担的责任等事项依法作出的规定。法律规定由建设单位制定临时管理规约的原因在于，在物业销售之前，开发商是唯一的业主，此时业主大会尚未成立，无法通过正式的《管理规约》，正式的《管理规约》应当由全体业主共同制定。但是，业主大会的成立需要具备一定的条件，而随着业主的先后入住，关于物业的使用、维护和管理的规则又是业主对物业维护和保养的迫切需要，否则不仅损害业主的利益，也会严重影响物业的使用与管理。为此，需要在业主大会制定正式的《管理规约》之前先行制定《临时管理规约》。《临时管理规约》具有过渡性质，当业主入住率达到一定比例之后，可由业主大会筹备组提出修改建议和草案，报业主大会讨论通过后，即可成为《管理规约》。杨先生的疑惑在于他混淆了《临时管理规约》和《管理规约》的关系。

3. 为了维护全体业主的利益，《物业管理条例》规定，建设单位在销售物业之前有权制定临时管理规约。为了避免建设单位基于自身的利益考虑，滥用临时管理规约的制定权，《物业管理条例》还要求建设单位在制定临时管理规约时不得侵害物业买受人的合法权益。如果出现侵害业主的有关条款，业主可以向国土资源和房屋管理局投诉，也可以根据《合同法》中关于格式条款的规定，请求法院认定该条款对业主不产生效力。

【知识点】

问题一：《管理规约》有什么法律效力？

1. 对业主的法律效力。由于管理规约须经物业管理区域业主签字承诺，因此，管理规约的效力范围对全体业主有效。根据《物业管理条例》规定，管理规约是业主团体的最高自治规范和根本性自治规则，其地位和作用相当于业主团体的"宪法"，其约束力及于全体业主。只要不违反法律的强制性规定，不违反公序良俗原则，不变更或排除区分所有权的本质，均可产生法律上的效力。

2. 对物业使用人的效力。管理规约对物业使用人也发生法律效力。物业的使用人通常是承租人，根据《物业管理条例》的第48条规定："物业使用人在物业管理活动中的权利和义务由业主与其约定，但不得违反法律法规和管理规约的有关规定。"管理规约是为了更好地规范对物业的使用的，在管理规约不与法律、法规相抵触的前提下，管理规约对签约各方和其他物业使用人均有效力。但值得注意的是，若物业使用人违反《物业管理条例》和管理规约的规定，有关业主应当承担连带责任。

3. 对物业继受人的效力。物业管理规约对物业的继受人（即新业主）自动产生效力。在物业的转让和继承中，物业的所有权要发生变动移转给新业主，但管理规约无需新业主作出任何形式上的承诺，就自动对其产生效力。

4. 管理规约对非业主和非使用人的效力。管理规约对非业主和非使用人不发生效力。实践中，对于偶然进入物业管理区域，损毁物业公用设施的人，物业服务企业和业主委员会不能依据业主管理规约对其进行处罚，而只能按国家有关法律法规追究其法律责任。

问题二：如何变更管理规约的条款？

物业区域召开的第一次业主大会，一般应该审议业主委员会成立后草拟提交的管理规约，对前期管理中使用的过渡性管理规约予以认可或修订，或者制定新的公约规定。

业主大会通过正式管理规约以后，对管理规约的修改也应由业主大会以决议方式进行。

问题三：违反管理规约要承担什么违约责任？

业主违反规约的行为须承担违约的民事责任。承担违约责任的方式根据民法规定，有停止侵害、排除妨碍、赔偿损失等法定方式；管理规约也可以另行设定承担责任的方式。值得注意的是，我国法律规定，只有法律明确授权的国家机关才享有处罚权，才能对某些违法行为处以罚款。所以，管理规约对业主的违约行为不得设定罚款。但可以通过约定交纳保证金、违约金方式，当业主有违约行为时，从中予以扣除。

对业主违反公约的行为，相关业主、使用人、业主委员会或物业服务企业有权加以劝止，必要时可以向人民法院提起民事诉讼。而且当业主违反规约规定达到一定程度，性质严重且拒不改正时，业主委员会得作出决议并以决议为据诉请业主出让其所有权。在判决确定后一定期限，业主不自行出让并办理相关手续的，业主委员会可以申请人民法院予以拍卖。

另外，业主的违反规约的行为还同时违背相关行政法规，如环保、卫生、绿化、消防等强制规范，可由业主委员会或物业服务企业报有关行政管理部门处理，业主须依法承担行政责任。

问题四：临时管理规约包括哪些内容？

临时管理规约一般由政府行政主管部门统一制订示范文本。临时规约应对有关物业的使用、维护、管理，业主的共同利益，业主应当履行的义务，违反规约应当承担的责任等事项依法作出约定。

临时管理规约
（示范文本）

为维护本物业管理区域全体业主、物业使用人的合法权益以及公共环境和秩序，保障物业的安全与合理使用，制定本临时管理规约。

第一条 （物业基本情况）

物业名称 _____；
坐落位置 _____；
物业类型 _____；
建筑面积 _____。

物业管理区域四至

东至 _____；
南至 _____；
西至 _____；
北至 _____。

第二条 （业主的权利与义务）

业主是物业管理活动的责任主体，在物业管理活动中依照中华人民共和国《物权法》、国务院《物业管理条例》等法律、法规及有关规定，享受相应的权利，履行相应的义务。

业主已书面承诺同意建设单位通过招标方式选聘前期物业服务企业（_____物业服务有限公司）承担本物业管理区域的前期物业服务，并自觉遵守本临时管理规约。

本物业管理区域内房屋出售且已经交付使用的建筑面积达到物业总建筑面积50%的，首套物业出售并交付使用之日起已满两年的，业主可以设立业主大会，选举业主委员会，并积极邀请辖区街道办事处（乡镇人民政府）等有关部门给予指导和协助。

第三条 （相邻关系）

（一）业主应遵守法律、法规及有关规定，按照有利于物业使用、安全、整洁以及公平合理、不损害公共利益和他人利益的原则，在供电、供水、供热、供气、排水、通行、通风、采光、装饰装修、环境卫生、环境保护等方面妥善处理与相邻业主的关系。

（二）业主因修缮物业以及铺设或更换维修电线、电缆、水管、暖气、燃气管线等必须利用相邻物业的，该物业的业主应当提供必要的便利。

利用相邻物业时，应当尽量避免对相邻业主造成损害；造成损害的，应当给予赔偿。

（三）业主铺设管线以及安装设备等，不得危及相邻物业的安全。

第四条 （物业的使用和维护）

业主、使用人同意按照下列规定使用和维护物业：

（一）按照设计用途使用物业。因特殊情况需要改变使用性质的，应当经有利害关系的业主同意，报有关行政管理部门批准，并书面告知物业服务企业，在物业服务企业的指导下进行改造使用。

（二）业主转让或者出租物业时，须将本临时管理规约作为物业转让合同或者租赁合同的附件，对受让人或承租人具有同等的约束力。业主转让或者出租物业后，当事人须将物业转让或者出租情况书面告知物业服务企业。

（三）物业在使用中存在安全隐患，已经或者即将危及公共利益及其他业主合法权益时，责任人应当及时采取措施消除隐患。责任人不履行或者无法履行应急维修义务，且必须及时进入物业专有部分应急维修的，物业服务企业可向相邻业主说明情况，在第三方（如所在地居委会或公安局派出所或_____）的监督下，进入相关业主的物业专有部分实施维修，事后应及时通知相关业主并做好善后工作，维修中发生的费用由责任人承担。

（四）因维修物业或者公共利益，业主、使用人确需临时占用、挖掘道路、场地的，应当征得建设单位和物业服务企业的同意，并在约定期限内恢复原状；给他人造成损失的，应当予以相应赔偿。

（五）因维修养护物业确需进入相关业主的物业专有部分时，业主或物业服务企业应事先告知相关业主，相关业主应给予必要的配合。

相关业主阻挠维修养护的进行造成物业损坏及其他损失的，应负责修复并承担赔偿责任。

（六）业主需要装饰装修房屋的，在工程开工前，应事先向物业服务企业申报登记，并与其签订住宅室内装饰装修管理服务协议。非业主的住宅使用人若进行装修，应当取得业主的书面同意。

业主应按装饰装修管理服务协议的约定从事装饰装修行为，遵守装饰装修的注意事项，缴纳管理服务费用，不得从事装饰装修的禁止行为。

（七）业主应在指定地点放置装饰装修材料及装修垃圾，不得擅自占用物业共用部位和公共场所。

本物业管理区域的装饰装修施工时间为_____，其他时间不得施工。

（八）因装饰装修房屋影响物业共用部位、共用设施设备的正常使用以及侵害相邻业主合法权益的，业主应及时恢复原状并承担相应的赔偿责任。

第五条 （住宅专项维修资金的筹集和使用）

业主应当按照下列规定筹集和使用住宅专项维修资金：

（一）业主应当按照国家相关法律、法规及有关规定交纳住宅专项维修资金；

（二）住宅专项维修资金的账务由政府指定的监管部门代管；

（三）住宅专项维修资金使用和管理按照国家相关法律、法规及有关规定执行；

（四）业主有义务关心住宅专项维修资金余额，没有到位或者被挪用的住宅专项维修资金由业主向主管部门举报；

（五）业主在出售、转让、抵押或者馈赠其物业时，所交纳的专项维修资金继续用作物业的共用部位、共用设施设备的维修和更新改造。

第六条 （物业维修和更新改造的实施）

受建设单位委托并经业主书面承诺，物业共用部位、共用设施设备和相关场地的维修和更新改造由物业服务企业直接组织实施，在物业保修期间其费用由建设单位承担；但由于业主或第三方的责任造成损害的，由责任方按规定承担。

第七条 （使用物业的禁止行为）

各业主、使用人在物业使用中，要遵守国家法律、法规及有关规定，不得有下列行为：

（一）擅自改变物业的原设计用途，损坏或者擅自变动建筑主体、承重结构、房屋外貌；

（二）在高层及多层住宅室外设置晒衣架；

（三）未经允许或未按统一规定要求擅自封闭阳台；

（四）在共有场地随意停放车辆；

（五）违反规定饲养动物；

（六）在共有部位、共有场地随意堆放杂物、丢弃垃圾、高空抛物；

（七）违反有关规定堆放易燃、易爆、剧毒、放射性物品，排放有毒有害污染物质，发出超标噪声；

（八）擅自在物业共用部位和相关场所悬挂、张贴、涂改、刻画；

（九）违章搭建、侵占楼梯、通道、走廊、道路等共用部位；

（十）拒付物业服务费，侵害他人合法权益；

（十一）_____；

（十二）_____。

第八条 （业主的共同利益）

（一）本物业管理区域内，物业服务收费采取包干制（酬金制）方式。业主应按照前期物业服务合同的约定按时足额交纳物业服务费用（物业服务资金）。

物业服务费用（物业服务资金）是物业服务活动正常开展的基础，涉及全体业主的共同利益，业主应积极倡导欠费业主履行交纳物业服务费用的义务。

（二）利用物业共用部位、共用设施设备设置广告等经营性设施的，应当在征得相关业主和物业服务企业的同意后，按照规定办理有关手续，并支付设置费用，接受物业服务企业监管。

按照前款规定获取的利益，纳入住宅专项维修资金或弥补物业服务费用的不足。

第九条 （违约责任）

（一）业主违反本临时管理规约关于物业的使用、维护和管理的约定，妨碍物业正常使用或造成物业损害及其他损失的，其他业主和物业服务企业可依据本临时管理规约向人民法院提起诉讼。

（二）业主未按规定交付物业服务费的，物业服务企业应当书面督促其限期交付；通过督促，业主仍未交付的，物业服务企业可以在物业管理区域内公布物业服务费收缴情况，并注明拖欠费用的业主住址进行催讨；通过催讨，业主仍不交付的，物业服务企业可依据本临时管理规约向人民法院提起诉讼。

第十条 （业主违反物业使用禁止行为的处理）

业主违反本临时管理规约第七条规定的，物业服务企业可以采取下列措施予以制止：

（一）依照法律、法规以及本规约的规定，要求其停止侵害、消除危险、排除妨碍、赔偿损失；

（二）业主拒不改正的，报告辖区物业管理主管部门予以处理；

（三）告知受到侵害的业主个人或共同受到侵害的业主，依据民事诉讼法等法律的规定，向人民法院提起诉讼；

（四）_____。

第十一条 （连带责任）

物业使用人违反本临时管理规约的，相关业主承担连带责任。

第十二条 （临时管理规约的制定）

本临时管理规约由建设单位制定，并在物业销售时向物业买受人书面提供。临时管理规约制定人对本临时管理规约负有解释义务。在业主大会成立前，不得对本临时管理规约进行修改。

物业买受人在与建设单位签订买卖合同时应该对遵守本临时管理规约予以书面承诺。

第十三条 （临时管理规约的效力）

本临时管理规约对物业管理区域内的全体业主和物业使用人具有约束力。

如有与法律、法规、规章和规范性文件相抵触的条款，该条款无效，但不影响其他条款的有效性。

第十四条 （附则）

本临时管理规约所称物业的专有部分，是指由单个业主独立使用并具有排他性的房屋、空间、场地及相关设施设备。

本临时管理规约所称物业的共用部位、共用设施设备，是指物业管理区域内单个业主专有部分以外的，属于多个或全体业主共同所有或使用的房屋、空间、场地及相关设施设备。

第十五条 （生效日期）

本临时管理规约自本物业管理区域内的首套物业销售之日（　　年　　月　　日）生效。

第十六条 （临时管理规约的废止）

业主大会成立并通过《管理规约》后，本临时管理规约废止。

承 诺 书

本人为＿＿＿＿＿＿＿＿＿＿＿＿＿＿＿＿＿＿（物业名称及具体位置）的买受人，为维护本物业管理区域内全体业主的共同利益，本人声明如下：

一、确认已详细阅读并理解＿＿＿＿＿＿＿＿＿＿＿＿＿＿（建设单位）制定的＿＿＿＿＿＿＿＿＿＿＿临时管理规约；

二、同意遵守，并倡导其他业主及物业使用人遵守本临时管理规约；

三、本人同意承担违反本临时管理规约的相应责任；

四、本人同意转让该物业时取得物业继受人签署的本临时管理规约承诺书并送交建设单位或物业服务企业，建设单位或物业服务企业收到物业继受人签署的承诺书前，本承诺继续有效。

承诺人（签章）
年　月　日

【现实建议】

"临时管理规约"是建设单位依法在销售物业之前制定的，业主在签订物业买卖合同时，应当书面承诺遵守。在业主大会成立后，业主可以根据自己的意愿修改"临时管理规约"，使之成立为"管理规约"。

【课堂活动】

向某在购买房屋时，以书面形式同意遵守建设单位制定的临时管理规约。规约规定，业主在装修时不得破坏建筑物的承重结构。但向某在装修时，为了增大室内面积，擅自将一堵承重墙拆除。前期物业服务企业知道此事后，立即给向某发出通知，要求其恢复原状，同时按照临时管理规约的规定，对其处 1000 元的罚款。

【思考】
1. 《临时管理规约》对业主是否有法律效力，为什么？
2. 物业服务企业对向某的罚款要求是否超过了物业服务企业的权利范围？

任务4.2　物业管理招投标

【案例4-2导入】

张清的舅舅杨先生在华明小区购买的房子是华明房地产开发公司开发建设的，竣工验收之后，为获得更多利润，华明公司将小区前期物业服务业务委托给其子公司——华昌物业服务有限公司。双方签订了前期物业服务合同，合同期限为两年。后来随着住宅小区业主入住率的提高，业主们依法成立了业主大会并选举了业主委员会。而且，部分业主入住之后，发现小区内经常垃圾遍地无人打扫，并且时常发生盗窃事件，业主们非常不满。两年后，前期物业服务合同到期，物业公司还依据原合同的约定提前向业主们收取相应的物业服务费用。小区业主们便提出异议，业主冯某、何某、裴某等认为合同已经到期，没有理由再交物业费用；而物业公司则认为，其一直还在继续为小区业主们提供物业管理服务，业主委员会没有另行选聘其他物业公司，小区的物业又不能没有物业公司来进行相应的物业管理，所以本物业公司继续在履行前期物业服务合同的内容，小区的业主们自然也应该按照合同约定履行其交纳物业服务费的义务。双方遂起争议，物业公司将业主们起诉至法院。

但同时，众多业主在后来了解得知华昌物业公司原来是华明公司的子公司之后，一致认为，正是由于开发公司为了自己的利益，未能公开招标，使资质好的物业公司无法进入小区，造成了小区物业服务质量很差，影响了业主们的生活。于是杨先生联同小区其他业主们向国土资源和房屋管理局投诉，要求撤销与华昌物业服务公司的合同，通过招投标的方式选聘物业公司，并对华明房地产开发公司给予处罚。

【思考】
1. 前期物业服务合同到期后，物业服务企业能否再收物业服务费？
2. 选聘前期物业服务企业必须通过招投标方式吗？

【参考法条】

《物业管理条例》第21条：在业主、业主大会选聘物业服务企业之前，建设单位选聘物业服务企业的，应当签订书面的前期物业服务合同。

第24条　国家提倡建设单位按照房地产开发商物业管理相分离的原则，通过招投标的方式选聘具有相应资质的物业服务企业。

住宅物业的建设单位,应当通过招投标的方式选聘具有相应资质的物业服务企业;投标人少于 3 个或者住宅规模较小的,经物业所在地的区、县人民政府房地产行政主管部门批准,可以采用协议方式选聘具有相应资质的物业服务企业。

第 57 条　违反本条例的规定,住宅物业的建设单位未通过招投标的方式选聘物业服务企业或者未经批准,擅自采用协议方式选聘物业服务企业的,由县级以上地方人民政府房地产行政主管部门责令限期改正,给予警告,可以并处 10 万元以下的罚款。

《前期物业服务招投标管理暂行办法》第 8 条:前期物业服务招标分为公开招标和邀请招标。

招标人采取公开招标方式的,应当在公共媒介上发布招标公告,并同时在中国住宅与房地产信息网和中国物业管理协会网上发布免费招标公告。

招标公告应当载明招标人的名称和地址,招标项目的基本情况以及获取招标文件的办法等事项。

招标人采取邀请招标方式的,应当向 3 个以上物业服务企业发出投标邀请书,投标邀请书应当包含前款规定的事项。

【案例分析】

1. 本案中,前期物业服务合同的期限已经届满,物业公司再向业主们要求交纳物业服务费用没有合法的基础。依据我国《物业管理条例》的相关规定,从事物业服务活动,应当有书面的物业服务合同。前期物业服务合同在法律上有期限的限制,而现在小区业主大会已经成立并合法选举了业主委员会,所以应当按照法律、法规的规定由业主大会选聘物业服务企业,并由业主委员会签订相关的物业服务合同。本案中,前期物业服务合同的期限已经届满。《物业管理条例》第 39 条规定:"物业服务合同终止时,物业服务企业应当将物业管理用房和本条例第 29 条第 1 款规定的资料交还给业主委员会。"

2. 开发商选聘前期物业公司有两种方式:一种是协议方式;一种是招标投标方式。原则上,住宅物业的建设单位,应当通过招投标的方式选聘具有相应资质的物业服务企业。不过对于投标人少于 3 个或者住宅规模较小的,可以采用协议方式选聘,但必须经物业所在地的区、县人民政府房地产行政主管部门批准。另一方面,物业管理招投标实际上是将物业管理引入竞争体制,推动物业管理行业的健康发展。因此,本案中华明房地产开发公司的委托行为是无效的,应受到房地产行政主管部门的处罚。

【知识点】

问题一:什么是前期物业服务?

前期物业服务是指在业主、业主大会选聘物业服务企业之前,物业建设单位选聘物业服务企业签订前期物业服务合同所实施的物业管理。

在前期管理期间，物业服务企业从事的活动和提供的服务，既包含物业正常使用期所需要的常规服务内容，又包括物业承接查验、业主入住、物业装饰装修管理、工程质量保修处理、物业管理项目机构的前期运作和前期沟通协调等前期管理内容。

问题二：前期物业服务有什么特点？

1. 前期物业服务的许多工作，尤其是前期管理的特定内容是以后物业管理服务的基础，对物业管理服务有着直接和重要的影响。这是前期物业服务最明显的特点。

2. 前期管理职责是在新建物业投入使用初期建立物业管理服务体系并提供服务，介于早期介入与物业管理服务之间。因此，前期物业服务在时间上和管理上是一个过渡时期。

3. 新建物业及其设施设备往往会因其施工质量隐患、安装调试缺陷、设计配套不完善等问题在投入使用的初期集中反映出来，造成物业使用功能的不正常，甚至可能会出现临时停水停电、电梯运行不平稳、空调时冷时热等现象。由于物业及设施设备需要经过一个自然磨合期和对遗留问题的处理过程，才能逐步进入平稳的正常运行状态。因此，此阶段的物业管理也明显呈现管理服务在初期的波动状态。

4. 经营风险较大。在前期物业服务阶段，往往需要投入较大的人、财、物等资源，管理成本相对较高。但与此同时，物业空置率却较高，管理费收缴率低。因此，前期管理阶段的经营收支往往呈现收入少、支出多、收支不平衡或亏损状态。

问题三：物业管理招投标的主体是什么？

1. 招标主体

招标主体又可分为招标人和招标代理机构两种，其中招标人是依照招投标法及相关法律法规的规定提出招标项目、进行招标的法人或者其他组织。在物业管理服务的招标中，招标人包括开发建设单位、业主大会或者业主委员会和产权人三种。

2. 投标主体

投标主体即投标人，物业管理投标人应当具有相应的物业服务企业资质和招标文件所要求的其他条件。我国实行物业服务企业的资质等级管理，把物业服务企业分为一级、二级、三级三个资质等级。物业服务企业投标的能力受到其资质的限制，不同资质等级的企业所能管理的物业规模不同。招标人在招标前需根据物业的具体情况确定参与投标的物业服务企业所应具有的资质，并对其资格进行审查。

问题四：物业管理招标的类型有哪几种？

物业管理招标类型可依据物业类型、项目服务内容的实施、按招标主体的类型、按项目服务的方式划分。

1. 按物业类型划分

根据物业的不同类型，可以将物业管理招标分为住宅项目招标和非住宅项目招标两大类。其中的非住宅类项目可分为商业区、写字楼、工业区、公用基础设施（如机场、医院、地铁、学校、码头、步行街）等。

2. 按项目服务内容的实施划分

根据物业管理项目的服务内容和招标人的不同要求，可以将物业管理招标分为整体物业管理项目的招标、单项服务项目的招标和分阶段项目的招标等类型。如规划用地为54万平方米的某大学城的物业管理项目，其招标单位将该项目的房屋本体与设施设备的维护管理、清洁卫生、环境绿化、综合服务等项目分别招标；在房屋本体与设施设备的维护管理这一单项招标中，又将重要设备如电梯、空调冷水机组的管理分离出来，另行由招标方负责指定专业公司作为分包商；在清洁卫生、环境绿化分项的招标中，不仅有具有专业资质的物业管理公司参与，也有清洁、绿化等专业公司参与。

3. 按招标主体的类型划分

根据物业管理招标主体的不同，可以将物业管理招标分为物业建设单位为主体的招标、业主大会（或单一业主）为主体的招标、物业产权人为主体的招标等类型。

前期物业服务一般以物业建设单位为招标主体；物业管理正常运作后，一般以业主大会为招标主体；若物业性质为重点基础设施或大型公用设施、政府办公设施，招标主体则为物业产权人、管理使用单位或政府采购中心。

4. 按项目服务的方式划分

根据物业管理服务的方式不同，物业管理招标可以分为全权管理项目招标、顾问项目招标等类型。

问题五：前期物业服务招标的方式有哪几种？

1. 公开招标

公开招标是指招标人通过公共媒介发布招标公告，邀请所有符合投标条件的物业服务企业参加投标的招标方式。

招标人采取公开招标方式的，首先应依法发布招标公告。招标公告必须载明招标人的名称和地址、招标项目的基本情况和获取招标文件的办法等具体事项。招标文件应当明确开标日期、时间和地点。凡愿意参加投标的单位，可以按指明的方式领取或购买有关资料，接受按规定程序进行的评选，有的招标还设定预选和入围程序等。

公开招标的主要特点是招标人以公开的方式邀请不确定的法人组织参与投标，招标程序和中标结果公开，评选条件及程序是预先设定的，且不允许在程序启动后单方面变更。

2. 邀请招标

邀请招标，也称作有限竞争性招标或选择性招标，是指招标人预先选择若干有能力的企业，直接向这些企业发出投标邀请的招标方式。

采取邀请招标方式的招标人，在投标邀请和招标文件上应明确招标人的名称和地址，招标项目的基本情况和获取招标文件的办法，以及开标日期、时间和地点等具体事项。邀请招标的实施程序对每一个预定的投标人都是公开的，因此具备一定的公开性。

邀请招标的主要特点是招标人不使用公开的公告方式，招标人是特定的，即只有接受邀请的企业才是合格的投标人，投标人的数量有限。

问题六：评标委员会应如何组成？

评标委员会是负责评标的组织。评标过程中一切事项均由评标委员会依法掌握和处理，其他人不得干涉评标。

1. 评标委员会的组成。评标委员会由招标人的代表和有关技术、经济方面的专家组成，成员人数为5人以上单数，其中技术、经济等方面的专家不得少于成员总数的三分之二。与投标人有利害关系的人不得进入相关项目的评标委员会；已经进入的应当更换。评标委员会成员的名单在中标结果确定前应当保密。

2. 评标委员会的职责。评标委员会应当客观、公正地履行职责，遵守职业道德，进行独立评定，选出最佳投标人。评标委员会应当按照招标文件确定的评标标准和方法，对投标文件进行评审和比较，设有标底的，应当参考标底。评标委员会完成评标后，应当向投标人提出书面评标报告，并推荐合格的中标候选人。在评标过程中，评标委员会成员不得私下接触投标人，不得收受投标人的财物或者其他好处。

问题七：物业服务招标程序是什么？

1. 成立招标领导小组；
2. 编制招标文件；
3. 公布招标公告或发出投标邀请书；
4. 发放招标文件；
5. 投标申请人的资格预审；
6. 接受投标文件；
7. 成立评标委员会；
8. 开标、评标和中标。

问题八：物业服务投标程序是什么？

1. 获取招标信息，决策是否参与投标；
2. 报送投标申请，接受资格审查；
3. 获取与熟悉招标文件并考察物业现场；
4. 投标决策与编制投标书；
5. 报送投标书；
6. 参加开标及答辩会；
7. 中标与签订物业服务合同。

问题九：物业服务招投标文件能否在中标后修改？

中标通知书发出后，招标人改变中标结果的，或者中标人放弃中标项目的，应当依法承担法律责任。在确定中标人前，招标人不得与投标人就投标价格、投标方案等实质性内容进行谈判。招标人和中标人应当自中标通知书发出之日起30日内，按照招标文件和中标人的投标文件内容订立书面合同。招标人和中标人不得再行订立背离合同实质性内容的其他协议。在正式签订合同之前，中标人和招标人通常还可以就合同的具体细节进行磋商，最后签订正式合同，但这种磋商不能对中标文件进行实质性的修改。

问题十：房地产行政主管部门在选聘物业服务企业中起了什么作用？

1. 国务院建设行政主管部门负责全国物业管理招标投标活动的监督管理。省、自治区人民政府建设行政主管部门负责本行政区域内物业管理招标投标活动的监督管理。直辖市、市、县人民政府房地产行政主管部门负责本行政区域内物业管理招标投标活动的监督管理。

2. 房地产行政主管部门发现招标有违反法律、法规规定的，应当及时责令招标人改正。招标人应当自确定中标人之日起15日内，向物业项目所在地的县级以上地方人民政府房地产行政主管部门备案。备案资料应当包括开标评标过程、确定中标人的方式及理由、评标委员会的评标报告、中标人的投标文件等资料。委托代理招标的，还应当附招标代理委托合同。投标人和其他利害关系人认为招标投标活动不符合本办法有关规定的，有权向招标人提出异议，或者依法向有关部门投诉。

3. 房地产行政主管部门应当建立评标的专家名册。省、自治区、直辖市人民政府房地产行政主管部门可以将专家数量少的城市的专家名册予以合并或者实行专家名册计算机联网。房地产行政主管部门应当对进入专家名册的专家进行有关法律和业务培训，对其评标能力、廉洁公正等进行综合考评，及时取消不称职或者违法违规人员的评标专家资格。被取消评标专家资格的人员，不得再参加任何评标活动。

【现实建议】

为了规范前期物业服务活动，保护业主的利益并维护物业管理市场的公平竞争，前期物业服务企业的选聘应当采用招标投标的方式确定，这主要是为了保障物业服务企业程序的公正性，以维护业主的合法权益。

【课堂活动】

案例分析一：A住宅小区业主委员会决定进行招标选聘物业服务企业。招标公告发布后，共有10余家物业服务企业进行投标。招标人在招标文件中明确规定了投标人的资质要求。招标人据此进行资格预审，共向5家物业服务企业发出预审合格通知书。甲物业服务企业自检完全符合招标人的资格条件，却既没有收到预审合格通知书，也没收到不合格的预审结果。后来得知，招标人了解到甲物业服务企业在本市一个住宅项目刚被业主解聘，因此招标人将甲物业服务企业排斥在外。甲物业服务企业决定向有关主管部门申诉。

思考：被业主解聘的物业服务企业能否参加投标？

案例分析二：A公司接到某开发商（以下简称B公司）发出的招标邀请，参加了B公司举办的大型住宅区物业管理招投标活动。两个月后，A公司接到B公司向其发出的"中标通知书"，通知A公司中标。A公司依照约定前往与B公司签订"物业管理委托合同"，到达目的地后，A公司发现B公司同时向三家物业服务企业发出了"中标通知书"，A公司要求依照投标书中的内容签订合同，但B公司表示，需要就物业管理委托合同的主要条款与三家物业服务企业再进行协商，并根据协商的结果确定与哪家物业服务企业签订正式合同。

思考：B公司的做法程序是否合法？

任务4.3　物业服务机构更迭时的承接查验

【案例4-3导入】

老杨所住的华明小区自成立主大会并选举了业主委员会后，多数业主对原来的前期物业公司华昌物业服务企业的服务质量不满意，于是通过招标的方式选聘了新的物业服务企业即恒隆物业公司，双方签订了《物业服务合同》，合同约定的期限为2008年4月20日至2010年4月19日。2008年4月14日，业主委员会正式向华昌物业服务企业下发了《解聘通知书》，并同时向开发商华明公司送达了《交接通知》。要求两公司立即进行物业工作交接，让新聘的恒隆公司顺利进驻小区。但华明开发公司、华昌物业服务企业都置之不理。恒隆公司因不能进驻小区参与物业服务，公司闲置无收入，造成了经济损失，遂将业主委员会、华昌物业服务企业、华明房地产公司告上法庭，要求其承担自己遭受的经济损失。

后经法院仲裁，新旧物业公司达成意见，即由新物业服务企业恒隆物业服务企业承接华明小区的物业服务。因此，业主委员会要求原物业服务企业配合办理物业接管与资料移交等手续。在物业服务企业进行承接物业的过程中，原物业服务企业华昌公司向小区业主委员会反映，有些物业资料不慎丢失。小区业主屠某、耿某等人听说此事，非常不满，认为华昌物业服务企业不应也不可能丢失物业资料，这种拒不移交物业资料的行为是要负法律责任的。双方协商未果，小区业主耿某、赵某等人向房地产行政主管部门反映此事。并将原物业服务企业华昌公司告上法庭，要求其承担相应的法律责任。

【思考】

1. 本案中，小区业主委员会应负有什么义务？
2. 恒隆物业服务企业不能进驻华明小区，所遭受的经济损失应由谁承担责任?

3. 物业服务合同终止时,物业服务企业应把什么资料交还给业主委员会?

4. 华昌物业服务企业将物业资料丢失,应承担什么责任?

【参考法条】

《物业管理条例》第29条:在办理物业承接验收手续时,建设单位应当向物业服务企业移交下列资料:

(一)竣工总平面图,单体建筑、结构、设备竣工图,配套设施、地下管网工程竣工图等竣工验收资料;

(二)设施设备的安装、使用和维护保养等技术资料;

(三)物业质量保修文件和物业使用说明文件;

(四)物业管理所必需的其他资料。

物业服务企业应当在前期物业服务合同终止时将上述资料移交给业主委员会。

第37条 物业服务企业承接物业时,应当与业主委员会办理物业验收手续。

业主委员会应当向物业服务企业移交本条例第29条第1款规定的资料。

第39条 物业服务合同终止时,物业服务企业应当将物业管理用房和本条例第29条第1款规定的资料交还给业主委员会。

物业服务合同终止时,业主大会选聘了新的物业服务企业的,物业服务企业之间应当做好交接工作。

第59条 违反本条例的规定,不移交有关资料的,由县级以上地方人民政府房地产行政主管部门责令限期改正;逾期仍不移交有关资料的,对建设单位、物业服务企业予以通报,处1万元以上10万元以下的罚款。

【案例分析】

1. 业主委员会负有协助新物业服务企业进驻小区的合同义务。根据《物业管理条例》第15条第3款的规定,业主委员会有监督和协助物业服务企业履行物业服务合同的职责。而且,业主委员会作为业主的代表,应该维护小区全体业主的利益,而原物业服务企业不撤出,不仅妨害了新物业服务企业的利益,也直接侵害了小区正常物业管理服务,损害了全体业主的合法权益,业主委员会对此应承担责任。

2. 根据合同相对性的原理,新物业服务企业无法进驻小区开展物业服务工作,只能根据所订立的物业服务合同,该合同的相对一方主体为业主委员会而非原物业服务企业,所以,新物业服务企业不能进驻小区的违约责任只能由合同相对方业主委员会承担。

3. 根据《物业管理条例》第29条规定:在办理物业承接手续时,物业服务企业应移交下列资料:

(一)竣工总平面图,单体建筑、结构、设备竣工图,配套设施、地下管网工程竣工图等竣工验收资料；

（二）设施设备的安装、使用和维护保养等技术资料；

（三）物业质量保修文件和物业使用说明文件；

（四）物业管理所必需的其他资料。

4. 根据《物业管理条例》第 59 条规定："违反本条例的规定，不移交有关资料的，由县级以上地方人民政府房地产行政主管部门责令限期改正；逾期仍不移交有关资料的，对建设单位、物业服务企业予以通报，处 1 万元以上 10 万元以下的罚款。"本案中，物业服务合同终止时，物业服务企业应当将物业管理用房和本条例规定的资料交还给业主委员会。物业公司应当按照法律、法规的规定移交相关物业资料，以丢失为名拒不移交的，应当承担相应的法律责任。

【知识点】

问题一：物业管理工作的移交包括哪几种情况？

移交工作分为三种情况：一是由建设单位将新建物业移交给物业服务企业；二是在业主大会选聘新的物业服务企业并订立物业服务合同后，由业主大会或物业产权单位将物业移交给物业服务企业；三是在物业服务企业与业主大会或物业产权单位终止物业服务合同、退出物业管理项目的同时，由物业服务企业向业主大会或物业产权移交或交接物业。

问题二：新建物业的承接查验的主要内容包括什么？

1. 移交双方

在新建物业的移交过程中，移交方为该物业的开发建设单位，承接方为物业服务企业。双方应签订前期物业服务合同。建设单位应按照国家相关规定的要求，及时完整地提供物业有关资料并做好移交工作；物业服务企业也必须严肃认真地做好承接工作。

2. 移交内容

（1）物业资料

在办理物业承接验收手续时，物业服务企业应接收查验下列资料：

1）竣工总平面图，单体建筑、结构、设备竣工图，配套设施、地下管网工程竣工图等竣工验收资料；

2）设施设备的安装、使用和维护保养等技术资料；

3）物业质量保修文件和物业使用说明文件；

4）物业管理所必需的其他资料。

（2）物业共用部位

按照《物业管理条例》的规定，物业服务企业在承接物业时，应对物业共用部位进行查验。主要内容包括：

1）主体结构及外墙、屋面；

2）共用部位楼面、地面、内墙面、顶棚、门窗；

3）公共卫生间、阳台；

4）公共走廊、楼道及其扶手、护栏等。

(3) 共用设施设备

物业的共用设施设备种类繁多，各种物业配置的设备不尽相同，共用设施设备承接查验的主要内容有：低压配电设施，柴油发电机组，电气照明，插座装置，防雷与接地，给水排水、电梯，消防水系统，通信网络系统，火灾报警及消防联运系统，排烟送风系统，安全防范系统，采暖和空调等。

(4) 园林绿化工程

园林绿化分为园林植物和园林建筑。物业的园林植物一般有花卉、树木、草坪、绿（花）篱、花坛等，园林建筑主要有小品、花架、园廊等。这些均是园林绿化的查验内容。

(5) 其他公共配套设施

物业其他公共配套设施查验的主要内容有：物业大门、值班岗亭、围墙、道路、广场、社区活动中心（会所）、停车场（库、棚）、游泳池、运动场地、物业标识、垃圾屋及中转站、休闲娱乐设施、信报箱等。

问题三：物业服务机构更迭时承接查验的主要内容包括什么？

物业服务合同或前期物业服务合同的终止，将导致提供物业管理服务的主体发生变化，物业服务机构发生更迭，与此同时，在相关方之间会发生物业管理的移交行为。

（一）移交双方

物业服务机构更迭是管理工作的移交包括：原有物业服务机构向业主大会或物业产权单位移交；业主大会或物业产权单位向新的物业服务企业移交。前者的移交方为该物业的原物业服务机构，承接方为业主大会或物业产权单位；后者的移交方为业主大会或物业产权单位，承接方为新的物业服务企业。

（二）移交内容

1. 物业资料

（1）物业产权资料、综合竣工验收资料、施工设计资料、机电设备资料等。

（2）业主资料包括：

1）业主入住资料，包括入住通知书、入住登记表、身份证复印件、相片；

2）房屋装修资料，包括装修申请表、装修验收表、装修图纸、消防审批、验收报告、违章记录等。

（3）管理资料包括：各类值班记录、设备维修记录、水质化验报告等各类服务质量的原始记录。

（4）财务资料包括：固定资产清单、收支账目表、债权债务移交清单、水电抄表记录及费用代收缴明细表、物业服务费收缴明细表、维修资金使用审批资料及记录、其他需移交的各类凭证表格清单。

（5）合同协议书，指对内对外签订的合同、协议原件。

（6）人事档案资料，指双方同意移交留用的在职人员的人事档案、培训、考试记录等。

（7）其他需要移交的资料。

资料移交应按资料分类列出目录，根据目录名称、数量逐一清点是否相符完好，移交后双方在目录清单上盖章、签名。

2. 物业共用部位及共用设施设备管理工作的交接

（1）房屋建筑工程部位及共用设施设备，包括消防、电梯、空调、给水排水、供配电等机电设备及附属配件，共用部位的门窗，各类设备房、管道井、公共门窗的钥匙等。

（2）共用配套设施，包括环境卫生设施（垃圾桶、箱、车等）、绿化设施、公共秩序与消防安全的管理设施（值班室、岗亭、监控设施、车辆道闸、消防配件等）、文娱活动设施（会所、游泳池、各类球场等）。

（3）物业管理用房，包括办公用房、活动室、员工宿舍、食堂（包括设施）、仓库等。

停车场、会所等需要经营许可证和资质的，移交单位应协助办理变更手续。

3. 人、财、物的移交或交接

（1）人员。在进行物业管理移交时，有可能会有原物业服务机构在本项目任职人员的移交或交接，承接物业的管理企业应与移交方进行友好协商，双方达成共识。

（2）财务。移交双方应做好财务清结、资产盘点等相关移交准备工作。移交的主要内容包括物业服务、维修资金、业主各类押金、停车费、欠收款项、代收代缴的水电费、应付款项、债务等。

（3）物资财产。物资财产包括建设单位提供和物业服务费购置的物资财产等，主要有办公设备、交通工具、通信器材、维修设备工具、备品备件、卫生及绿化养护工具、物业管理软件、财务软件等。

（三）办理交接手续

同新建物业的物业管理移交一样，原物业服务企业退出后的物业管理移交也应该办理交接手续。交接手续涉及建设单位、原物业服务企业、业主委员会、行业主管部门、新进入的物业服务企业等。在办理手续时应注意以下几个主要方面：

（1）对物业及共用配套设施设备的使用现状作出评价，真实客观的反映房屋的完好程度；

（2）各类管理资产和各项费用应办理移交，对未结清的费用（如业主拖欠的物业服务费）应明确收取、支付方式；

（3）确认原有物业服务企业退出或留下人员名单；

（4）提出遗留问题的处理方案。

问题四：物业承接时，公共维修资金的收支明细账及相应的财务凭证要进行移交吗？

住宅共用部位、共用设施设备维修资金属于全体业主所有。该维修资金在物业服务合同期间由物业服务企业代管，物业服务企业应当建立相应的维修资金档案，并定期接受业主委员会的检查与监督。因此，因管理使用该维修资金而产生的明细账及有关财务凭证的所有权也应属于维修资金的所有权人。如果物业服务企业因代管维修资金需要进行财务做账，则可复印相应材料进行保存。维修资金档案属于物业管理所必需的资料，在物业服务合同终止时，物业公司应当将这些资料交还给业主委员会。

问题五：如何顺利完成物业的承接查验？

承接查验不同于工程项目建设的竣工验收，是在物业建设单位竣工验收的基础上，对建设单位移交的物业资料，有关单项验收报告，以及对物业共用部位、共用设施设备、园林绿化工程和其他公共配套设施的相关合格证明材料，对物业公共部位配套功能设施是否按规划设计要求建设完成等进行核对查验。承接查验还应对设施设备进行调试和试运行，还应督促建设单位及时解决发现的问题。

查验的相关资料由建设单位提供，物业服务企业主要是进行必要的复核。物业服务企业应督促建设单位尽快安排验收。建设单位无法提供相关合格证明材料，物业存在严重安全隐患和重大工程缺陷，影响物业正常使用人，物业服务企业可以拒绝承接物业。

【现实建议】

物业承接验收时物业服务委托方与受托方之间发生的法定手续或约定手续。从法律关系上讲，承接验收时物业服务企业履行生效的委托合同所应尽的第一项重要任务，也是明确交接双方责任、落实物业保修责任、维护将来入住业主的合法权益、保证今后物业服务工作能过正常开展的一个"法锁"，防止留下今后纠纷隐患。

【课堂活动】

案例分析：坐落于天津某地块的某街坊，是天津开发初期建造的安置房，前期物业服务由开发商自行管理。2008年末，该新村成立业主委员会，通过招标投标方式，从社会上重新选聘了一家物业服务企业。新来的物业服务企业接手物业管理后，根据有关规定，将对该地区进行天然气通气。此时，有业主反映说，该地区的煤气管道有渗漏现象。物业服务企业立即进行检查，发现煤气管道都存在不同程度的锈蚀，情况严重的管道表面全部锈迹斑斑，并且有煤气渗漏现象。物业服务企业立即联系天然气公司的有关部门，对该地区煤气管道再次进行检查，天然气公司专业人员认为，天然气的压力比煤气高，鉴于煤气管道严重锈蚀，建议尽快调换煤气管道。

经测算，调换新村煤气管道，所需费用约为122万元。面对严重锈蚀的煤气管道和122万元的巨款，物业服务企业经理心急如焚。情急中他突然想到了接手该新村时的档案，档案中的资料应该是最完整的，"能不能研究资料档案从中获得什么好办法？"于是经理立即查阅资料。经查当时归档的案卷，该新村共六个街坊，建造时涉及15家施工单位，其中自来水、煤气管所用管材基本上由施工方供应,六个街坊所用镀锌管的供货商系上海的两家建材公司,它们都是非正规建材供货单位,所用的管材是国家建设部已明令禁止使用的冷镀锌管。

鉴于以上情况,该物业服务企业立即起草了一份《关于某新村某街坊室内煤气管道严重锈蚀的情况》,并附上调查材料,送到了开发商手中,希望他们能予以配合,共同将这一问题解决。开发商有关领导看了调查情况后,认为该物业服务企业的请求完全是合理的,于是请物业服务企业委托天然气公司实地查勘,并报预算,工程费用由开发商列支。物业服务企业随即与天然气公司联系,签订了工程合同,并以最快的速度对所有煤气管道进行了调换,及时消除了事故隐患。

思考:假设你是该物业服务企业的负责人,在查阅档案时找不到文中所提及的管材相关资料时,你会怎样追究责任?

任务 5

物业服务合同法规应用

【学习目标】
1. 能够正确订立物业服务合同，规避合同陷阱。
2. 能够依法解决物业服务合同中遇到的纠纷。

任务 5.1　前期物业服务合同法规的应用

【案例 5-1 导入】
　　吴某购买了在乐嘉花园的一套商品房，与开发商签订商品房买卖合同之后，吴某对其房屋进行了简单的装修便入住。该小区因业主入住不多，在很长一段时间内难以成立业主委员会，故由开发商依法委托恒祥物业服务企业进行物业管理服务。恒祥物业服务企业在进行物业管理服务的过程中，要求业主吴某承担物业服务合同中约定的内容，如交纳相关物业服务费用，而吴某则认为，物业服务合同是建设单位即开发商与恒祥物业服务企业签订的合同，不是由业主与恒祥物业服务企业签订的合同，所以根据合同相对性的原理，自己作为业主不应承担该物业服务合同中约定的内容。双方遂起争议，恒祥物业服务企业将业主吴某起诉到法院。

【思考】
1. 前期物业服务合同是什么？

2. 开发商可以选择物业服务企业吗？
3. 本案中，业主是否要交物业服务费，为什么？

【参考法条】

《物业管理条例》第 21 条：在业主、业主大会选聘物业服务企业之前，建设单位选聘物业服务企业的，应当签订书面的前期物业服务合同。

《物业管理条例》第 25 条：建设单位与物业买受人签订的买卖合同应当包含前期物业服务合同约定的内容。

《物业管理条例》第 26 条：前期物业服务合同可以约定期限；但是，期限未满、业主委员会与物业服务企业签订的物业服务合同生效的，前期物业服务合同终止。

【案例分析】

1. 前期物业服务合同，是指物业建设单位与物业服务企业就前期物业管理阶段双方的权利义务所达成的协议，是物业服务企业所授权开展物业管理服务的依据。这种合同具有过渡的性质。

2. 根据《物业管理条例》的规定，选聘物业服务企业是业主大会的权利。但是业主大会的召开，特别是首次业主大会的召开需要一定的条件。在一般情况下，就像本案中所涉及的情形一样，物业管理区域内的物业是分期分批售出的，已经入住的业主人数相对将来物业全部或大部分售出时的业主人数来说总是少数，同时入住的业主彼此之间并不熟悉，也很难联合起来与物业服务企业订立物业服务合同。在条件还不具备之前，也无法召开业主大会。因此，《物业管理条例》明确规定前期物业管理服务由建设单位选聘物业服务企业。

3. 法院经审理后认为，根据《物业管理条例》的规定，在业主、业主大会选聘物业服务企业之前，建设单位选聘物业服务企业的，应当签订书面前期物业服务合同。建设单位与物业买受人签订的买卖合同应当包含前期物业服务合同约定的内容。在本案中，吴某与开发商已经签订了商品房买卖合同，其中包括前期物业服务合同约定的内容，因此，吴某应该按照前期物业服务合同约定的内容履行相应的义务，承担相应的法律责任。

【知识点】

问题一：前期物业服务合同和物业服务合同有什么区别？

具体而言，前期物业服务合同和物业服务合同区别在于：第一，合同主体不同，前期物业服务合同主体是新建住宅的开发商和其选聘的物业服务企业而物业服务合同是业主委员会和物业服务企业；第二，签订时间不同，前期物业服务合同是在开发商出售住宅前签订，物业服务合同一般是业主委员会成立后；第三，合同有效期限不同，前期物业服务合同有效期自签订之日起到业主委员会成立之后与其选聘的物业服务企业签订物业服务合同时止,物业服务合同有效期限由双方协议商定。

问题二:前期物业服务合同和买卖合同的关系是什么?

前期物业服务合同是由建设单位和物业服务企业作为合同主体签订的,而前期物业服务的对象却是业主,这就存在一个物业买受人在购买物业时如何知道和决定是否接受前期物业服务合同的问题。如果业主对前期物业服务合同的内容没有足够的了解,建设单位和物业服务企业容易利用这种信息的不对称,在签订的前期物业服务合同中,侵害业主的合法权益。鉴于此《物业管理条例》进一步明确了买卖合同应当包含前期物业服务合同约定的内容。《物业管理条例》第25条规定:"建设单位与物业买受人签订的买卖合同应当包含前期物业服务合同约定的内容。"可见,本条例就房屋买卖合同的内容作了强制性要求。建设单位(开发商)在与购房者签订房屋买卖合同时,应将物业区域内的前期物业服务合同约定的内容包含在房屋买卖合同之中。这样商品房买卖合同与前期物业服务合同就能够很好地衔接。

问题三:前期物业服务合同的内容包括哪些?

前期物业服务合同的内容具体见前期物业服务合同的示范文本

前期物业管理服务合同(示范文本)

当事人
甲方:_____ 乙方:_____
甲方是指:1. 房地产开发单位或其委托的物业服务企业;2. 公房出售单位或其委托的物业服务企业。
乙方是指:购房人(业主)。前期物业管理是指:自房屋出售之日起至业主委员会与物业服务企业签定的《物业服务合同》生效时止的物业管理。
本物业名称:_____。
乙方所购房屋销售(预售)合同编号:_____。
乙方所购房屋基本情况:类型_____ 坐落位置_____建筑面积_____平方米。
根据有关法律、法规,在自愿、平等、协商一致的基础上,在乙方签订《房屋买卖(预售)合同》时,甲乙双方就前期物业管理服务达成如下协议:

第一条 双方的权利和义务
一、甲方的权利义务
1. 对房屋共用部位、共用设施设备、绿化、环境卫生、保安、交通等项目进行维护、修缮、服务与管理;
2. 根据有关法规和政策,结合实际情况,制定本物业的物业管理制度和《物业使用守则》并书面告知乙方;
3. 建立健全本物业的物业管理档案资料;
4. 制止违反本物业的物业管理制度和《物业使用守则》的行为;

5. 物业服务企业可委托专业公司承担本物业的专项管理与服务业务，但不得将本物业的整体管理责任转让给第三方；

6. 依据本协议向乙方收取物业服务费用；

7. 编制物业管理服务及财务年度计划；

8. 每_____个月向乙方公布物业服务费用收支账目；

9. 提前将装饰装修房屋的注意事项和限制条件书面告知乙方，并与乙方订立《房屋装饰装修管理协议》；

10. 不得占用本物业的共用部位、共用设施设备或改变其使用功能；

11. 向乙方提供房屋自用部位、自用设施设备维修养护等有偿服务；

12. 自本协议终止时起5日内，与业主委员会选聘的物业服务企业办理本物业的物业管理移交手续，物业管理移交手续须经业主委员会确认；

13. _____。

二、乙方的权利义务

1. 参加业主大会或业主代表大会，享有选举权、被选举权和监督权；

2. 监督甲方的物业管理服务行为，就物业管理的有关问题向甲方提出意见和建议；

3. 遵守本物业的物业管理制度和《物业使用守则》；

4. 依据本协议向甲方交纳物业服务费用；

5. 装饰装修房屋时，遵守《房屋装饰装修管理协议》；

6. 不得占用、损坏本物业的共用部位、共用设施设备或改变其使用功能。因搬迁、装饰装修等原因需合理使用共用部位、共用设施设备的，应事先通知甲方，并在约定的期限内恢复原状，造成损失的，给予赔偿；

7. 转让房屋时，事先通知甲方，告知受让方与甲方签订本协议；

8. 对承租人、使用人及访客等违反本物业的物业管理制度和《物业使用守则》等造成的损失、损害承担民事责任；

9. 按照安全、公平、合理的原则，正确处理物业的给排水、通风、采光、维修、通行、卫生、环保等方面的相邻关系，不得侵害他人的合法权益；

10. _____。

第二条　物业管理服务内容

一、房屋共用部位的维护和管理

共用部位是指房屋主体承重结构部位（包括基础、内外承重墙体、柱、梁、楼板、屋顶等）、户外墙面、门厅、楼梯间、走廊通道、_____等。

二、房屋共用设施设备及其运行的维护和管理

共用设施设备是指共用的上下水管道、落水管、水箱、加压水泵、电梯、天线、供电线路、通信线路、照明、锅炉、供热线路、供气线路、消防设施、绿地、道路、路灯、沟渠、池、井、非经营性车场车库、公益性文体设施和共用设施设备使用的房屋、_____等。

三、环境卫生

1. _____
2. _____
3. _____

四、保安
1. 内容：(1)_____；(2)_____；(3)_____。
2. 责任：(1)_____；(2)_____。

五、交通秩序与车辆停放
1. 内容：(1)_____；(2)_____。
2. 责任：(1)_____；(2)_____。

六、房屋装饰装修管理
见附件：《房屋装饰装修管理协议》。

第三条 物业管理服务质量
一、房屋外观：1._____；2._____。
二、设备运行：1._____；2._____。
三、共用部位、共用设施设备的维护和管理：1._____；2._____。
四、环境卫生：1._____；2._____。
五、绿化：1._____；2._____。
六、交通秩序与车辆停放：1._____；2._____。
七、保安：1._____；2._____。
八、消防：1._____；2._____。
九、房屋共用部位、共用设施设备小修和急修：
小修：1._____；2._____。
急修：1._____；2._____。

第四条 物业管理服务费用（不包括房屋共用部位共用设施设备大中修、更新、改造的费用）
一、乙方交纳费用时间：_____；
二、住宅按建筑面积每月每平方米_____元；
三、非住宅按建筑面积每月每平方米_____元；
四、因乙方原因空置房屋按建筑面积每月每平方米_____元；
五、乙方出租物业的，物业管理服务费用由乙方交纳；
六、乙方转让物业时，须交清转让之前的物业管理服务费用；
七、物业管理服务费用标准按_____调整；
八、每次交纳费用时间：_____。

第五条 其他有偿服务费用
一、车位及其使用管理服务费用：
动车：1._____；2._____。
非机动车：1._____；2._____。
二、有线电视：1._____；2._____。

第六条 代收代缴收费服务 受有关部门或单位的委托，甲方可提供水费、电费、燃（煤）气费、热费、房租等代收代缴收费服务（代收代缴费用不属于物业管理服务费用），收费标准执行政府规定。

第七条 维修资金的管理与使用

一、根据_____规定，本物业建立共用部位共用设施设备保修期满后大中修、更新、改造的维修资金。乙方在购房时已向_____交纳维修资金_____元。

二、维修资金的使用由甲方提出年度使用计划，经当地物业管理行政主管部门审核后划拨。

三、维修资金不敷使用时，经当地物业管理行政主管部门审核批准，按乙方占有的房屋建筑面积比例续筹。

四、乙方转让房屋所有权时，结余维修资金不予退还，随房屋所有权同时过户。

五、_____。

第八条 保险

一、房屋共用部位、共用设施设备的保险由甲方代行办理，保险费用由全体业主按各自所占有的房屋建筑面积比例分摊。

二、乙方的家庭财产与人身安全的保险由乙方自行办理。

三、_____。

第九条 广告牌设置及权益

一、_____

二、_____

三、_____

第十条 其他约定事项

一、_____

二、_____

三、_____

第十一条 违约责任

一、甲方违反协议，未达到管理服务质量约定目标的，乙方有权要求甲方限期改正，逾期未改正给乙方造成损失的，甲方承担相应的法律责任；

二、乙方违反协议，使甲方未达到管理服务质量约定目标的，甲方有权要求乙方限期改正，逾期未改正给甲方造成损失的，乙方承担相应的法律责任；

三、甲方违反协议，擅自提高收费标准或乱收费的，乙方有权要求甲方清退所收费用，退还利息并支付违约金；

四、乙方违反协议，不按本协议约定的收费标准和时间交纳有关费用的，甲方有权要求乙方补交并从逾期之日起按每天_____交纳违约金，或_____；

五、_____。

第十二条 为维护公众、业主、使用人的切身利益,在不可预见情况下,如发生煤气泄漏、漏电、火灾、水管破裂、救助人命、协助公安机关执行任务等突发事件,甲方因采取紧急措施造成乙方必要的财产损失的,双方按有关法律规定处理。

第十三条 在本协议执行期间,如遇不可抗力,致使协议无法履行,双方按有关法律规定处理。

第十四条 本协议内空格部分填写的文字与印刷文字具有同等效力。本协议中未规定的事宜,均遵照国家有关法律、法规和规章执行。

第十五条 本协议在履行中如发生争议,双方协商解决或向物业管理行政主管部门申请调解;协商或调解无效的,可向_____仲裁委员会申请仲裁,或向人民法院起诉。

第十六条 本协议正本连同附件共_____页,一式两份,甲乙双方各执一份,具有同等法律效力。

第十七条 在签订本协议前,甲方已将协议样本送_____(物业管理行政主管部门)备案。

第十八条 本协议自签字之日起生效。

甲方签章:_____　　　　乙方签章:_____
代 表 人:_____　　　　代 表 人:_____
年　月　日　　　　　　　　年　月　日

问题四:签订前期物业服务合同应注意的事项有哪些?

1. 物业的承接验收

物业共用部位、共用设施设备的承接验收是前期物业服务活动的重要环节,前期物业服务合同应当对物业共用部位、共用设施设备的承接验收内容、标准、责任等作出明确的约定。而对与业主自有物业专有部分的承接验收则属于业主与发展商之间的问题,无需在合同中约定。

2. 物业服务的费用

前期物业服务合同涉及的费用种类多,情况复杂,支付主体及责任容易混淆,易造成矛盾,必须在合同中予以列明。例如,应当由建设单位支付的费用不能转嫁给业主;对于由业主支付的费用部分,则应当注意是否符合国家法律法规的要求,并应当在物业销售前予以明示或约定。

3. 前期物业服务合同的解除或终止

前期物业服务合同的履行受业主入住状况及房屋工程质量等各种因素的影响,合同的期限具有不确定性,当此类因素致使前期物业服务合同无法全面履行时,物业服务企业可以通过提前解除合同或要求补偿的方式规避风险。因此,有必要在前期物业服务合同中对解除合同的条件作出明确约定。

问题五:前期物业服务合同的期限是如何规定?

前期物业服务合同具有过渡的性质。根据《物业管理条例》第26条的规定有以下3种情形:

1. 前期物业服务合同规定的合同终止时间届满，业主再选聘物业服务企业并签订物业服务合同，则前期物业管理的截止时间为前期物业服务合同规定的合同终止时间。

2. 前期物业服务合同规定的合同终止时间尚未届满，业主委员会另行选聘物业服务企业并签订物业服务合同，则前期物业管理的截止时间为另行选聘物业服务企业的物业服务合同所定的起始时间。

3. 前期物业服务合同规定的合同终止时间届满，业主委员会尚未成立，或尚未与任何物业服务企业签订物业服务合同，原物业服务企业可以不再进行管理，也可以与开发商再签订前期物业服务合同，继续对物业进行管理。在继续进行管理的情况下，前期物业管理的截止时间为新的物业服务合同生效时间。条例规定，前期物业服务合同可以约定期限。而且条例规定物业服务合同生效，则前期物业服务合同自然终止，这样就避免了前期物业服务合同和物业服务合同发生冲突。

【现实建议】

上述案例中业主吴某拒绝履行前期物业管理服务合同的内容，可有他自己的理由，但是吴某购买该房屋的时候就应该能够注意到前期物业服务合同的存在，如果其不同意该前期物业服务合同的条款的话，可以不签订该房屋的买卖合同。虽然前期物业服务合同具有过渡性质，但是既然签订了包含该前期物业服务合同的买卖合同，就应当遵守合同的约定，依据法律规定履行合同中的相关内容。法律的确规定选聘物业服务企业的权利是由业主、业主大会行使，但是对于前期物业管理这个阶段而言，法律上有特殊规定。具体的内容，这是值得业主们注意的。

【课堂活动】

根据前期物业服务协议的示范文本，参考你所在的小区或者案例中的小区的基本情况，填制一份前期物业服务合同。

任务 5.2　物业服务合同的订立

【案例 5-2 导入】

2010年3月乐嘉花园小区为期一年的物业服务合同到期，乐嘉花园的业主在业主大会会议上投票表决，决定续聘原来的信义物业服务企业。然而，国土资源和房屋管理局认为未经过招标程序所选的物业服务企业不合法，责令业主委员会再次通过招标的方式选聘物业服务企业。在新"管家"的招聘过程中，业主委员会受到行政管理部门的干预。首先国土资源和房屋管理局为该小区指定了5家"相当不错"的物业服务企业，让业主委员会选择，但是遭到业主的强烈反对。此时，小区业主委员会召开了业主大会，专有部分占建筑物总面积过半数的业主且占总人数过半数的业主参加业主大会并且同意业主选择原来的物业服务企业。但是国土资源和房屋管理局仍然坚持要求采用招投标的方式选聘物业服务企业，而且评标委员会的专家9个中只有3个是业主代表，其余都是国土资源和房屋管理局指定的"专家"。

【思考】

1. 物业服务合同的订立方式有哪些？

2. 本案中，业主委员会是否必须采用招标订立的方式签订物业服务合同，正确做法是什么？

3. 本案国土资源和房屋管理局的做法是否正确，国土资源和房屋管理局在物业管理活动中有哪些职权？

【参考法条】

《物业管理条例》第5条：国务院建设行政主管部门负责全国物业管理活动的监督管理工作。

县级以上地方人民政府房地产行政主管部门负责本行政区域内物业管理活动的监督管理工作。

第11条 业主大会履行下列职责：……（三）选聘、解聘物业服务企业；

第24条 国家提倡建设单位按照房地产开发与物业管理相分离的原则，通过招投标的方式选聘具有相应资质的物业服务企业。

住宅物业的建设单位，应当通过招投标的方式选聘具有相应资质的物业服务企业；投标人少于3个或者住宅规模较小的，经物业所在地的区、县人民政府房地产行政主管部门批准，可以采用协议方式选聘具有相应资质的物业服务企业。

【案例分析】

1. 物业服务合同目前有两种订立方式：协商订立和招标订立。协商订立就是指业主方或物业服务企业向对方发出要约，并经对方承诺，依法以书面形式订立正式合同书，并完成双方签字、盖章手续，即告合同成立。如：开发商、公房出售单位或业主委员会可能先后同一个或几个物业服务企业洽谈，最终选择其中一个。招标订立是指开发企商、公房出售单位或业主委员会以招投标的方式，通过市场竞争将物业管理委托给中标的物业服务企业。

2. 本案中，业主委员会不是必须采用招标方式。根据《物业管理条例》第24条的规定，新建住宅物业的建设单位，应当通过招投标的方式选聘具有相应资质的物业服务企业。但是条例没有明确规定物业服务合同到期之后，业主大会选聘物业服务企业应当采用招标的方式，因此本案业主大会决定续聘原物业服务企业提供服务的，可不再进行招标，直接授权业主委员会续签物业服务合同。但是要注意业主大会决定更换物业服务企业的决议，应当有物业管理区域内专有部分占建筑物总面积过半数的业主且占总人数过半数的业主参加且同意。本案业主委员会根据业主大会的决定续聘原来物业服务企业的做法是正确的。

3. 本案中，国土资源和房屋管理局做法不正确。第一，侵害了业主大会选聘物业服务企业的方式决定权。在业主大会选定了物业服务企业后，房地产行政主管机关推翻业主大会的决定，强制要求通过招标的方式选定物业服务企业；第二，侵害了业主大会选聘对象决定权。业主大会有权自主选择物业服务企业，房地产行政主管部门通过为业主指定物业服务企业、指派专家参与评标，这种做法是违法的。

在物业管理活动中国土资源和房屋管理局是归口管理部门，其主要职权是监督管理权。根据《物业管理条例》第5条规定，国土资源和房屋管理局对于业主委员会订立物业服务合同依法享有监督权，但是不得进行非法干预，即使在监督过程中发现存在违法行为，也只能依法进行纠正，也不能直接确定物业服务合同的主体和内容。

【知识点】

问题一：物业服务合同的特征有哪些？

物业服务合同有如下特征：

1. 物业服务合同是诺成合同。对于物业服务合同，只要双方当事人达成真实意思表示的一致，该合同即告成立，而不需要其他的手续。

2. 物业服务合同是有偿合同。物业服务合同关系中，受托人物业公司是一个依法成立并注册登记的营利性企业，以收取的物业服务费维持企业运作，因此当然是有偿合同。

3. 物业服务合同是双务合同。在物业服务合同关系中，委托人有享受物业服务公司服务的权利，但是必须支付相应的物业服务费用，同样的受托人也是与之相反。

4. 物业服务合同是要式合同。签订物业服务合同应当采用书面形式，而且报行政主管部门备案。《物业管理条例》第21条规定："在业主、业主大会选聘物业服务企业之前，建设单位选聘物业服务企业的，应当签订书面的前期物业服务合同。"第35条规定："业主委员会应当与业主大会选聘的物业服务企业订立书面的物业服务合同。"

问题二：物业服务合同订立的原则包括哪些？

物业服务合同和其他各种合同一样，其订立和履行必须遵循我国《合同法》规定的下列五项基本原则。

1. 主体平等原则

平等原则是最基础的原则，是指合同当事人的法律地位平等，一方不得将自己的意愿强加给另一方。任何民事主体在法律人格上都是平等的，享有独立人格，不受他人的支配、干涉和控制。物业服务合同中业主和物业服务企业之间在法律地位上是平等的，它们不是管理者和被管理者之间的不平等关系。如《合同法》

第 3 条。

2. 自愿原则

当事人依法自愿订立合同的权利，任何单位和个人不得非法干预。合同自愿原则的含义包括缔结合同、选择缔约相对人、选择合同方式、决定合同内容、变更和解释合同自愿或自由。如《合同法》第 4 条。

3. 公平原则

公平原则是指双方当事人的权利、义务必须大体对等。对于显失公平的"霸王合同"和不利对方权益的"格式合同"，当事人一方有权要求法院或仲裁机构予以撤销或变更。如《合同法》第 5 条。

4. 诚实信用原则

该原则简称诚信原则，是民法、合同法的最基本的原则，它是指当事人在订立、履行合同，以及合同终止后的全过程中，都要诚实、讲信用，相互协作，以善意的方式行使自己的权利，履行自己的义务，不得有欺诈行为。具体包括：在订立合同时，不得恶意磋商或其他违背诚实信用的行为；在履行合同义务时，履行通知、协助、提供必要条件、防止损失、保密等义务；合同终止后，根据交易习惯履行通知、协助保密等后契约义务。如《合同法》第 6 条。

5. 守法和维护社会公共利益原则

在合同关系中，自愿不是绝对的，是在当事人不违背法律和行政法规强制性规定的前提下的自愿，还必须尊重社会公德，不得扰乱社会公共秩序，损害社会公共利益。维护社会公益原则，相当于外国民法中的公序良俗。如《合同法》第 7 条。

问题三：物业服务合同包括哪些内容？

物业服务合同的基本内容详见物业服务合同（示范文本）

物业服务合同（示范文本）

甲方（委托方）：_____（业主管理委员会）

乙方（受托方）：_____（物业服务企业）

为加强_____（物业名称）的物业管理，保障房屋和公用设施的正常使用，为业主创造优美、整洁、安全、方便、舒适、文明的居住环境，根据《中华人民共和国合同法》、建设部第 33 号令《城市新建住宅小区管理办法》等国家、地方有关物业管理法律、法规和政策，在平等、自愿、协商一致的基础上，就甲方委托乙方对_____（物业名称）实行专业化、一体化的物业管理订立本合同。

第一条　物业管理内容

1. 物业基本情况

（1）物业类型：_____。

（2）坐落位置：_____市_____区_____路（街道）_____号。

（3）四至：东_____，南_____，西_____，北_____。
（4）占地面积：_____平方米。
（5）建筑面积：_____平方米。

2. 委托管理事项

（1）房屋建筑本体共用部位（楼盖、屋顶、梁、柱、内外墙体和基础等承重结构部位、外墙面、楼梯间、走廊通道、门厅、设备机房）的维修、养护和管理。

（2）房屋建筑本体共用设施设备（共用的上下水管道、落水管、垃圾道、烟囱、共用照明、天线、中央空调、暖气干线、供暖锅炉房、加压供水设备、配电系统、楼内消防设施设备、电梯、中水系统等）的维修、养护、管理和运行服务。

（3）本物业规划内附属物业管理范围的市政公用设施（道路、室外上下水管道、化粪池、沟渠、池、井、绿化、室外泵房、路灯、自行车房棚、停车场）的维修、养护和管理。

（4）本物业规划内的附属配套服务设施（网球场、游泳池、商业网点）的维修、养护和管理。

（5）公共环境（包括公共场地、房屋建筑物共用部位）的清洁卫生、垃圾的收集、清运。

（6）交通、车辆行驶及停泊。

（7）配合和协助当地公安机关进行安全监控和巡视等保安工作（但不含人身、财产保险保管责任）。

（8）社区文化娱乐活动。

（9）物业及物业管理档案、资料。

（10）法规和政策规定及授权由物业服务公司管理的其他事项。

第二条　委托物业管理形式

承包经营，自负盈亏。

第三条　物业管理服务费用和住宅公共维修资金

1. 本物业的管理服务费按下列第_____项执行：

（1）按政府规定的标准向业主（住宅用户）收取，即每月每平方米建筑面积_____元；

（2）按双方协商的标准向业主（住宅用户）收取，即每月每平方米建筑面积_____元；

（3）由甲方按统一标准直接支付给乙方，即每年（月）每平方米建筑面积_____元。

2. 管理服务费标准的调整按下列第_____项执行：

（1）按政府规定的标准调整；

（2）按每年_____%的幅度上调；

（3）按每年_____%的幅度下调；

（4）按每年当地政府公布的物价涨跌幅度调整；

(5) 按双方议定的标准调整_____。
3. 住宅共用、部位共用设施设备维修资金
(1) 共用部位、共用设施设备维修资金的归集、使用和管理按政府有关文件执行。
(2) 共用部位、共用设施设备维修资金不敷使用时，经房地产行政主管部门或物业管理委员会研究决定，按建筑面积比例向产权人续筹或由产权人按实分摊。
(3) 产权人在出售、转让或馈赠其单元或因其他原因房屋产权转移时，所缴交的共用部位、共用设施设备维修资金不予退还，随房屋所有权同时过户。
4. 乙方在接管本物业中发生的前期管理费用_____元，按下列第_____项执行：
(1) 由甲方在本合同生效之日起_____日内向乙方支付；
(2) 由乙方承担；
(3) 在_____费用中支付。
5. 因甲方责任而造成的物业空置并产生的管理费用，按下列第_____项执行：
(1) 由甲方承担全部空置物业的管理成本费用，即每平方米建筑面积每月_____元；
(2) 由甲方承担上述管理成本费用的_____%。

第四条 其他有偿服务费用
1. 车位及其使用管理服务费用：
(1) 机动车：_____；
(2) 非机动车：_____。
2. 有线电视：_____。
3. _____。

第五条 代收代缴收费服务
受有关部门或单位的委托，乙方可提供水费、电费、燃（煤）气费、供热费、房租等代收代缴收费服务（代收代缴费用不属于物业管理服务费用），收费标准执行政府规定。

第六条 物业管理期限
委托管理期限为_____年，自_____年_____月_____日起到_____年_____月_____日止。

第七条 双方权利、义务
1. 甲方权利义务：
(1) 根据本合同规定甲方将住宅区委托乙方实行物业管理；
(2) 监督乙方对公用设施专用基金的合理使用，并按公用设施专用基金管理办法拨付给乙方。
(3) 按市政府规定的比例提供商业用房（总建设面积的_____%）_____平方米给乙方，按月租金_____元租用，并负责办理使用手续；

（4）给乙方提供管理用房_____平方米（其中办公用房_____平方米，员工宿舍_____平方米），按月租金_____元租用；

（5）负责向乙方提供本住宅区工程建设竣工资料一套并在乙方管理期满时予以收回；

（6）不得干涉乙方依法或依本合同规定内容所进行的管理和经营活动；

（7）对乙方的管理实施监督检查，就物业管理的有关问题向乙方提出意见和建议，每半年一次考核评定，如因乙方完不成第六条规定的目标和指标或管理不善造成重大经济损失，有权终止合同；

（8）负责确定本住宅区管理服务费收费标准；

（9）委托乙方对违反物业管理法规和规章制度以及管理规约的行为进行处理：包括予以罚款、责令停工、责令赔偿经济损失，以停水、停电等措施对无故不缴有关费用或拒不改正违章作业责任人进行催交、催改；

（10）协助乙方做好宣传教育、文化活动，协调乙方与行政管理部门、业主间的关系；

（11）政策规定由甲方承担的其他责任。

2. 乙方权利义务：

（1）根据有关法律、法规，结合实际情况，制定本住宅区物业管理的各项规章制度；

（2）遵守各项管理法规和合同规定的责任要求，根据甲方授权，对本住宅区物业实施综合管理，确保实现管理目标、经济指标，并承担相应责任，自觉接受甲方检查监督；

（3）根据住宅区内大、中修的需要制订维修方案，报甲方审议通过后，从公用设施专用基金中领取所需的维修经费；

（4）接受甲方对经营管理过程中财务账目的监督并报告工作，每月向甲方和住宅区管理部门报送一次财务报表，每三个月向全体业主张榜公布一次管理费收支账目；

（5）对住宅区的公用设施不得擅自占用和改变其使用功能，乙方如在住宅区内改扩建完善配套项目，须报甲方和有关部门批准后方可实施；

（6）乙方须本着高效、精干的原则在本住宅区设置管理机构和人员；

（7）建立本住宅区物业管理档案并负责及时记载有关变更情况；

（8）负责测算住宅区管理服务费收费标准并向甲方提供测算标准与依据，严格按照甲方审议通过的收费标准收取，不得擅自加价；

（9）有权依照甲方委托和管理规约的规定对物业管理规约和物业管理规章制度进行处理；

（10）在管理期满时向甲方移交全部专用房屋及有关财产、全部物业管理档案及有关资料；

（11）开展卓有成效的社区文化活动和便民服务工作；

（12）有权选聘专营公司承担住宅区物业管理的专项业务并支付费用，但不得将住宅区物业管理的整体责任及利益转让给其他人或单位。

第八条 物业管理目标和经济指标

1. 各项管理指标执行物业行政主管部门规定的各项标准，要求住宅区在乙方接管后_____年内达到_____标准。

2. 确保年完成各项收费指标_____元，合理支出_____元，乙方可提成所收取管理费的_____％作为经营收入。

第九条 风险抵押

1. 乙方在合同签订之日起三日内向甲方一次性支付人民币_____元，作为风险抵押金。

2. 乙方完成合同规定的管理目标和经济指标，甲方在合同期满后三日内退还全部抵押金及银行活期存款利息。

3. 如由于甲方过错致使本合同不能履行，由甲方双倍返还抵押金并赔偿乙方经济损失。

4. 如由于乙方过错致使本合同不能履行，乙方无权要求返还抵押金，并应赔偿甲方经济损失。

第十条 奖罚措施

1. 在各项管理目标、经济指标全面完成的前提下，管理费如有节余，甲方按节余额_____％奖励乙方。

2. 如该住宅区被评为全国、省、市文明住宅小区，甲方分别奖励乙方人民币_____元（全国）、_____元（省）、_____元（市）；获得上级部门单项奖或有关荣誉的奖金另定；如在乙方管理期间，由乙方获得的文明小区称号被上级部门取消，则乙方应全部返还上述奖金及银行活期存款利息。

3. 如果甲方不完成应负的合同责任，由此而影响乙方的承包管理目标和经济指标，或给乙方造成直接经济损失，甲方应当给予补偿或承担相应责任。

4. 如果乙方没有完成合同责任或管理目标和经济指标，甲方应当责成乙方限期改正，情节严重的处以人民币_____元至_____元的罚款，直至终止合同，经济损失由乙方承担。

5. 由乙方管理不善或重大失误，造成住户经济损失或生活严重不便的，应当赔偿甲方或业主及使用人的经济损失。

第十一条 合同更改、补充与终止

1. 经双方协商一致，可对本合同条款进行修订更改或补充，补充协议与本合同具有同等效力。

2. 合同规定的管理期满，本合同自然终止，各方如欲续订合同，须于期满前的_____个月向对方提出书面意见。

3. 合同终止后，乙方可参加甲方的管理招标并在同等条件下优先承包管理。

第十二条 声明及保证

甲方：

1. 甲方为一家依法设立并合法存续的企业，有权签署并有能力履行本合同。

2. 甲方签署和履行本合同所需的一切手续_____均已办妥并合法有效。

3. 在签署本合同时，任何法院、仲裁机构、行政机关或监管机构均未作出任何足以对甲方履行本合同产生重大不利影响的判决、裁定、裁决或具体行政行为。

4. 甲方为签署本合同所需的内部授权程序均已完成，本合同的签署人是甲方的法定代表人或授权代表人。本合同生效后即对合同双方具有法律约束力。

乙方：

1. 乙方为一家依法设立并合法存续的企业，有权签署并有能力履行本合同。

2. 乙方签署和履行本合同所需的一切手续_____均已办妥并合法有效。

3. 在签署本合同时，任何法院、仲裁机构、行政机关或监管机构均未作出任何足以对乙方履行本合同产生重大不利影响的判决、裁定、裁决或具体行政行为。

4. 乙方为签署本合同所需的内部授权程序均已完成，本合同的签署人是乙方的法定代表人或授权代表人。本合同生效后即对合同双方具有法律约束力。

第十三条 保密

双方保证对从另一方取得且无法自公开渠道获得的商业秘密（技术信息、经营信息及其他商业秘密）予以保密。未经该商业秘密的原提供方同意，一方不得向任何第三方泄露该商业秘密的全部或部分内容。但法律、法规另有规定或双方另有约定的除外。保密期限为_____年。

一方违反上述保密义务的，应承担相应的违约责任并赔偿由此造成的损失。

第十四条 不可抗力

本合同所称不可抗力是指不能预见、不能克服、不能避免并对一方当事人造成重大影响的客观事件，包括但不限于自然灾害如洪水、地震、火灾和风暴等以及社会事件如战争、动乱、政府行为等。

如因不可抗力事件的发生导致合同无法履行时，遇不可抗力的一方应立即将事故情况书面告知另一方，并应在_____天内，提供事故详情及合同不能履行或者需要延期履行的书面资料，双方认可后协商终止合同或暂时延迟合同的履行。

第十五条 通知

根据本合同需要发出的全部通知以及双方的文件往来及与本合同有关的通知和要求等，必须用书面形式，可采用_____（书信、传真、电报、当面送交等）方式传递。以上方式无法送达的，方可采取公告送达的方式。

各方通信地址如下：_____。

一方变更通知或通信地址，应自变更之日起_____日内，以书面形式通知对方；否则，由未通知方承担由此而引起的相应责任。

第十六条 争议的处理

1. 本合同受_____国法律管辖并按其进行解释。

2. 本合同在履行过程中发生的争议，由双方当事人协商解决，也可由有关部门调解；协商或调解不成的，按下列第_____种方式解决：

（1）提交_____仲裁委员会仲裁；

(2) 依法向人民法院起诉。

第十七条　解释

本合同的理解与解释应依据合同目的和文本原义进行，本合同的标题仅是为了阅读方便而设，不应影响本合同的解释。

第十八条　补充与附件

本合同未尽事宜，依照有关法律、法规执行，法律、法规未作规定的，甲乙双方可以达成书面补充协议。本合同的附件和补充协议均为本合同不可分割的组成部分，与本合同具有同等的法律效力。

第十九条　合同效力

本合同自双方或双方法定代表人或其授权代表人签字并加盖公章之日起生效。有 效 期 为_____年，自_____年_____月_____日至_____年_____月_____日。本合同正本一式_____份，双方各执_____份，具有同等法律效力；合同副本_____份，送_____留存一份。

甲方（盖章）：_____　　乙方（盖章）：_____
代表（签字）：_____　　代表（签字）：_____
_____年____月____日　　_____年____月____日
签订地点：_____　　　　签订地点：_____

问题四：签订物业服务合同应注意哪些事项？

1. 明确业主委员会的权利义务

除了《物业管理条例》规定的业主委员会应有的权利义务外，业主委员会的其他一些权利义务，也应在服务合同里明确约定。例如，业主委员会有权对物业服务企业的服务质量，按照合同规定的程序提出意见并要求限期整改。同时，业主委员会应承担相应的义务，包括督促业主按时交纳物业费，积极配合物业服务企业工作，尊重物业服务企业专业化的管理方式和措施等。

2. 明确物业服务企业的权利与义务

本着权利和义务对等的原则，在赋予物业服务企业管理整个小区日常事务的权利时，也要明确物业服务企业所承担的义务与责任，不要签订义务多、责任重、权利少这类一边倒的合同，并尽可能予以细化。

3. 对违约责任的约定

履行合同中如有一方违约就应该赔偿另外一方的损失。损失的计算及赔偿标准应该按照《中华人民共和国合同法》的规定进行具体表述。要在服务合同里明确双方违反约定应承担的违约责任，约定的责任要具有实用性和可操作性。

4. 对免责条款的约定

在物业服务合同约定中，订立合同各方应本着公平合理、互谅互让的原则，根据物业的具体情况设立免责条款，明确免责的事项和内容。例如，在物业服务合同中应当明确约定物业服务费不包含业主与物业使用人的人身保险、财产保管等费用，排除物业服务企业对业主及物业使用人的人身、财产安全保护、保管等义务，以免产生歧义，引发不必要的纠纷。

5. 物业服务合同的主要条款宜细不宜粗

物业管理服务及相关活动规范是合同签订的主要目的。在签订物业服务合同时，要特别注意以下主要条款：

（1）项目，即应逐项写清管理服务项目。如"房屋建筑公用部位的维修、养护和管理"、"共用设施设备的维修、养护、运行和管理"、"环境卫生"等。

（2）内容，即各项目所包含的具体内容，越详细越好。例如，房屋建筑公用部位的维修、养护管理项目内容应包括楼盖、屋顶、外墙面、承重结构，环境卫生应覆盖的部分，安全防范的实施办法等。

（3）标准，即各项目具体内容的管理服务质量标准。例如，垃圾清运的频率（是一天一次，还是两天一次）、环境卫生的清洁标准、安全防范具体标准（门卫职责、是否设立巡逻岗）等。此外，还要注意在明确质量标准时要少用或不用带有模糊概念的词语，例如，要避免采用"整洁"等用词，因为在合同的执行过程中很难对是否整洁作出准确判断。

（4）费用，签订物业服务合同之前，应明确所购物业的类型，不同类型的物业，有不同的管理标准、收费标准。关注收费项目是否符合有关规定。关注收费项目是否未获批准就被先执行。物业服务企业的某些费用需要经过相关部门的审批才可收取。例如，有的物业服务企业承诺安装可视对讲门铃，尚未安装就提前收费。有的物业服务企业为了多收费巧立各种名目，如装修配合费等。这些都是物价部门和相关部门所禁止的。消费者在签订物业服务合同时，应对照物业收费标准仔细核对。标准中没有的收费项目，可要求对方出示有关部门文件，否则有权拒交。

6. 合同的签订要实事求是

物业的开发建设是一个过程，有时需要分期实施。在订立合同尤其是订立前期物业管理服务合同时应充分考虑这点，既实事求是，又要留有余地。比如，对于"24小时热水供应"的服务承诺，在最初个别业主入住时，一般无法提供，因此在合同中应给予说明，并给出该项服务提供的条件与时机以及承诺在未提供该项服务时应适当减免物业管理服务费。又如，当分期规划建造一个住宅区时，在首期的合同中就不应把小区全部建成后才能够提供的服务项目内容列入。

7. 明确违约责任的界定及争议的解决方式

一般情况下，有争议的合同应该通过友好协商解决。如果协商不成，则可依照合同中约定的仲裁条款请求仲裁委员会仲裁，或者向人民法院提起诉讼。如果选择仲裁方式，仲裁机构名称要写具体。大多数《物业管理服务委托合同》在约定仲裁事项时，只是笼统地写一旦发生纠纷在甲方（或乙方）所在地仲裁部门解决。这样的仲裁条款只是约定了仲裁地点而对仲裁机构没有约定，实际上不具有任何法律效力，所以对仲裁机构必须写清具体名称。

【现实建议】

1. 充分了解签约对象的主体资格。当前各种经营单位的性质和种类比较复杂，管理不到位的现象比较普遍。为防范欺诈行为，减少交易风险，有必要考察双方的主体资格、履约能力、信用情况等，查看对方的营业执照、年检证明资料等。

2. 签字盖章应同时具备。《物业服务合同》签约时，往往是由双方各自的代理人（企业法人委托的经办人）完成的，在这种情况下，应当有经办人的签字和单位的印章，这样可以避免一些不必要的纠纷。如有的单位以合同未加盖本单位公章为由，否认经办人签名的效力。为了不给这些人以可乘之机，订立合同时应当经办人签名和单位印章同时具备，经办人必须具有企业法人的委托书。

【课堂活动】

根据物业服务合同的示范文本，参考你所在的小区或者案例中的小区的基本情况，填制一份物业服务合同。

任务 5.3　物业服务合同效力的认定

【案例 5-3 导入】

张清的舅舅杨先生所在的华明小区最近发生这样的纠纷，数名业主作为原告，将该小区的业主委员会和华昌物业服务公司告上法庭，要求法院判令两被告签订的《物业服务合同》无效。该小区业主委员会成立于 2008 年 9 月。2008 年 9 月，业主委员会未召开业主大会，擅自聘请华昌物业服务公司为小区提供物业管理服务，双方签订了物业管理委托合同，期限为 2008 年 9 月至 2010 年 9 月。原告认为，业主委员会未依照《物业管理条例》规定召开业主大会就选聘物业服务企业，严重侵犯了业主的合法权益，且华昌物业服务公司提供的物业管理服务质量存在严重瑕疵，要求法院判令合同无效。

【思考】

1. 数名业主能否作为本案的原告？
2. 未召开业主大会的情况下签订的物业服务合同是否有效？
3. 法院应当如何判决？

【参考法条】

《物权法》第 78 条：业主大会或者业主委员会的决定，对业主具有约束力。

业主大会或者业主委员会作出的决定侵害业主合法权益的，受侵害的业主可以请求人民法院予以撤销。

《中华人民共和国合同法》第 52 条：有下列情形之一的，合同无效：……

（五）违反法律、行政法规的强制性规定。

《物业管理条例》第11规定：下列事项由业主共同决定：（一）制定、修改业主大会议事规则；（二）制定、修改管理规约；（三）选举业主委员会或更换业主委员会成员；（四）选聘和解聘物业服务企业；（五）筹集和使用专项维修资金；（六）改建、重建建筑物及其附属设施；（七）有关共有和权利的其他重大事项。

第12条规定：业主大会决定本条例第11条第（五）项和第（六）项规定的事项，应当经专有部分占建筑物总面积2/3以上的业主且占总人数2/3以上的业主同意；决定本条例第十一条规定的其他事项，应当经专有部分占建筑物总面积过半数的业主且占总人数过半数的业主同意。

【案例分析】

1. 业主有权成为案件的原告。根据《物权法》第78条的规定，业主认为业主大会或者业主委员会作出的决定侵害业主合法权益时，受侵害的业主可以请求人民法院予以撤销。该条款赋予了业主追究业主大会和业主委员会侵权行为责任的诉权。就本案而言，物业服务公司和业主委员会签订的物业服务合同是在未经合法程序的情况下签订的，侵犯了业主的合法权益，业主当然有权作为原告行使诉权寻求法律的救济。况且，物业服务合同的当事人表面上是物业服务公司和业主委员会，但实际上，业主委员会也只是代表业主与物业服务公司签订物业服务合同，物业服务合同的最终权利义务的承受人是具体的单个业主。因此，当业主的权益受到物业服务公司的侵害时，业主当然有权向法院提起诉讼要求保护自己的权利。

2. 未召开业主大会的情况下签订的物业管理委托合同是无效的。

根据《物业管理条例》第11条和12条的规定，选聘、解聘物业服务企业是业主大会的职责，不能由业主委员会单方面作出决定。而且，业主大会在作出选聘和解聘物业服务企业决定时，必须应当经专有部分占建筑物总面积过半数的业主且占总人数过半数的业主同意。本案中，业主委员会在选聘物业服务企业时既未召开业主大会，也未经专有部分占建筑物总面积过半数的业主且占总人数过半数的业主同意，其选聘的程序是违法的。《物业管理条例》属于国务院制定的行政法规，两被告签订的物业服务合同因违反行政法规的强制性规定应确认无效。

3. 法院经过审理后作出如下判决：根据《物业管理条例》的规定，选聘、解聘物业服务企业属于业主大会的职责，业主大会讨论选聘或解聘物业服务企业时，必须经过专有部分占建筑物总面积过半数的业主且占总人数过半数的业主同意。本案中，两被告未按照法定程序签订的物业服务合同是无效的。

【知识点】

问题一：合同的效力是如何分类的？

合同的效力根据不同情况可能有四种结果：有效合同、无效合同、可变更可撤销合同、效力待定合同。

1. 有效合同：是指已经成立的合同在当事人之间产生了一定的法律约束力，也就是法律效力。

2. 无效合同：是指虽经当事人协商订立，但属于违反国家法律、法规等法定事由，国家不予承认和保护，没有法律效力的合同。无效合同自始无效，而且是确定的绝对的无效。由于无效合同从本质上违反了法律规定，因此不受国家法律保护，也无需经当事人是否主张无效，法院或仲裁机构可以主动审查合同无效。

3. 可变更可撤销合同：是指合同成立后，出现法定事实，人民法院或者仲裁机构根据一方当事人的申请在审理后根据具体情况准许变更或者准许撤销的合同。可撤销合同在被撤销前是有效的，不过是不确定的有效。可撤销合同不是无效合同，法院或仲裁机构不会主动审理此类合同，只有一方当事人请求，经法院或仲裁机构审理，才能发生撤销的效力。具有撤销权的当事人自合同成立之日起一年内没有行使撤销权的，该撤销权消灭。具有撤销权的当事人知道撤销事由后明确表示或者以自己的行为放弃撤销权的，该撤销权消灭。

4. 效力待定合同：指合同虽然成立但是否生效尚不确定，只有经过特定当事人的行为，才能确定生效或不生效的合同。效力待定合同，可能转变为无效合同，也可能转变为有效合同。

问题二：如何判断物业服务合同有效？

物业服务合同有效应当具备以下条件：

1. 主体合格

物业服务合同的主体是业主或开发商、物业服务企业。由于小业主为数众多，物业服务合同一般是由业主委员会代表业主和物业服务企业签订的，这主要涉及业主委员会的主体资格问题。现行法律只是要求业主委员会在成立后向主管部门备案，没有要求依法登记注册。因此一般来说是否备案并不影响主体是否合格。《物业管理条例》对业主委员会的主体资格做了规定。第11条规定："下列事项由业主共同决定：（三）选举业主委员会或者更换业主委员会成员。"第12条规定："业主大会会议可以采用集体讨论的形式，也可以采用书面征求意见的形式；但是，应当有物业管理区域内专有部分占建筑物总面积过半数的业主且占总人数过半数的业主参加。业主大会决定本条例第11条规定的其他事项，应当经专有部分占建筑物总面积过半数的业主且占总人数过半数的业主同意。"业主委员会只有符合法律规定的标准才可以代表业主与物业公司签订物业服务合同，否则该合同不具有法律效力。

物业服务企业作为另一方当事人，其主体资格一是必须是法人，二是符合物业服务企业的资质管理规定。《物业管理条例》第32条规定："从事物业管理活动的企业应当具有独立的法人资格。国家对从事物业管理活动的企业实行资质管理制度。"同时，《物业服务企业资质管理办法》对物业服务企业资质等级的划分、承接项目等作了具体规定。凡不具备相应等级的物业服务企业签订的物业服务合同应认定为无效，但是如果物业服务企业诉讼中取得资质证明的除外。

2. 双方意识表示真实

合同的签订必须是双方真实意思表示。任何意思表示不真实都可能导致合同无效或被撤销。对此,重点在于业主委员会是否超越其职责范围签订合同,业主委员会选聘或解聘物业服务公司、签订的物业服务合同条款是否经全体业主大会审查批准。业主委员会是全体业主的代理人,它与物业服务公司签订的物业服务合同关系到全体业主的切身利益,而且对所有业主都具有法律约束力,因而业主委员会不得超出授权范围签订合同,签订的合同条款应当经过业主大会或者业主代表大会批准,否则其签订的合同对业主没有法律约束力。经过业主大会或者业主代表大会过半数决定批准签订的物业服务合同,对全体业主都具有法律约束力,全体业主都必须按合同履行。在表决时,持与决议相反意见的业主不得以合同违背其真实意思表示为由要求确认合同无效。

3. 内容合法

《合同法》第52条第3款规定:"有恶意串通,损害国家、集体或者第三人利益;以合法形式掩盖非法目的;损害社会公共利益的行为,合同无效。"在物业服务合同内容的合法性方面,应把重点放在合同条款是否侵害全体业主的共同利益上,是否出现格式条款、霸王条款。例如合同规定"物业服务公司可不经业主同意单方扩大收费范围、提高收费标准"这样的条款违反了《合同法》的平等、自愿和公平原则,应当认定该条款无效。

4. 形式合法

根据《物业管理条例》第35条的规定,物业服务合同应当采取书面的形式。

问题三:如何判断物业服务合同无效?

《合同法》第52条规定,有下列情况之一的,合同无效:

1. 一方以欺诈、胁迫的手段订立合同,损害国家利益的

最高人民法院《关于贯彻执行〈中华人民共和国民法通则〉若干问题的意见》中规定:一方当事人故意告之对方虚假情况,或者故意隐瞒真实情况,诱使对方当事人作出错误意思表示的,可以认定为欺诈行为。以给公民及其亲友的生命健康、荣誉、名誉、财产等造成损害为要挟,或者以给法人的荣誉、名誉、财产等造成损害为要挟,迫使对方作出违背真实的意思表示的,可以认定为胁迫行为。

2. 恶意串通,损害国家、集体或者第三人利益

所谓恶意串通,就是互相勾结,共同作弊,主观上牟取私利,客观上损害了国家、集体或者第三方的利益。

3. 以合法形式掩盖非法目的

这种合同形式上合法,实质上违法。如当事人为逃避债务将自己的财产赠与他人的行为就属于以赠与这种合法形式来达到逃避债务的违法目的。

4. 损害社会公共利益

当事人订立合同,除了不得违反法律的明文规定以外,也不得违反社会公认的道德规范。侵犯了这些道德规范,就是侵犯了社会公共利益。

5. 违反法律、行政法规的强制性规定的

强制性规定是指法律条文中明确要求公民、法人或其他组织必须做、不得做、禁止做的规定。强制性的规定是由法律、行政法规作出，具有排除地方法规的效力，更不能通过合同约定来规避。

问题四：如何判断物业服务合同是可变更、可撤销？

《合同法》第54条规定，下列情况之一的，合同的当事人一方有权请求人民法院或者仲裁机构变更或者撤销：

1. 重大误解

重大误解是指误解人作出意思表示时，对涉及合同法律效果的重要事项存在着认识上的显著缺陷。根据司法解释，行为人因为行为的性质，对方当事人，标的物的品种、质量、规格和数量等的错误认识，使行为的后果与自己的意思相悖而订立的合同，可以认定为重大误解合同。在重大误解情况下，当事人所表示出来的意思与真实情况不符，误解直接影响到当事人所应享受的权利和承担的义务。对此，法律对误解人的保护是有限度的，法律只承认重大误解为可撤销的原因。

2. 显失公平

显失公平是指一方在紧迫或缺乏经验的情况下而订立的明显对自己有重大不利的合同。显失公平的合同当事人双方的权利义务明显不对等，违反了合同法的公平原则，一方获得的利益超过了法律允许的限度。法律规定显失公平的合同应予撤销，不仅是公平原则的具体体现，而且切实保障了这一原则的实现。

3. 乘人之危

乘人之危是指合同一方当事人利用合同另一方当事人的危难处境或紧迫需要，迫使对方接受某种明显不公平的条件并做出违背其真意的意思表示。乘人之危中的危难状况是由于合同当事人自己的原因而处于其中的，不是合同对方蓄意制造的，这一点与胁迫在性质上是不同的。

问题五：如何判断物业服务合同是效力待定合同？

根据《合同法》的第47条、48条、49条的规定，效力待定合同主要有下列几种情形：

1. 主体不合格的合同

主要是指限制行为能力的人订立的合同。经法定代理人追认后，合同有效。纯获利或与其年龄、智力、精神健康状况相适应的，不必追认。相对人可催告法定代理人1个月内追认，法定代理人未作表示的，视为拒绝。合同被追认前，善意的相对人有撤销的权利。

2. 无权代理人订立的合同

行为人没有代理权、超越代理权或者代理权终止后以被代理人名义订立的合同，必须经过被代理人的追认才能对被代理人产生法律拘束力，否则，后果由行为人承担。相对人可以催告被代理人1个月内予以追认，被代理人未作表示的，视为拒绝。被追认之前，善意相对人有撤销的权利。

3. 无处分权人处分他人财产权利而订立的合同

无处分权的人处分他人财产，经权利人追认或无处分权的人订立合同后取得处分权的，合同有效。

问题六：合同无效或被撤销后的法律后果是什么？

根据《合同法》的规定，无效合同、可撤销合同法律后果有以下几种情况：

1. 返还财产

财产返还是使当事人的财产关系恢复到签订合同以前的状态。返还财产必须是以原物依然存在为要件，若原物已灭失，返还原物已不可能或返还已没有实际必要，则返还请求人可要求就原物或其他财产标的折价补偿。返还财产主要适用于已经作出履行的情况，如果当事人尚未开始履行或者财产尚未交付，则不适用返还财产。

2. 赔偿损失

这是过错方给对方造成损失时，应当承担的责任。过错方依据该合同所取得的财产以及该财产取得的收益，应当返还给受损失的一方当事人；不能返还或者没有必要返还的，应当折价赔偿，过错方应当赔偿另一方当事人所受到的损失。如果双方都有过错，应当按照责任的主次、轻重来承担经济损失中与其责任相适应的份额。

3. 追缴财产

追缴财产主要适用于双方恶意串通，违反国家利益和社会公共利益或第三人合法利益而无效的合同。在这种情况下，应追缴双方从对方取得或约定取得的财产归国家、集体所有或返还第三人。

问题七：物业服务企业聘用员工不当对合同效力是否有影响？

在物业纠纷案件中，很多业主的抗辩主张就是物业服务企业聘用的员工没有上岗证书，在物业服务企业聘用人员缺少职业资格证书的情况下，物业服务合同效力如何认定，物业服务企业聘用的员工不当应当承担什么责任呢？

我国《物业管理条例》第33条规定："从事物业管理的人员应当按照国家有关规定，取得职业资格证书。"第61条规定："违反本条例的规定，物业服务企业聘用未取得物业管理职业资格证书的人员从事物业管理活动的，由县级以上地方人民政府房地产行政主管部门责令停止违法行为，处5万元以上20万元以下的罚款；给业主造成损失的，依法承担赔偿责任。"从条例看出物业服务企业聘用员工不当主要是承担行政责任和赔偿损失的民事责任。因此不应当直接认定物业服务合同无效。为了保证交易的稳定性，业主委员会可以提出解除合同的请求，但是不能作为拒绝交纳物业费的理由。但是如果合同中个别条款对管理人员的专业技能有专门要求的除外。

【现实建议】

现代法律规范的价值取向是"以人为本"，虽然强调当事人意思自治，但也对之加以必要的限制，防止发生一方借助意思自治的名义侵害另一方的合法权利。

尤其是当该行为有悖于社会公德和法律强制性规定时，这种约定是无效的。例如合同规定："第一业主即房地产开发企业可在任何情况下更改楼宇名称，有权在楼宇屋顶各平台、共用部分、公用设施、楼宇外墙展示、安装或附加任何招牌、广告牌或结构等。"同样，对于物业管理服务合同的内容中出现侵犯业主权益的不平等条款，也是无效的。

【课堂活动】

案例分析：2008年3月，某住宅小区业主委员会与物业服务企业商定，由该物业服务企业对小区的物业进行管理，双方并口头约定了管理事项及服务费用，但未签订书面的《物业服务合同》。物业服务企业依约对小区进行物业管理，但在收取物业服务费用时，部分业主却以未签订书面的《物业服务合同》为由，拒绝交纳物业服务费用。请你根据所学的知识分析该案例。

任务 5.4　物业服务合同的履行、变更、转让和终止

【案例 5-4 导入】

张清舅舅杨先生所在的华明小区业主委员会在对小区物业管理服务公司进行财务收支状况进行审核监督时发现，与小区业主委员会签订物业服务合同的是恒隆物业公司，但一直以来对该住宅小区实施物业管理服务的却是另一家正大物业公司。后据调查了解，恒隆物业公司除了与业主委员会签订了物业服务合同之外，并没有履行其物业管理服务的义务；而是与另一家正大物业公司签订了委托协议，由正大物业公司对住宅小区进行全部的物业管理。老杨等业主知道此事之后，对恒隆物业公司的做法提出异议，并要求其承担责任。物业公司没有答复，业主代表朱某等人便将其告上法庭。

【思考】

1. 物业公司将小区服务转让给他人是一种什么行为，是否合法？
2. 本案中物业公司的做法要承担什么样的法律责任？

【参考法条】

《合同法》第400条："受托人应当亲自处理委托事务。经委托人同意，受托人可以转委托。转委托经同意的，委托人可以就委托事务直接指示转委托的第三人，受托人仅就第三人的选任及其对第三人的指示承担责任。转委托未经同意的，受托人应当对转委托的第三人的行为承担责任，但在紧急情况下受托人为维护委托人的利益需要的转委托的除外。"

《物业管理条例》第 40 条:"物业服务企业可以将物业管理区域内的专项服务业务委托给专业性服务企业,但不得将该区域内的全部物业管理一并委托给他人。"

第 62 条:"违反本条例的规定,物业服务企业将一个物业管理区域内的全部物业管理一并委托给他人的,由县级以上地方人民政府房地产行政主管部门责令限期改正,处委托合同价款 30% 以上 50% 以下的罚款;情节严重的,由颁发资质证书的部门吊销资质证书。委托所得收益,用于物业管理区域内物业共用部位、共用设施设备的维修、养护,剩余部分按照业主大会的决定使用;给业主造成损失的,依法承担赔偿责任。"

【案例分析】

1. 物业服务企业将服务转让给他人是物业服务合同转委托的一种表现形式,也就是合同的转让行为,但是将物业服务全部转让是不合法的。根据《物业管理条例》规定,物业服务企业不得将该区域内的全部物业管理一并委托给他人。这是基于委托关系的特殊性,业主大会选聘某个物业服务企业是因为信任被聘企业能为业主提供优质的物业管理服务,能最大限度地维护广大业主的合法权益,所以才委托其进行物业管理,如果物业服务企业将全部物业管理业务转托给第三人,无疑破坏了这种信任关系,也使得业主委员会与物业服务企业签订的物业服务合同成为空壳。另外,物业服务企业必须具有相应的资质才能从事物业管理活动,而转委托关系的受托人并不一定具有这种资质。因此该物业服务企业将小区服务转让给他人是一种不合法的行为。

2. 法院经审理后认为,根据《物业管理条例》的规定,物业服务企业将一个物业管理区域内的全部物业管理一并委托给他人的,由县级以上地方人民政府房地产行政主管部门责令限期改正,处委托合同价款 30% 以上 50% 以下的罚款;情节严重的,由颁发资质证书的部门吊销资质证书。委托所得收益,用于物业管理区域内物业共用部位、共用设施设备的维修、养护,剩余部分按照业主大会的决定使用;给业主造成损失的,依法承担赔偿责任。本案中,恒隆物业服务企业将物业管理区域内的全部物业管理一并委托给正大物业服务企业,该行为显然违反法律、法规的规定,依法应承担相应的法律责任,这其中包括主管部门作出的行政处罚责任与业主们主张的民事赔偿责任。

【知识点】

问题一:物业服务合同履行的原则是什么?

1. 实际履行原则

实际履行原则要求当事人双方按照合同约定的标的履行义务,不能以其他标的代替,也不能以违约责任取代履行。物业服务合同所涉及的债务大多为非金钱债务,合同中所约定的履行标的很难用其他标的代替。因此,在物业服务合同履行中,实际履行成为一项十分重要的履行原则。

2. 全面履行原则

全面履行原则是指合同当事人双方应当按照合同约定的主体,履行标的,履行时间、地点、方式,履行价款等全面履行各自的义务。反之,则为不履行或不适当履行。

3. 诚实信用原则

诚实信用原则具体表现在双方互相协作、经济合理、遵循交易习惯、履行附随义务等方面。物业服务合同作为双务合同,物业服务合同双方当事人的权利要依赖对方履行义务来得以实现,相互协作是合同顺利履行的需要。

问题二:什么是物业服务合同的变更?

物业服务合同的变更,是指合同成立后,当事人双方根据客观情况的变化,依照法律规定的条件和程序,对原合同进行修改或者补充。是在合同主体不变的前提下对合同内容或标的变更,如改变物业服务费,修改服务标准等。值得注意的是,物业服务合同是合同当事人双方协商一致而成立的,一般而言,无双方重新约定或法定情形,合同内容是不能变更的,但如果双方通过协商一致的方式也可以变更物业服务合同内容。需要强调的是这个协商一致是订立物业服务合同的当事人的协商,而不是任何单个业主与物业公司的直接协商。业主要参与物业服务合同变更的协商,前提条件是必须要通过业主大会形成代表大多数业主意志的业主大会决议,然后在业主大会决议的基础上由业主委员会这个代表机构来与物业服务企业进行协商。

问题三:一个物业管理区域是否可以同时委托给两个以上的物业服务企业进行管理?

《物业管理条例》第34条规定:"一个物业管理区域应当由一个物业服务企业实施物业管理。"一个物业管理区域是指一个由原设计构成的自然街坊或封闭小区。因为在一个特定的物业管理区域内,各个业主的所有权并不是完全独立的,各个业主除了有专有建筑的专有所有权外,对小区的共用部位、共用设施则享有共同所有权,因此不能将特定的物业管理区域分割,由两个或两个以上的物业服务企业进行管理,否则会造成管理上的疏忽或冲突。

问题四:业主可否委托物业服务企业提供服务合同约定以外的服务项目?

业主可以委托物业服务企业提供物业服务合同约定以外的服务项目。物业服务合同所约定的内容一般是带有普遍性的服务要求,反映的是全体业主的共同意志和基本要求,如环境卫生、保安等。某部分业主要求的特色服务不可能在物业服务合同中约定。

因此,如果有些业主在普遍性服务要求的基础上,还需要物业服务企业提供物业服务合同中约定以外的其他服务的,可以与物业服务企业单独订立委托合同,就服务的种类、标准、服务费用以及其支付的方式和时间等作出具体的约定。这种合同属于普通的民事委托合同,和物业服务合同是两个独立的合同,不适用《物业管理条例》,而是适用《合同法》。

问题五：物业服务企业可否将某些物业服务项目委托给其他企业？

根据《物业管理条例》第40条规定："物业服务企业可以将物业管理区域内的专项服务业务委托给专业性服务企业，但不得将该区域内的全部物业管理一并委托给他人。"因此，物业服务企业可以将物业管理区域内的某些业务委托给其他企业。但是只可以将物业管理区域内的专项服务业务委托给专业服务企业，不能全部委托。可以从以下几个方面理解：

1. 物业服务企业可以转委托专项业务。由于物业管理涉及事项较多，专业性强，并不是所有的物业服务企业均能自身承担物业管理区域内全部物业服务，另聘请有关专业性服务企业，更有利于委托人的利益。实践中，往往是物业服务企业承接一个物业管理项目后，再根据物业管理区域内的规模、服务项目的多少、自身服务能力等情况，决定是否将该项目中的专项服务业务如绿化、养护、消防等转委托相关专业公司。这一做法既有利于降低物业管理成本，规避风险，又有利于保证物业管理的服务质量。

2. 物业服务企业只可以将物业管理区域内的专项服务业务委托给专项服务公司，不能全部委托。这里的专项服务业务，是指保安、保洁、绿化、电梯等共用设施设备的维护等服务业务；专业服务企业，是指专门为客户提供某项服务业务的专业化公司，例如保洁公司、保安服务公司、设备维修公司、绿化公司等。

3. 物业服务企业在将某些专项服务活动委托给专业性服务企业时是否需要征得业主大会或业主委员会的同意，《物业管理条例》并没有规定，主要还是看物业服务合同的约定。一般认为合同有约定按照约定，如果没有约定，则无需取得业主大会或业主委员会的同意。物业公司转委托如果需要征得业主同意后方可进行在事实上很难做到。而且在专项服务业务委托之后，物业服务企业和业主之间，仍然存在物业服务合同关系。物业服务企业和专业服务企业之间，属于委托服务合同关系。委托服务合同的内容不得与物业服务合同的内容相抵触。专业服务企业与业主之间不存在合同关系。但是，专业服务企业在履行委托服务合同时，应当遵守物业管理区域内的规章制度，不得侵害业主的合法权益。如果给业主造成损失，应当由物业服务企业向业主负责赔偿，物业服务企业承担了赔偿责任后可以依据转委托合同的规定向其转委托的企业追偿。

问题六：物业服务合同什么情况下终止？

物业服务合同可以因下列原因终止：

1. 物业服务合同约定的期限届满，双方没有续签合同的。
2. 物业服务企业与业主大会双方协商一致解除合同的。
3. 物业服务合同约定了一定解除条件，当条件满足时合同提起终止。
4. 一方严重违约致使合同无法履行或者预期目标无法实现的，在此情况下物业服务合同终止。
5. 因不可抗力致使物业服务合同无法履行的，物业服务合同将自然终止。
6. 物业服务企业如果被宣告破产，应按照国家规定进行破产清算，物业服务合同自然无法继续履行。

7. 法律、法规规定的其他情形。

问题七：物业服务合同解除的后合同义务有哪些？

后合同义务就是合同关系消灭后，当事人依诚实信用原则应负有某种义务，以维护给付效果或协助对方终了善后事务。主要包括：

1. 物业管理事务继续处理义务

由于物业服务合同涉及特定多数人的利益，还涉及部分社会公共利益和国家在城市的公共权利，因此应当避免物业处于无人管理的情形，直至新的物业服务合同生效。当然业主也应当支付报酬。

2. 妥善交接的义务

物业服务合同解除后，物业服务企业应当将保管的建筑竣工图等物业档案资料移交给业主委员会，并应妥善的向大会选聘的新的物业服务企业做好物业管理的交接工作。

3. 通知义务

物业服务企业合同一方当事人行使解除权解除合同，应及时将解除合同的事由与意思表示送达对方，否则不发生合同解除的效力。此外还应当按照规定向物业管理行政主管部门履行备案手续。

【现实建议】

物业服务企业只有在符合一定资质条件的情况下，才能承接物业管理项目。被选聘的物业服务企业应当亲自完成有关的物业服务，非经一定程序不允许任意更换。现实生活中，像本案中的情形是不多的，更多的是物业公司将其部分专项服务业务转委托给专门机构或个人来完成。如果运用不当，这将有可能损害业主的利益，因此，建议业主们事先要通过合同约定来对物业服务企业的委托行为进行规范。

【课堂活动】

案例分析：东兴物业服务公司为幸福小区提供物业管理服务，东兴公司因为缺少专门的人员修建草坪，遂将幸福小区的绿化服务转委托给天天绿化服务公司。幸福小区的业主委员会认为未经小区业主委员会的同意，东兴物业服务公司的转委托行为无效，是对业主合法行为的侵犯。请你根据所学知识分析该案例。

任务 5.5　物业服务合同违约责任的认定

【案例 5-5 导入】

杨某购买乐嘉房地产公司开发的乐嘉花园内的商品房一套，于 2006 年 9 月入住时，杨某与乐嘉房地产公司选聘的恒祥物业服务公司签订物业服务合同一份，约定由恒祥公司管理杨某的该套房屋，每个月交物业服务费，逾期每天加收应缴费用5‰的滞纳金。物价行政主管部门同意恒祥物业服务公司按照每平方米1.30元收取管理费。此后杨某以该标准向恒祥公司支付物业服务费用。但是2007年1月开始，杨某以乐嘉房地产公司多收2.1平方米的房款为由拒绝支付物业服务费用，并要求恒祥公司代替乐嘉公司退回多收取的房款。恒祥物业服务公司一直向杨某催讨物业服务费用但无结果。2007年7月，物业服务公司诉至法院请求判令杨某支付物业服务费用，并按照每天5‰的标准收取滞纳金。

【思考】

1. 杨某拒绝支付物业服务费行为是否属于合法抗辩？
2. 恒祥物业服务公司可以要求支付滞纳金吗，按照什么标准计算？
3. 业主欠交物业服务费时，物业服务公司可以采取断水、断电、限制出入、罚款的措施吗？
4. 本案法院会如何判决？

【参考法条】

《合同法》第66条：当事人互负债务，没有先后履行顺序的，应当同时履行。一方在对方履行之前有权拒绝其履行要求。一方在对方履行债务不符合约定时，有权拒绝其相应的履行要求。

《合同法》第67条：当事人互负债务，有先后履行顺序，先履行一方未履行的，后履行一方有权拒绝其履行要求。先履行一方履行债务不符合约定的，后履行一方有权拒绝其相应的履行要求。

《合同法》第68条：应当先履行债务的当事人，有确切证据证明对方有下列情形之一的，可以中止履行：

（一）经营状况严重恶化；
（二）转移财产、抽逃资金，以逃避债务；
（三）丧失商业信誉；
（四）有丧失或者可能丧失履行债务能力的其他情形。

当事人没有确切证据中止履行的，应当承担违约责任。

《合同法》第114条第2款：约定的违约金低于造成的损失的，当事人可以请求人民法院或者仲裁机构予以增加；约定的违约金过分高于造成的损失的，当事人可以请求人民法院或者仲裁机构予以适当减少。

《行政处罚法》第15条：行政处罚由具有行政处罚权的行政机关在法定的职权范围内实施。

《行政处罚法》第8条：行政处罚的种类：（一）警告；（二）罚款；（三）没收违法所得、没收非法财物；（四）责令停产停业；（五）暂扣或者吊销许可证、暂扣或者吊销执照；（六）行政拘留；（七）法律、行政法规规定的其他行政处罚。

【案例分析】

1. 合同的抗辩权是指合同当事人一方以合法理由对抗对方当事人行使请求权的权利。根据《合同法》第66条、67条、68条的规定，抗辩权分为同时履行抗辩权、先履行抗辩权、不安抗辩权。三种抗辩权都要求基于合法的理由，没有确切证据中止履行的，应当承担违约责任。本案中杨某交付物业服务费的义务源于物业服务合同所产生的义务，而按照约定面积标准交付房屋是商品房买卖合同的约定义务。这两个义务分别源于两个不同的合同关系。而且，这两个合同的当事人并不完全相同。针对房屋面积的差额，杨某可以向乐嘉房地产公司行使权利，但杨某却向恒祥物业服务企业行使所谓的抗辩权，显然不属于合法抗辩。

2. 滞纳金在民事法律中属于逾期付款违约金，是可以征收的。物业服务费用是维持物业服务企业正常运转的费用。因为拖欠物业服务费的违约行为致使物业服务公司陷入困境，从而支付一定的违约金是允许的。对滞纳金的计算标准，当事人有约定的，从其约定；当事人无约定的，应当参照最高人民法院关于逾期付款违约金的司法解释所规定的标准计算。但是从公平合理的角度出发，一般而言，滞纳金的约定不超过千分之三，如果约定超过了千分之三可以向法院申请减少滞纳金的标准。

3. 实践中，物业服务企业经常采取断电、断水、限制出入、罚款等措施以迫使业主履行合同的义务。但是这些做法都欠缺合法性。第一，以断电、断水的方式。供电、供水合同是每个业主同供电、供水企业之间直接签订的合同，物业服务企业并非这些合同当事人。物业服务企业采用这种做法不仅仅损害了业主的利益，也损害了供水、供电企业的利益。第二，以限制出入某些物业区域的方式。业主基于所有权的地位，有权自由进出小区是物权——所有权派生的权能之一，物业服务企业无权妨碍业主对整个所有权的行使。而且这种做法也容易激化业主与物业服务公司之间的矛盾，不利于问题的解决。第三，罚款方式。物业合同纠纷属于民事性质，双方当事人的地位是平等的，物业服务企业无权实施行政处罚措施，只有国家司法机关和行政机关才具有行政处罚的职能。

4. 本案法院认为，恒祥物业服务企业与杨某签订的物业服务合同合法有效，杨某应当按照核定的标准交纳物业服务费用；杨某除了应交付物业服务费用外，还应支付滞纳金，滞纳金的标准按照千分之三计算。

【知识点】

问题一：物业服务合同中各方当事人违约情形有哪些？

1. 业主委员会违反合同约定，错误地行使权利或不履行相应的义务，使物业服务企业未完成规定管理目标，物业服务企业有权要求业主委员会在一定期限内解决；逾期未解决的，物业服务企业有权终止合同；造成物业服务企业经济损失的，业主委员会应给予物业服务企业经济赔偿。

2. 物业服务企业违反合同约定，服务质量达不到合同约定的或未能达到约定的管理目标，业主委员会有权要求物业服务企业限期整改；逾期未整改的，业主委员会有权终止合同；造成业主经济损失的，物业服务企业应给予经济赔偿。

3. 物业服务企业违反合同约定，擅自提高收费标准的，业主委员会有权要求物业服务企业清退；造成业主经济损失的，物业服务企业应给予经济赔偿。

4. 任意一方无正当理由提前终止合同的，应向对方支付违约金；给对方造成经济损失的，还应依法承担赔偿责任。

问题二：违反物业服务合同的承担方式有哪些？

根据《合同法》第107条、第114条的规定，违反合同责任的承担方式主要有如下几种：

1. 实际履行（又叫继续履行）

当事人一方未支付价款或报酬的，对方可以要求其支付价款或者报酬。当事人一方不履行非金钱债务或者履行非金钱债务不符合约定的，对方可要求履行，但是有下列情形之一的除外。①法律上或事实上不能履行；②债务的标的不适于强制履行或者履行费用太高；③债权人在合理期限内未要求履行。

2. 支付违约金、滞纳金

当事人可以约定一方违约时应当根据违约情况向对方付一定数额的违约金，也可以约定因违约产生的损失赔偿额的计算方法，如滞纳金。

3. 赔偿损失

当事人一方不履行合同义务或者履行合同不符合约定，在履行义务或者采取补救措施后，对方还有其他损失的应当赔偿损失。损失赔偿额应当相当于因违约造成的损失，包括合同履行后可以获得的利益，但不得超过违反合同一方订立合同时所预见到或应当预见到的因违反合同可能造成的损失。

当事人一方违约后，对方应当采取适当的措施防止损失的扩大；没有采取适当措施致使损失扩大的，不得就扩大的损失要求赔偿。当事人因防止损失扩大而支出的合理费用，应由违约方承担。

4. 定金

当事人可以依照《担保法》，约定一方向对方给付定金作为债权的担保。债务人履行债务后，定金应当抵作价款或收回。给付定金的一方不履行约定的债务的，无权要求返回定金；收受定金一方不履行约定的债务的，应当双倍返还定金。定金不得超过合同标的的百分之二十。

当事人既约定违约金，又约定定金的，一方违约时，对方可以选择适用违约金或定金条款但是不能同时适用。

5. 采取必要的补救措施

当标的质量不符合约定时，应当按照当事人的约定承担违约责任。受损害方根据标的性质及损失大小，可以合理选择要求对方采取修理、更换、重作、减少价款或报酬、恢复原状等补救措施。

问题三：什么情况可以不承担违约责任？

不承担违约责任即免责，所谓免责事由，是指免除违反合同义务的债务人承担违约责任的原因和理由。具体包括法定的免责事由和约定的免责事由。具体内容如下：

1. 不可抗力

根据我国《合同法》，不可抗力是指不能预见、不能避免并不能克服的客观情况。具体地说，不可抗力独立于人的意志和行为之外，且其影响到合同的正常履行。构成不可抗力的事件繁多，一般而言，包括自然灾害和社会事件两种。

不可抗力的法律后果。对于因不可抗力导致的合同不能履行，应当根据不可抗力的影响程度，部分或全部免除有关当事人的责任。此外，对于不可抗力免责，还有一些必要条件，即发生不可抗力导致履行不能之时，债务人须及时通知债权人，还须将经有关机关证实的文书作为有效证明提交债权人。

2. 债权人过错

债权人的过错致使债务人不履行合同，债务人不负违约责任。

3. 其他法定免责事由

主要有两类：第一，对于标的物的自然损耗，债务人可免责。第二，未违约一方未采取适当措施，导致损失扩大的，债务人对扩大的损失部分免责。

4. 免责条款

免责条款，又称约定免责事由，是当事人以协议排除或限制其未来责任的合同条款。包括以下含义：其一，免责条款是合同的组成部分，是一种合同条款，具有约定性；其二，免责条款的提出必须是明示的，不允许以默示方式作出，也不允许法官推定免责条款的存在；其三，免责条款旨在排除或限制未来的民事责任，具有免责功能。

同时合同法特别规定合同中的下列免责条款无效：造成对方人身伤害的；因故意或者重大过失造成对方财产损失的，合同中该条款因违反国家有关法律法规和社会公共利益而被规定为无效。这一规定仅指该条款的无效，并不影响其他合同条款的效力。

问题四：违约责任和侵权责任的竞合如何处理？

违约责任和侵权责任的竞合是指行为人所实施的某一违法行为，具有违约行为和侵权行为的双重特征，从而在法律上导致了违约责任和侵权责任的同时产生。合同法第122条规定："因当事人一方的违约行为，侵害对方人身、财产权益的，受害方有权选择依照本规定要求其承担违约责任或者依照其他法律要求其承担侵权责任。"该规定已经明确了，在违约责任和侵权责任竞合的情况下，受害方有权选择依照法律要求对方承担违约责任还是侵权责任，但是不能要求同时承担两种责任。

问题五：什么是缔约过失责任？

缔约过失责任，是指在合同缔结过程中，当事人一方或双方因自己的过失而致合同不成立、无效或被撤销，应对信赖其合同为有效成立的相对人赔偿基于此项信赖而发生的损害。缔约过失责任是违约责任的一种补充，但又不同于违约责任，也有别于侵权责任，是一种独立的责任。其成立必须具备以下四个要件：

1. 缔约一方受有损失

损害事实是构成民事赔偿责任的首要条件，如果没有损害事实的存在，也就不存在损害赔偿责任。缔约过失责任的损失是一种信赖利益的损失，即缔约人信赖合同有效成立，但因法定事由发生，致使合同不成立、无效或被撤销等而造成的损失。关于损失的范围，缔约过失责任赔偿范围同样应包括直接损失和间接损失，但不得超过缔约过错方订立合同时预见到或者应当预见到的因违反先合同义务可能造成的损失。具体来说，直接损失应包括缔约费用、准备履行合同所支出的费用、上述费用的利息。间接损失（或称可得利益）为丧失与第三方另订合同的机会所产生的损失。

2. 另一方违反先合同义务

所谓先合同义务，是指自缔约人双方为签订合同而互相接触磋商开始，逐渐产生的注意义务（或称附随义务），包括协助、通知、照顾、保护、保密等义务。它自要约生效开始产生。

3. 违反先合同义务者有过错

这里的过错是指行为人未尽自己应尽和能尽的注意义务而导致合同不成立、无效、被撤销的过错。

4. 违反先合同义务的行为与该损失之间有因果关系

即该损失是由违反先合同义务引起的。

【现实建议】

关于合同中违约责任的约定是十分重要的，它关系到将来业主是否能够得到赔偿及赔偿多少的问题。物业服务企业在签订合同时往往利用业主委员会法律知识欠缺的弱点，会有意减轻或规避违约责任。所以业主在签订物业服务合同中，如果碰到物业服务企业责任免除的条款时，业主委员必须会小心处理，仔细琢磨，或进行法律咨询，不能过于轻信物业服务企业的解释，草率同意，否则可能会造成业主利益受损。

【课堂活动】

1. 案例分析：市民孙先生在 2009 年年初购买了一套商品房，合同约定当年 11 月交房，但直到今年 1 月份，开发商才交房。孙先生索要违约金时，开发商称违约金可以冲抵对应期限的物业费，请问，这合理吗？

2. 请你查阅《物业管理条例》和物业服务合同（示范文本），列举出涉及违约责任的有哪些条款？

任务 6
物业管理事务相关法规应用

【学习目标】
1. 能够正确判断和分析物业管理日常事务纠纷。
2. 掌握装修、维修、设备设施管理、安全管理、清洁卫生、绿化、车辆管理等物业日常事务的法规应用。

任务 6.1　物业管理事务之装修管理

【案例 6-1 导入】
　　杨某是乐嘉花园 B206 的业主，其于 2010 年 1 月 6 日到物业服务中心办理入伙手续，并签署《管理规约》及《装修管理服务协议》。2010 年 5 月向物业服务公司提出装修申请。根据物业服务企业制定的《住宅装修管理规定》，杨某向物业服务企业交纳了装修押金 3000 元。一天，在例行巡查过程中，工作人员张清发现 B206 装修户房门虚掩未锁，内有施工的声音，于是推门而入。发现装修工人在满是易燃物的施工现场吸烟，并且没有按规定配备必要的消防器材。于是张清勒令工人立即熄灭香烟并暂停施工，立刻通知保安人员将装修施工负责人带到物业服务中心接受处理。同时通知业主杨某，表示该单元的施工违反了该小区装修安全管理规定，要从装修押金中扣除违约金 500 元，并相应处罚 200 元。业主杨某反而投诉张清在未经业主同意的情况下私闯民宅，并且非法滞留施工人员，侵犯业主和装修施工人的合法权益。
　　另外杨某在装修时，擅自将阳台与房间打通，并铺了地板。他把部分落水管改用橡胶管子连接，并将落水管用砖墙封闭起来。天长日久，落水管的橡胶部分损坏。一次下暴雨雨水漏进地板导致该业主楼下开始漏水。虽然物业服务中心尽了最大努力，但由于地板进水，凸起变形。楼下业主声称：房子出了问题只找物业服务企业，不找楼上业主，认为物业服务企业在装修管理过程中收取了装修管理费，对楼上业主改动公共设施没有及时制止，要求物业服务企业赔偿损失。而楼上业主认为这种改动在其他小区是很平常的做法，物业服务企业没有告知业主它的危害性，否则业主不会这样装修，物业服务企业收了装修管理费而没有尽到告知义务，要求物业服务企业承担相应赔偿责任。

【思考】

1. 业主装修需要事先告知物业服务企业吗？
2. 物业服务企业在业主装修的过程中，能否随时进入业主的装修单元进行检查？
3. 物业服务企业能否收取业主装修押金？
4. 公司有无权利对违反约定的业主进行处罚？
5. 业主装修导致楼下漏水，物业服务企业是否应当承担赔偿责任？

【参考法条】

《物业管理条例》第46条：对物业管理区域内违反有关安全、环保、物业装饰装修和使用等方面法律、法规规定的行为，物业服务企业应当制止，并及时向有关行政管理部门报告。

第53条　业主需要装饰装修房屋的，应当事先告知物业服务企业。物业服务企业应当将房屋装饰装修中的禁止行为和注意事项告知业主。

《住宅室内装饰装修管理办法》第13第1款：装修人在住宅室内装饰装修工程开工前，应当向物业服务企业或者房屋管理机构申报登记。

第16条　装修人，或者装修人和装饰装修企业，应当与物业管理单位签订住宅室内装饰装修管理服务协议。

第17条　物业管理单位应当按照住宅室内装饰装修管理服务协议实施管理，发现装修人或者装饰装修企业有本办法第五条行为的，或者未经有关部门批准实施本办法第6条所列行为的，或者有违反本办法第7条、第8条、第9条规定行为的，应当立即制止；已造成事实后果或者拒不改正的，应当及时报告有关部门依法处理。对装修人或者装饰装修企业违反住宅室内装饰装修管理服务协议的，追究违约责任。

第18条　有关部门接到物业管理单位关于装修人或者装饰装修企业有违反本办法行为的报告后，应当及时到现场检查核实，依法处理。

第20条　装修人不得拒绝和阻碍物业管理单位依据住宅室内装饰装修管理服务协议的约定，对住宅室内装饰装修活动的监督检查。

第 30 条第 2 款 物业管理单位应当按照装饰装修管理服务协议进行现场检查，对违反法律、法规和装饰装修管理服务协议的，应当要求装修人和装饰装修企业纠正，并将检查记录存档。

第 33 条 因住宅室内装饰装修活动造成相邻住宅的管道堵塞、渗漏水、停水停电、物品毁坏等，装修人应当负责修复和赔偿；属于装饰装修企业责任的，装修人可以向装饰装修企业追偿。

【案例分析】

1. 根据《物业管理条例》第 53 条、《住宅室内装饰装修管理办法》第 16 条，本案中，业主在装饰装修房屋前，应该与物业服务企业签订住宅内装饰装修管理服务协议。住宅室内装饰装修管理服务协议应当包括以下内容：装饰装修工程的实施内容，装饰装修工程的实施期限，允许施工的时间，废弃物的清运与处置，住宅外立面设施及防盗窗的安装要求，禁止行为和注意事项，管理服务费用，违约责任等。

2. 根据《住宅室内装饰装修管理办法》第 13 条第 1 款、第 16 条、第 30 条第 2 款、《物业管理条例》第 53 条，物业公司应接受并做好业主的装饰装修申报登记，签订装修管理服务协议，并及时告知业主装饰装修禁止行为和注意事项，对装修管理现场进行检查并记录存档。

3. 根据《物业管理条例》第 46 条、《住宅室内装饰装修管理办法》第 17 条、第 18 条第 20 条、第 30 条，本案例中物业管理工作人员张清的行为，似乎是在根据相关法规和合同认真履行自己的职责和义务，制止违规装修行为，消除安全隐患，维护广大业主的共同利益，从表面看好像是合情、合理、合法的。可是，本案例中物业管理工作人员张清以装修管理为由，在未经业主（所有权人）同意的情况下对私家住宅堂而皇之地"推门而入"。这一行为显然有违我国宪法关于公民的合法财产以及人身权益不受侵犯的法律规定，侵犯了业主的合法权益，确有侵权之嫌。

工作人员张清在现场发现装修施工人员的违规事实和安全隐患以后，按照相关法规的规定，将施工负责人带到物业服务中心接受处理（比如向其告知禁止行为和注意事项，发放〈违章整改通知书〉要求限期整改等），并没有限制该负责人的人身自由的主观故意和事实情节，不构成所谓的"非法滞留"。当然，如果这时出现施工人员拒绝到物业服务中心处理的情况，物业管理人员也可以采取服务上门的方式履行"告知禁止行为和注意事项"以及其他法定义务。发现装饰装修违章行为立即制止，制止无效及时向政府行政管理部门报告。

业主装饰装修房屋过程中，直至装修结束后，物业服务企业应当按照装饰装修管理服务协议进行现场检查，对违反法律、法规和装饰装修服务协议的、予以制止；情节严重的，及时向有关部门报告。

4. 物业服务企业除必须认真履行法定义务外，还要遵守《装修管理服务协议》的约定。因物业服务企业没有行政执法权，可见物业服务企业没有行政处罚权,不能对施工单位"作出相应的处罚",因此在签订《装修管理服务协议》时,应对物业服务企业在装修管理活动中的权利义务作出细化约定。

5. 根据《住宅室内装饰装修管理办法》第33条,本案中,物业服务企业应引导业主正确处理相邻权问题,并让业主清楚违章装修导致的后果应由违章装修的业主承担,相邻业主都要正确面对,物业服务企业可以作为第三方从中协调,但最终的问题解决一定是由业主双方决定。物业服务企业应避免陷入业主之间的纠纷中,在入住装修前和装修过程中可通过签订《装修管理服务协议》等各种办法积极做好此方面的宣传工作,说明业主、相邻业主和物业服务企业三者间的关系。

【知识点】

问题一:小区业主装修需要经过哪些步骤?

我们以万科物业小区装修管理规定为例,参考小区业主装修申报流程,业主申请装修的前提条件是已办理入住手续,并交纳相关费用。入住办理完毕后,方可申请装修,一般的业主装修需要经过以下的程序:

1. 申请:装修施工队同业主到物业服务企业详细如实地填写《装修申请表》申报装修方案,签订装修管理相关规定,提交相关装修图纸方案及资料证明。

2. 审批:装修方案申请经过物业相关部门审批通过后,业主及装修队伍交纳相关装修费用。

3. 施工:物业服务企业开具装修施工许可证明,装修施工队带好身份证、暂住证、资料证明、照片等资料,办理装修人员临时出入证,证件齐全后方可开工。

4. 监管:物业服务企业在业主及装修公司施工的过程中,进行日常的装修监管,发现装修违章行为进行及时处理,保证小区装修工作的日常开展。

5. 验收:业主装修行为完成,需要提请物业服务企业对其装修进行验收,保证业主装修符合装修申请并无消防安全隐患的存在。

附:装修流程图

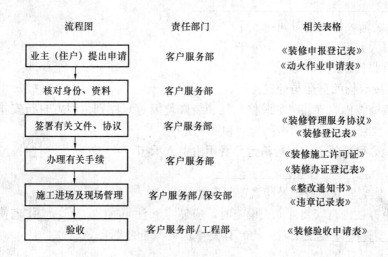

问题二：装修服务协议具体有哪些内容？

装修人，或者装修人和装饰装修企业，应当与物业服务企业签订住宅室内装饰装修管理服务协议。住宅室内装饰装修管理服务协议应当包括下列内容：

（一）装饰装修工程的实施内容；

（二）装饰装修工程的实施期限；

（三）允许施工的时间；

（四）废弃物的清运与处置；

（五）住宅外立面设施及防盗窗的安装要求；

（六）禁止行为和注意事项；

（七）管理服务费用；

（八）违约责任；

（九）其他需要约定的事项。

附：装饰装修管理服务协议

甲方：_____

乙方：_____物业服务中心

根据国家有关法律法规要求，就甲方进行室内装饰装修乙方向甲方提供装饰装修管理服务达成如下协议：

一、装饰装修工程实施方案：

1. 甲方在进行装饰装修前应向乙方提供装饰装修方案，见《装饰装修申报登记表》；

2. _____。

二、装饰装修工程实施期限：

1. 装修期限：一般标准层单元装修工程期限为____天，复式单元装修工程期限为____天；

2. 如需延期，须到物业服务中心办理延期手续，不办理延期手续的，物业服务中心有权责令其停工；

3. _____。

三、装饰装修施工时间：

1. 每天上午_____，下午_____。

2. 节假日原则不准装修。

四、废弃物的清运与处置：

1. 装饰装修废弃物（如装修余泥、装修垃圾等）原则由甲方自行安排清运和处置，并且废弃物应当天全部清运和处置完毕；

2. 甲方可委托乙方进行清运，费用由甲方承担；

3. _____。

五、住宅外立面设施及防盗窗的安装要求：

1. 甲方在进行安装外立面设施时，应遵守和注意《_____住宅使用说明书》、《_____业主临时公约》有关外立面管理的要求；

2. 甲方安装防盗窗应统一的款式，安装在窗户的内侧；
3. _____。

六、禁止行为和注意事项：

甲方进行装饰活动，应遵守国家有关法律法规、《_____业主规约》、《_____住宅质量保证书》及《住宅使用说明书》和《_____业户手册》等有关装饰装修的禁止行为和注意事项。

七、装饰装修费用：

1. 装饰装修保证金：

甲方装饰装修单元属_____（多层住宅/高层住宅/多层写字楼、商场、商铺/高层写字楼、商场、商铺），装饰装修保证金为_____元。

2. 装饰装修垃圾淤泥清理费：

如甲方委托乙方进行清运，费用为____元/标准袋（_____为一标准袋）。

3. 《装饰装修施工许可证》、《临时出入证》押金、工本费：

(1)《装饰装修施工许可证》押金____元，工本费____元；

(2) 办理施工人员《临时出入证》____个，押金____元/个，计押金____元；工本费____元/个，计工本费____元。

4. 装饰装修期间共用设施修复费_____元。

5. 装饰装修期间甲方需自备灭火器材，也可向乙方租用，规格4kG，押金____元/个，租金____元/天。

八、违约责任：

1. 甲方未办理申报审批手续，乙方将责令甲方停工并补办申报手续，违例两次者，不再办理该施工队进场手续。

2. 甲方申报内容与实际装修内容不符合，乙方除责令纠正外，可没收《装饰装修施工许可证》；

3. 甲方擅自拆改房屋结构，破坏拆除墙、柱、梁、楼板的天面等承重结构，须恢复原状，并承担由此造成的一切责任后果。乙方有权没收或注销《装饰装修施工许可证》。

4. 甲方私自增加电源线路负荷，改变破坏上、下水管道的，须进行纠正，恢复原状，另需赔偿实际损失。

5. 甲方或装饰装修企业利用施工之便，盗用财物或公共水电的除全额扣除装饰装修保证金外，还要另外赔偿，赔偿计算公式如下：50元×装修总天数；利用施工之便留宿，经发现即没收《临时出入证》。

6. 甲方改变外墙，门窗型号、规格，在外墙开洞的，须恢复原状，否则乙方有权没收许可证及扣留装修保证金。

7. 甲方向地漏、下水管倾倒渣物的除清理畅通外，另需负责损失费用。

8. 甲方擅自封闭阳台、不按规定安装防盗网，不按要求安装晾衣架、窗花，在外墙乱搭、乱建等，须恢复原状，否则乙方有权没收《装饰装修施工许可证》，扣留装饰装修保证金。

9. 甲方不得利用公共地方放置装修材料、装修垃圾。经查处，违者须即时清理，否则乙方将代为清理，该费用从装修保证金中扣除。

10. 甲方不得私自动火作业，如需动火作业的须向消防部门审批，并到乙方办理动火作业手续，违者注销《装饰装修施工许可证》。

九、其他约定的事项：

1. 乙方对甲方的装饰装修方案进行审批，并不表明对其装饰装修方案负责；

2. 乙方对甲方的装饰装修进行验收，并不表明对其装饰装修质量负责；

3. _____。

十、其他事项：

1. 乙方按照《装饰装修管理服务协议》实施管理，发现甲方或者装饰装修企业违反装饰装修禁止行为和注意事项的，将予以制止；已造成事实后果或者拒不改正的，将报告有关部门依法处理。对甲方或者装饰装修企业违反《装饰装修管理服务协议》的，追究违约责任。

2. 甲方不得拒绝和阻碍乙方依据《装饰装修管理服务协议》的约定，对装饰装修活动进行监督检查。

3. 任何单位和个人对装饰装修中出现的影响公众利益的质量事故、质量缺陷以及其他影响周围住户正常生活的行为，都有权检举、控告、投诉。

4. 本协议一式二份，甲、乙双方各执一份，从签字之日起生效。

甲方（签字或盖章）：　　　　　　乙方（公章）：

　　　　　　　　　　　　　　　　签约代表：

日期：　　　　　　　　　　　　　日期：

问题三：装修过程有哪些禁止行为？

1. 按照建设部第110号《住宅室内装饰装修管理办法》（以下简称《办法》）的规定，住宅室内装饰装修活动，禁止下列行为：

（1）未经原设计单位或者具有相应资质等级设计单位提出设计方案，变动建筑主体和承重结构；

（2）将没有防水要求的房间或者阳台改为卫生间、厨房；

（3）扩大承重墙上原有的门窗尺寸，拆除连接阳台的砖、混凝土墙体；

（4）损坏房屋原有节能设施，降低节能效果；

（5）未经批准，不得搭建建筑物、构筑物，改变住宅外立面，在非承重墙上开门、窗，拆改供暖管道和设施，拆改燃气管道和设施；

（6）其他影响建筑结构和使用安全的行为。

（本办法所称建筑主体，是指建筑实体的结构构造，包括屋盖、楼盖、梁、柱、支撑、墙体、连接接点和基础等。本办法所称承重结构，是指直接将本身自重与各种外加作用力系统地传递给基础地基的主要结构构件和其连接接点，包括承重墙体、立杆、柱、框架柱、支墩、楼板、梁、屋架、悬索等。）

2. 装修人从事住宅室内装饰装修活动，未经批准不得有下列行为：搭建建筑物、构筑物，改变住宅外立面，在非承重外墙上开门、窗，如果对以上部位进行更改，应当经城市规划行政主管部门批准；拆改供暖管道和设施，应当经供暖管理单位批准；拆改燃气管道和设施，应当经燃气管理单位批准。

住宅室内装饰装修超过设计标准或者规范增加楼面荷载的，应当经原设计单位或者具有相应资质等级的设计单位提出设计方案。改动卫生间、厨房间防水层，应当按照防水标准制订施工方案，并做闭水试验。装修人经原设计单位或者具有相应资质等级的设计单位提出设计方案变动建筑主体和承重结构的，或者装修活动涉及需要经过相关部门审批的内容的，必须委托具有相应资质的装饰装修企业承担。

问题四：装修登记应当提交哪些证明材料？

① 房屋所有权证（或者证明其合法权益的有效凭证）；② 申请人身份证件；③ 装饰装修方案；④ 变动建筑主体或者承重结构的，需提交原设计单位或者具有相应资质等级的设计单位提出的设计方案；⑤ 涉及本办法第六条行为的，需提交有关部门的批准文件，涉及本办法第七条、第八条行为的，需提交设计方案或者施工方案；⑥ 委托装饰装修企业施工的，需提供该企业相关资质证书的复印件。非业主的住宅使用人，还需提供业主同意装饰装修的书面证明。

问题五：装修活动的禁止行为及相关的法律责任有哪些？

1. 装修前没申报

《办法》第35条规定："装修人未申报登记进行住宅室内装饰装修活动的，由城市房地产行政主管部门责令改正，处5百元以上1千元以下的罚款。"《办法》强调："装修人在住宅室内装饰装修工程开工前，应当向物业服务企业或者房屋管理机构（以下简称物业管理单位）申报登记。非业主的住宅使用人对住宅室内进行装饰装修，应当取得业主的书面同意。"

2. 不具资质等级的企业装修

《办法》第36条规定："装修人违反本办法规定，将住宅室内装饰装修工程委托给不具有相应资质等级企业的，由城市房地产行政主管部门责令改正，处5百元以上1千元以下的罚款。"在装修投诉的案例当中，因找了没有资质的装修"游击队"装修，最后发生纠纷的情况占很大数量，这样的问题，有关部门很难解决，但还是不断地有人找"游击队"装修，颁布的《办法》做此规定，业主如果找没资质的企业装修，业主的这种行为将受罚，一旦出现什么问题，苦果只能自己承担。

3. 拆除连接阳台砖及墙体

《办法》规定："将没有防水要求的房间或者阳台改为卫生间、厨房间的，或者拆除连接阳台的砖、混凝土墙体的，对装修人处5百元以上1千元以下的罚款，对装饰装修企业处1千元以上1万元以下的罚款。"

4. 损坏节能设施

《办法》规定："损坏房屋原有节能设施或者降低节能效果的，对装饰装修企业处1千元以上5千元以下的罚款。"《办法》将此列为住宅室内装饰装修活动中被禁止的行为。

5. 擅自拆改供暖及燃气管道

《办法》规定："擅自拆改供暖、燃气管道和设施的，对装修人处5百元以上1

千元以下的罚款。"

6. 擅自增加楼面负荷

《办法》规定："未经原设计单位或者具有相应资质等级的设计单位提出设计方案，擅自超过设计标准或者规范增加楼面荷载的，对装修人处5百元以上1千元以下的罚款，对装饰装修企业处1千元以上1万元以下的罚款。"

7. 施工单位施工安全方面违规

《办法》第41条规定："装饰装修企业违反国家有关安全生产规定和安全生产技术规程，不按照规定采取必要的安全防护和消防措施，擅自动用明火作业和进行焊接作业的，或者对建筑安全事故隐患不采取措施予以消除的，由建设行政主管部门责令改正，并处1千元以上1万元以下的罚款；情节严重的，责令停业整顿，并处1万元以上3万元以下的罚款；造成重大安全事故的，降低资质等级或者吊销资质证书。"

8. 装修造成毗邻住宅所有人及公共空间财产损害

《办法》规定：受损害人有权要求责任人赔偿损失，恢复原状。因住宅室内装饰装修活动造成相邻住宅的管道堵塞、渗漏水、停水停电、物品毁坏等，装修人应当负责修复和赔偿；属于装饰装修企业责任的，装修人可以向装饰装修企业追偿。装修人擅自拆改供暖、燃气管道和设施造成业主损失或小区公共损失的，由装修人负责赔偿。装修人因住宅室内装饰装修活动侵占公共空间，对公共部位和设施造成损害的，由城市房地产行政主管部门责令改正，造成损失的，依法承担赔偿责任。

问题六：业主装修是否需要缴纳装修押金？

按国家建设部发布的《住宅室内装饰装修管理办法》规定：装修人或者装饰装修企业，应当与物业服务公司签订住宅室内装饰装修管理服务协议。住宅室内装饰装修管理服务协议应当包括管理服务费用。装修押金的收取根据不同地区的不同执行方法，应根据当地物价部门的相关规定收取。收取装修押金是对业主装修行为的一种约束，避免小区公共设施（楼梯公共设施、建筑主体等）和公共环境遭到破坏。但是如何收以及收多少要依据法律、规约以及业主与物业公司签订的物业服务合同来操作。国家未出台相应的规范性指导文件，虽然相关文件明确规定，业主需向物业交纳一定装修保证金即俗称的装修押金，但对交纳数量、交纳主体、扣除标准、归还期限和处罚依据等都没有明确标准。

【现实建议】

作为物业管理常规业务的装修管理工作，可以在多种环节加以控制。比如在物业销售环节可以在销售合同中的物业管理内容里加以明确，也可以在《临时管理规约》中加以明确。业主入伙环节可以在业主办理入伙手续时明确。业主大会、业主委员会成立时在《临时管理规约》加以明确，还可以在外来人员控制、装修手续办理以及日常巡查等环节加以控制和处理。总之，物业服务企业可以通过多种途径履行自己的告知、制止、报告以及协助处理等法定义务，规避这类风险。

【课堂活动】

根据物业管理装修规定，班级成员以小组形式组合，利用装修违章案例，对装修过程中出现的违章行为进行处理。具体步骤如下：

1. 准备：上网收集装修违章案例，小组分组对装修违章案例进行责任分析，明确违章处理依据。
2. 违章处理：利用装修违章案例，小组分角色、分任务、分类型模拟相关纠纷的处理。角色需要涵盖各类服务人员，模拟处理装修过程监督或违章事件处理。
3. 小组自评及互评、教师点评。

任务 6.2　物业管理事务之维修管理

【案例 6-2 导入】

李女士买了乐嘉小区的顶楼，一直以来住得很舒心。但 2009 年夏天雨水特别多，导致顶楼渗水，并且已影响到李女士屋内墙面的装修和美观。李女士认为信义物业服务企业收取了管理费，理所应当对小区公共部位进行维修养护，对于楼顶的渗漏更有不可推卸的责任，因此她找到小区物业服务中心，要求他们对屋顶重新做防渗防漏处理，还应该赔偿她家因渗水导致的损失。但物业服务中心工作人员张清却说，这种大修不属于他们的责任范围，他们收取的管理费不包含大修费用，因此没有修理责任。李女士不明白，难道自己的房屋就这样让它一直漏水？对于商品住宅的天面维修责任物业服务企业不用承担责任吗？

【思考】

1. 屋顶漏水，谁应承担维修责任？
2. 小区物业的维修责任应如何划分？
3. 屋顶是否属于共用部位？
4. 屋顶维修费用如何解决？

【相关法条】

《物业管理条例》第 31 条：建设单位应当按照国家规定的保修期限和保修范围，承担物业的保修责任。

第 44 条　物业服务企业可以根据业主的委托提供物业服务合同约定以外的服务项目，服务报酬由双方约定。

第 51 条　业主、物业服务企业不得擅自占用、挖掘物业管理区域内的道路、场地，损害业主的共同利益。因维修物业或者公共利益，业主确需临时占用、挖掘道路、场地的,应当征得业主委员会和物业服务企业的同意;物业服务企业确需临时占用、挖掘道路、场地的,应当征得业主委员会的同意。业主、物业服务企业应当将临时占用、挖掘的道路、场地,在约定期限内恢复原状。

第52条 供水、供电、供气、供热、通信、有线电视等单位,应当依法承担物业管理区域内相关管线和设施设备维修、养护的责任。前款规定的单位因维修、养护等需要,临时占用、挖掘道路、场地的,应当及时恢复原状。

第56条 物业存在安全隐患,危及公共利益及他人合法权益时,责任人应当及时维修养护,有关业主应当给予配合。责任人不履行维修养护义务的,经业主大会同意,可以由物业服务企业维修养护,费用由责任人承担。

《建筑工程质量管理条例》第40条:在正常使用条件下,建设工程的最低保修期限为:

(一)基础设施工程、房屋建筑的地基基础工程和主体结构工程,为设计文件规定的该工程的合理使用年限。

(二)屋面防水工程、有防水要求的卫生间、房间和外墙面的防渗漏,为5年。

(三)供热与供冷系统,为2个采暖期、供冷期。

(四)电气管线、给排水管道、设备安装和装修工程,为2年。

其他项目的保修期限由发包方与承包方约定。

建设工程的保修期,自竣工验收合格之日起计算。

《房屋建筑工程质量保修办法》第7条:在正常使用下,房屋建筑工程的最低保修期限为:

(一)地基基础和主体结构工程,为设计文件规定的该工程的合理使用年限。

(二)屋面防水工程、有防水要求的卫生间、房间和外墙面的防渗漏,为5年。

(三)供热与供冷系统,为2个采暖期、供冷期。

(四)电气系统、给排水管道、设备安装为2年。

(五)装修工程为2年。

其他项目的保修期限由建设单位和施工单位约定。

《商品房销售管理办法》第33条:房地产开发企业应当对所售商品房承担质量保修责任。

《最高人民法院关于审理建筑物区分所有权纠纷案件具体应用法律若干问题的解释》第3条除法律、行政法规规定的共有部分外,建筑区划内的以下部分,也应当认定为物权法第六章所称的共有部分:

(一)建筑物的基础、承重结构、外墙、屋顶等基本结构部分,通道、楼梯、大堂等公共通行部分,消防、公共照明等附属设施、设备,避难层、设备层或者设备间等结构部分;

(二)其他不属于业主专有部分,也不属于市政公用部分或者其他权利人所有的场所及设施等。

建筑区划内的土地，依法由业主共同享有建设用地使用权，但属于业主专有的整栋建筑物的规划占地或者城镇公共道路、绿地占地除外。

【案例分析】

1. 针对本案，首先应当确定屋顶渗漏的原因是属于房屋施工时存在质量问题，还是因为屋主在装修或使用不当造成的。对此，建议可以聘请专业的机构进行鉴定。如果经鉴定屋顶渗漏属于居住人的原因造成的，则维修责任应当自行承担。经鉴定屋顶渗漏为房屋质量问题，则看该房屋部位是否还在开发商承担的保修期限内。如果在保修期内，开发商应对房屋的质量问题应承担责任。如果过了保修期，业主自行负责。

2. 此类案件中，物业服务中心与业主的维修责任的划分主要依据就是物业服务合同，一般而言，业主作为物业的所有权人，房屋的室内部分，即户门以内的部位和设备，包括水、电、气户表以内的管线和自用阳台，由业主负责维修。

3. 屋面属于小区的共用部位，房屋共用部位和共用设施设备，包括房屋的外墙面、楼梯间、通道、屋面、上下水管道、共用水箱、加压水泵、电梯、机电设备、共用天线和消防设施等房屋主体共用设施，由物业服务中心组织定期养护。

4. 小区屋面属于共用部位，共用部位的维修费用由物业专项维修资金支付，业主应按照国家有关规定交纳专项维修资金。

【知识点】

问题一：物业房屋维修责任法律上是如何界定？

1. 根据"谁所有谁管理"的原则，业主对其所有的物业应承担维护责任；其他设施、设备依情况不同而不同：

（1）房屋的室内部分，即户门以内的部位和设备，包括水、电、气户表以内的管线和由业主负责维修的部分如自用阳台，除自己维修外，业主也可委托有关物业服务企业或其他专业维修人员代修。

（2）由物业服务企业负责维修的部分为：房屋的共用部位和共用设施设备，即房屋的外墙面、楼梯间、通道、屋面、上下水管道、公用水箱、加压水泵、电梯、机电设备、公用天线和消防设施等房屋主体公用设施。

（3）由市政公用单位负责维修的部分为：物业区域内的水、电、煤气、通讯等管线的维修养护，由有关供水、供气及通讯单位负责，维修养护费也由其支付。但是物业服务企业与上述有关单位另有约定的，按双方约定确定维修责任。

2. 维修责任的承担

（1）业主未履行其维修责任，致使房屋及附属设施已经或者可能危害毗连房屋安全及公共安全的，业主委员会可授权物业服务企业进行修缮，其费用由业主承担；造成损失的，由业主承担损失赔偿责任。

（2）人为造成共用设施损坏的，由损坏者负责修复，恢复原状，不能修复或造成其他损失的,承担损失赔偿责任。

问题二:物业房屋维修费用如何划分?

1. 专有部位、专用设备的修缮、更新责任,由单元房屋住户承担,费用由单元房屋住户自理。

2. 房屋承重结构、共用部位及共用设备的修缮、更新责任,由整幢房屋住户按各单元房屋建筑面积比例共同承担,费用在住宅专项维修资金中列支。

3. 共用设施的修缮、更新费用在住宅专项维修资金中列支。

4. 社区服务配套设施的修缮、更新、改造责任,由该设施的所有人承担,费用在经营管理收入中列支出。

5. 共用部位、共用设施、设备,凡属于人为损坏的,由行为人负责修复或赔偿,费用由行为人承担。

问题三:房屋的保修责任在法律上是如何明确?

国家明确规定,个人购买商品房之后又实行了物业管理,若房屋超过保修期后,其维修责任如下:凡是购买的产权房屋的专有部位、专用设施、设备,其维修由业主自己承担,房屋的主体承重结构部位、共用设施设备的维修,则由同幢房屋内全体业主共同承担维修责任,由物业服务公司在维修资金中支出。业主房屋出现的问题是在自己家中的自用部位,应由自己承担维修责任。

《建设工程质量管理条例》第66条规定:"违反本条例规定,施工单位不履行保修义务或者拖延履行保修义务的,责令改正,处10万元以上20万元以下的罚款,并对在保修期内因质量缺陷造成的损失承担赔偿责任。"

问题四:由于邻里使用不当造成房屋损坏,物业公司需要承担维修责任吗?

物业服务企业对房屋由于邻里使用不当造成房屋损坏不承担维修义务。根据《物业管理条例》的规定,物业服务单位的管理范围是大厦和小区的公共区域和共用设施设备,不包含业主私人所有的设施。房屋维修责任,室内部分由业主负责维修,业主房屋内的设施作为房屋的附属物属于业主所有,维修的责任也由业主履行和承担费用。在日常生活中,由于邻里房屋使用不当,依据《民法通则》的规定,业主之间的相邻权纠纷,作为物业服务企业只有协调进行维修的义务,不承担直接维修的义务。

问题五:租赁房屋的维修责任由谁负责?

房屋修缮责任是指在房屋租赁期间对房屋自然损坏或人为损坏的维修责任由哪一方承担法律责任。根据《城市房屋租赁管理办法》(简称办法)的规定:"出租住宅用房的自然损坏或合同约定由出租人修缮的,由出租人负责修复。不及时修复,致使房屋发生破坏性事故,造成承租人财产损失或者人身伤害的,应当承担赔偿责任。租用房屋从事生产、经营活动的,修缮责任由双方当事人在租赁合同中约定。"因此,出租人有义务对房屋及其设备及时、认真地检查和修缮,以保证房屋居住和使用安全的义务。但《办法》同时规定:"因承租人过错造成房屋损坏的,由承租人负责修复或者赔偿"。

【现实建议】

根据有关规定，在房屋交付时，开发商应向购房者提供《新建住宅质量保证书》（简称质保书）。质保书详细记载了房屋各个部位的保修期限。因此，业主在购房的时候应该明确房屋的保修期限计算时间，但开发商销售滞后会经常导致业主收楼时保修期已过，若保修期仍按竣工验收的时间计起，则难以保障迟购房业主的合法权益，因此，一般的做法是从业主验收拿钥匙之日起计算保修期。房屋在保修期内由开发商负责维修，保修期过后，根据现行规定，物业服务中心对于超过保修期的共用设施承担维修责任。但如果是业主房屋内部维修问题，应由业主个人自行承担，业主可自行选择维修方法，既可以委托物业服务企业进行维修也可以自行聘请维修单位进行维修。

同时还应该注意：购房者在办理产权证前已经交纳了购房款一定比例的共用部位维修资金，这笔维修资金只能在保修期届满后用于对小区内共用设施的维护和更新，不能用于业主房屋自用部分的维修。

【课堂活动】

1. 根据本节任务，可以邀请物业管理行业专业的物业管理人员、经理或行业协会专家进行讲座。同时可以结合参观的形式，让学生在小区参观的过程中，重点讲解房屋维修的工作、小区房屋维修养护的管理办法，对维修纠纷的处理。

2. 案情介绍：乐嘉花园业主王某将自己私有的二层二室住房租赁给张某，合同约定租赁用途为中介服务，并同意张某的装修方案，将原卫生间拆除移至阳台，将卫生间通风和排水立管在二层弯曲靠在墙边，以增加厅内有效使用面积。使用中楼上用户发现下水不畅，楼下住户发现卫生间通风不畅，于是与出租人联系，要求其维修。承租人在出租人要求下也同意并实际简单进行了处理，但效果不是非常明显。在楼上楼下用户强烈要求下，出租人要求承租人恢复原构造或是拆除装修进行彻底返修，承租人坚持当时改造方案是经出租人同意并认可的，否则也不会同意承租。因此双方就返修期租金及费用承担问题产生争议，诉至法院。

思考：承租人张某是否应该承担房屋的维修责任？

任务6.3　物业管理事务之共用部位、设施设备管理

【案例6-3导入】

最近乐嘉花园的业主王先生很是气愤。该小区本是当地较为高档的住宅小区，以前住户少时，小区内广告不是很多，随着小区入住率提高，小区内广告铺天盖地，外墙、电梯、甚至是绿化广场的灯箱也被贴上花花绿绿的广告，特别是小区

东门的入口处，一字排开的广告牌涉及少儿教育、汽修、家装、消费等多个行业，甚至连路中间的黄金地段也成了家装公司的"必争之地"。这些广告不仅影响是业主日常的出行，甚至导致小区的文化氛围、小区形象日渐下降，小区贬值。另外这么多的广告背后的收益例如广告费都是物业服务企业所收取，业主王先生很疑惑，小区的共用部位所有权是业主所有，但小区广告收益业主却从未拿过一分钱，广告费也有业主的份吗？究竟应该由谁得呢？

【思考】
1. 小区共用部位的所有权归谁？
2. 物业服务企业有权将小区共用部位进行出租吗？
3. 小区的广告收益应如何处理？
4. 业主如何主张自己的权利？

【参考法条】

《物权法》第71条：业主对其建筑物专有部分享有占有、使用、收益和处分的权利。

第76条 下列事项由业主共同决定：
（一）制定和修改业主大会议事规则；
（二）制定和修改建筑物及其附属设施的管理规约；
（三）选举业主委员会或者更换业主委员会成员；
（四）选聘和解聘物业服务企业或者其他管理人；
（五）筹集和使用建筑物及其附属设施的维修资金；
（六）改建、重建建筑物及其附属设施；
（七）有关共有和共同管理权利的其他重大事项。

决定前款第五项和第六项规定的事项，应当经专有部分占建筑物总面积三分之二以上的业主且占总人数三分之二以上的业主同意。决定前款其他事项，应当经专有部分占建筑物总面积过半数的业主且占总人数过半数的业主同意。

《物业管理条例》第27条：业主依法享有的物业共用部位、共用设施设备的所有权或者使用权，建设单位不得擅自处分。

第50条 物业管理区域内按照规划建设的公共建筑和共用设施，不得改变用途。业主依法确需改变公共建筑和共用设施用途的，应当在依法办理有关手续后告知物业服务企业；物业服务企业确需改变公共建筑和共用设施用途的，应当提请业主大会讨论决定同意后，由业主依法办理有关手续。

第51条 业主、物业服务企业不得擅自占用、挖掘物业管理区域内的道路、场地，损害业主的共同利益。因维修物业或者公共利益，业主确需临时占用、挖掘道路、场地的，应当征得业主委员会和物业服务企业的同意；物业服务企业确需临时占用、挖掘道路、场地的，应当征得业主委员会的同意。业主、物业服务企业应当将临时占用、挖掘的道路、场地，在约定期限内恢复原状。

第 55 条 利用物业共用部位、共用设施设备进行经营的，应当在征得相关业主、业主大会、物业服务企业的同意后，按照规定办理有关手续。业主所得收益应当主要用于补充专项维修资金，也可以按照业主大会的决定使用。

《最高人民法院关于审理建筑物区分所有权纠纷案件具体应用法律若干问题的解释》第一条依法登记取得或者根据物权法第二章第三节规定取得建筑物专有部分所有权的人，应当认定为物权法第六章所称的业主。

基于与建设单位之间的商品房买卖民事法律行为，已经合法占有建筑物专有部分，但尚未依法办理所有权登记的人，可以认定为物权法第六章所称的业主。

《最高人民法院关于审理建筑物区分所有权纠纷案件具体应用法律若干问题的解释》

第 3 条 除法律、行政法规规定的共有部分外，建筑区划内的以下部分，也应当认定为物权法第六章所称的共有部分：

（一）建筑物的基础、承重结构、外墙、屋顶等基本结构部分，通道、楼梯、大堂等公共通行部分，消防、公共照明等附属设施、设备，避难层、设备层或者设备间等结构部分；

（二）其他不属于业主专有部分，也不属于市政公用部分或者其他权利人所有的场所及设施等。

建筑区划内的土地，依法由业主共同享有建设用地使用权，但属于业主专有的整栋建筑物的规划占地或者城镇公共道路、绿地占地除外。

第 7 条 改变共有部分的用途、利用共有部分从事经营性活动、处分共有部分，以及业主大会依法决定或者管理规约依法确定应由业主共同决定的事项，应当认定为物权法第76条第1款第（七）项规定的有关共有和共同管理权利的"其他重大事项"。

第 14 条 建设单位或者其他行为人擅自占用、处分业主共有部分、改变其使用功能或者进行经营性活动，权利人请求排除妨害、恢复原状、确认处分行为无效或者赔偿损失的，人民法院应予支持。

属于前款所称擅自进行经营性活动的情形，权利人请求行为人将扣除合理成本之后的收益用于补充专项维修资金或者业主共同决定的其他用途的，人民法院应予支持。行为人对成本的支出及其合理性承担举证责任。

【案例分析】

1. 根据《物权法》第71条、《物业管理条例》第27条、《最高人民法院关于审理建筑物区分所有权纠纷案件具体应用法律若干问题的解释》第3条的规定，本案例中对小区的绿地、物业服务用房、公共场所等公共设施的权属做了明确规定，这些公共设施应归业主所有。物业服务企业或开发商利用公共设施开展经营活动，首先应征得业主大会的同意，经营收益的利用和归属也应由业主大会作出决议，业主大会可以决议通过分红的方式得到收益。

2. 根据《物业管理条例》第55条、《最高人民法院关于审理建筑物区分所有权纠纷案件具体应用法律若干问题的解释》第14条规定，本案例中物业服务企业在未经业主同意下，擅自将小区的公用部位进行出租并受益，其行为已侵犯了业主的相关权益。小区的共用场地是业主的共有财产，物业服务企业在没有业主的授权情况下是没有任何处置的权利的。如果物业服务企业私自处置共用场地资源并从中获利，是严重的侵权行为，那么不管是业主委员会还是业主大会，甚至单个业主都是有权利去起诉物业服务公司并要求合理的赔偿。

3. 本案例中，王先生所在小区物业管理区域内的所有业主都有权就公共部位场地的使用情况享有知情权，物业服务公司无权拒绝。共用部位的经营收入属于全体业主所有，业主委员会可以要求物业服务公司返还该收入给全体业主。业主可以联合起来通过业主委员会向物业服务企业追讨这个费用。

4. 像王先生小区所遭遇的类似问题，作为小区的业主在小区共用部位的使用上具有知情权和决定权。如果自身的权利遭到侵犯，完全可以通过向法院起诉，来主张自己的权利。

【知识点】

问题一：物业区域内的公共建筑、共用设备包括哪些？

物业共用部位是指物业管理中的住宅共用部位、共用设施设备。《住宅共用部位共用设施设备维修资金管理办法》第3条：住宅共用部位是指住宅主体承重结构部位（包括基础、内外承重墙体、柱、梁、楼板、屋顶等）、户外墙面、门厅、楼梯间、走廊通道等。

共用设施设备是指住宅小区或单幢住宅内，建设费用摊进入住房销售价格的共用的上下水管道、落水管、水箱、加压水泵、电梯、天线、供电线路、照明、锅炉、暖气线路、消防设施、绿地、道路、路灯、沟渠、池、井、非经营性车场车库、公益性文体设施和共用设施设备使用的房屋等。

问题二：物业区域内的共用部位收益权归谁？

物业区域内的经营收益应按产权依法分配，根据国务院《物业管理条例》第27条规定："业主依法享有的物业共用部位、共用设施设备的所有权或者使用权，建设单位不得擅自处分。"及第55条规定："利用物业共用部位，共用设施设备进行经营的应当在征得相关业主、业主大会、物业服务企业的同意后，按照规定办理有关手续。业主所得收益应当主要用于补充专项维修资金，也可以按照业主大会的决定使用。"

据此，利用住宅小区的电梯、外墙、楼顶等部位发布广告，利用配套会所进行经营活动，或者利用小区公共道路停车等，属于公共部位收益。这些部位的产权如确属全体业主，因此收益也应归全体业主所有。然而，对于这笔收入的具体分配比例和操作方式，却应具体项目具体分析，原因在于物业公司在小区广告、会所经营、车位租金的具体操作过程中，会产生一些具体的经营管理成本，至于物业公共部位收益的分配，其中物业公司成本以多大比例扣除，可以由业主委员会与物业公司进行约定。

问题三：物业管理区域内公共建筑和共用设施能否随意改变用途？

物业管理区域内按照规划建设的公共建筑和共用设施，不得改变其用途。业主依法确需改变公共建筑和共用设施用途的，应当在依法办理有关手续后告知物业服务企业；物业服务企业确需改变公共建筑和共用设施用途的，应当提请业主大会讨论决定同意后，由业主依法办理有关手续。业主、物业服务企业不得擅自占用、挖掘物业管理区域内的道路、场地，损害业主的共同利益。业主需要装饰装修房屋的，应当事先告知物业服务企业。

问题四：违规使用物业公共建筑、共用设施，有什么法律责任？

无论是建设方或是任何业主个人，不得擅自利用物业共用部位进行经营，建设方不得擅自对物业共用部位进行处理。《物业管理条例》第58条规定："建设单位擅自处分属于业主的物业共用部位、共用设施设备的所有权或者使用权的，由县级以上地方人民政府房地产行政主管部门处5万元以上20万元以下的罚款。"第66条规定："违反本条例的规定，有下列行为之一的，由县级以上地方人民政府房地产行政主管部门责令限期改正，给予警告，并按照本条第2款的规定处以罚款；所得收益，用于物业管理区域内物业共用部位、共用设施设备的维修、养护，剩余部分按照业主大会的决定使用：（一）擅自改变物业管理区域内按照规划建设的公共建筑和共用设施用途的；（二）擅自占用、挖掘物业管理区域内道路、场地，损害业主共同利益的；（三）擅自利用物业共用部位、共用设施设备进行经营的。个人有前款规定行为之一的，处1000元以上1万元以下的罚款；单位有前款规定行为之一的，处5万元以上20万元以下的罚款。"

【现实建议】

现在有一些小区开发商还拥有一部分物业，也是小区业主之一。那共用部分的收益可以如下处理：如果开发商是小区的业主之一，即对小区楼顶和建筑外墙面与其他业主一同享有共用权，在楼顶架设广告牌或在建筑外墙墙体上涂刷广告语，也应征得其他业主、物业服务企业的同意。如果开发商并不是小区业主，但想进行上述行为，应当向所有业主通报情况，可以在征得业主大会、物业服务企业的同意后进行。依据"谁所有，谁受益"的原则，这部分的广告收入归全体业主共有。

【课堂活动】

结合小区共用部位的管理，在课堂上组织学生针对小区共用部位收益案例，进行辩论，围绕小区物业收益处分权和分配权，加强自身的巩固。

案例分析：胡先生2009年2月在东兴花园小区买了一套180多平方米的商品房，今年7月，又买了一辆高档小车。小区的车位比商品房少，胡先生买房时车位已全部售完，害得他常常为找不到车位泊车而苦恼。后来，胡先生发现楼下还有一处堆满乱石的空地，小区未将它规划为绿化或其他建设用地，可以开辟出来做泊车之用。于是，胡先生未经开发商和信义物业服务企业许可，就请来民工把空地整理出来，不到2天时间搭建好了一个车棚。开发商和物业服务企业知道后，限定胡先生在一周内把车棚拆掉，否则雇请民工将车棚强行拆除，而且还要求胡先生支付拆除费用。对开发商和物业服务企业提出的拆除要求，胡先生不但拒不执行，而且还辩称说，小区空地使用权属于全体小区住户，他作为小区住户之一也占有一份，有权使用空地。小区不能给他提供车位，他把属于自己的空地平整出来搭建车棚，是合情合理的。为此，胡先生与开发商及物业服务企业发生纠纷。

思考：胡先生的做法合法吗？

任务6.4　物业管理事务之公共安全防范管理

【案例6-4导入】

　　2009年8月，乐嘉花园小区业主林先生携带20万元现金在住宅小区门口遭歹徒抢劫，而距离事发地仅10余米的物业服务企业保安人员没能及时拦截劫匪。该业主被抢劫后，一纸诉状将信义物业服务企业告上法庭，要求悉数赔偿损失以及精神抚慰金8万元。信义物业服务企业认为，这些个案其实与住宅家中失窃的个案性质是一样的。一般情况下物业服务企业是不承担民事赔偿责任的，因为，物业服务公司在物业管理区域内与业主、住户之间不存在人身、财产的保管关系。不应担负赔偿责任，双方争论激烈。

　　同年10月，该小区业主张某回家经过小区小南门内10楼门口处，遇到三名身份不明的歹徒抢劫，被歹徒从背后捅了两刀，因失血过多不幸死亡。其父母以张某遇害与小区物业服务企业没有尽到安全保卫责任有直接关系，由于物业服务企业管理失职，才使歹徒得以进入小区并杀害被害人为由，将该物业服务企业告上法庭，请求法院判令其承担相应的民事责任，赔偿原告各种损失共计39万余元。

　　被告信义物业服务企业辩称，自己已经尽到了物业服务企业的职责。张某被害的小南门是消防通道，平时并无保安在此值班，且在非主要出入口，物业部门没有义务设置保安。张某遇害是一个突发性刑事案件，作为保安也不具备制止突发刑事案件的能力。因此，张某遇害与物业服务企业没有法律上的因果关系，故不能承担相应民事赔偿责任。

　　以上两起事件，都涉及安全管理，作为小区物业服务公司，对物业区域内的安全事故，应承担哪些责任？

【思考】

　　1. 物业服务企业有没有法定的保障业主人身、财产安全的义务？

2. 物业服务企业是否应对此负民事赔偿责任？

3. 物业服务企业安全保障义务的范围如何界定？

【参考法条】

《民法通则》第106条：公民、法人违反合同或者不履行其他义务的，应当承担民事责任。公民、法人由于过错侵害国家的、集体的财产，侵害他人财产、人身的应当承担民事责任。没有过错，但法律规定应当承担民事责任的，应当承担民事责任。

《物业管理条例》第36条："物业服务企业应当按照物业服务合同的约定，提供相应的服务。物业服务企业未能履行物业服务合同的约定，导致业主人身、财产安全受到损害的，应当依法承担相应的法律责任。"物业公司对人身损害的赔偿要按照物业服务合同确定，据此物业公司对业主的人身保障义务的责任是合同责任而不是法定义务产生的责任。

《物业管理条例》第46条：对物业管理区域内违反有关安全、环保、物业装饰装修和使用等方面法律、法规规定的行为，物业服务企业应当制止，并及时向有关行政管理部门报告。有关行政管理部门在接到物业服务企业的报告后，应当依法对违法行为予以制止或者依法处理。

《物业管理条例》第47条：物业服务企业应当协助做好物业管理区域内的安全防范工作。发生安全事故时，物业服务企业在采取应急措施的同时，应当及时向有关行政管理部门报告，协助做好救助工作。

物业服务企业雇请保安人员的，应当遵守国家有关规定。保安人员在维护物业管理区域内的公共秩序时，应当履行职责，不得侵害公民的合法权益。

《保安服务管理条例》第29条：在保安服务中，为履行保安服务职责，保安员可以采取下列措施：

（一）查验出入服务区域的人员的证件，登记出入的车辆和物品；

（二）在服务区域内进行巡逻、守护、安全检查、报警监控；

（三）在机场、车站、码头等公共场所对人员及其所携带的物品进行安全检查，维护公共秩序；

（四）执行武装守护押运任务，可以根据任务需要设立临时隔离区，但应当尽可能减少对公民正常活动的妨碍。

保安员应当及时制止发生在服务区域内的违法犯罪行为，对制止无效的违法犯罪行为应当立即报警，同时采取措施保护现场。

【案例分析】

1. 根据《物业管理条例》第47条，物业服务企业没有法定的保障业主人身安全的义务。物业服务企业上述的义务取决于物业服务合同的约定。物业服务企业对业主的人身保障义务是合同责任而不是法定义务。

2. 根据《物业管理条例》第36条规定，本案中林先生被劫、张某之死是因为第三人犯罪行为造成的，该第三人在实施抢劫行为时并没有利用物业服务企业对小区物业管理上的过错，本案中物业服务合同也没有专门就小区内人身安全保障义务作出特别约定；另外，小区的保安受雇于物业服务企业，不能让他们承担起像警察一样维护社会安全的责任；就本案而言，物业服务企业不存在违反义务的过错，张月之死与物业服务企业没有法律上的因果关系。因此，物业服务企业不必承担赔偿责任。

3. 根据《物业管理条例》第2条和第46条，在合同没有特别约定和法律没有特殊规定的情况下，对于从事与人身关系密切的行业如住宿、餐饮、娱乐等经营者应当在一定限度内承担民事赔偿责任。因为这种与人身关系密切的经营行为是以人身作为服务对象，经营者有义务保障消费者的人身安全不受侵犯。除此超出社会一般理性所能认识之外，其他经营者的安全保障义务范围不应包括第三人非利用经营者的过错而故意侵权造成他人的人身伤害。物业服务企业的安全保障义务范围，在物业服务合同没有特别约定的情况下，应当仅限于与物业管理有关的人身和财产安全。

【知识点】

问题一：物业服务企业的公共安全防范管理如何定义？

物业公共安全防范管理指物业服务公司采取各种措施、手段，保证业主和业主使用人的人身、财产安全，维持正常生活和工作秩序的一种管理行为，这也是物业管理工作最基础的工作之一。物业公共安全防范管理包括"防"与"保"两个方面："防"是预防灾害性、伤害性事故发生；"保"是通过各种措施对万一发生的事故进行妥善处理。"防"是防灾，"保"是减灾。两者相辅相成，缺一不可。

物业公共安全防范管理作为一项职业性的服务工作，是介入公安机关职责和社会自我防范之间的一种专业保安工作，较之于社会安全管理的这两种形式（公安机关和社会自我防范）具有补充的性质，具有补充国家安全警力不足、减轻国家财政负担及工作职责范围针对性的优点。物业服务公司雇请保安人员的，应当遵守国家有关规定。保安人员在维护物业管理区域内的公共秩序时，应当履行职责，不得侵害公民的合法权益。

物业公共安全防范管理的目的，是要保证和维持业主和使用者有一个安全舒适的工作、生活环境，以提高生活质量和工作效率。

问题二：物业区域内的公共安全防范管理包括哪些具体内容？

一般而言，小区公共安全防范管理义务包括以下具体内容：

1. 执行门卫值班制度，以防闲杂人员自由进出物业小区。
2. 实施安保巡逻制度，以便及时发现并排除安全隐患。
3. 制止不遵守业主公约等规章制度的各种行为。
4. 检查进出小区的车辆，并维护小区内车辆的停放秩序。
5. 防范并制止其他妨害小区公共安全秩序的行为。

问题三：小区发生安全事故如何确定责任？

物业服务公司是否应承担责任，应视具体情况。如果该小区公共区域安全隐患多，保安员不履行职责，而且又能证明这些因素与业主家中被盗有必然的因果关系，则根据《中华人民共和国民法通则》第106条规定，公民，法人违反合同或者不履行其他义务的，应当承担民事责任。如果物业服务企业采取了多种防范措施，公共区域没有安全隐患，保安员尽职尽责，业主也找不到物业服务企业的不当之处，则物业服务企业不应承担赔偿责任。安全管理是物业管理最基本的内容，为了确保业主，住户的安全，规避不可预测风险，一方面物业服务公司应增加保安人员及保安巡逻次数，加大安全防范的力度。另一方面，物业服务公司最好购买公众责任险，将所应承担的赔偿责任的风险转嫁给保险公司。

问题四：物业服务企业收到报警信号后，能否强行进入业主家中？

可以分三种情况进行分析。

1. 由于物业服务企业不具备法定的职务授权条件，故不能直接强行破门而入，但在职务授权部门的合理授权下是可以的。当不能确定能否破门而入时向公安机关请示，得到许可后可以采取行动。或者，当住户家中有火警时，在消防部门的同意后也可采取相应措施。

2. 根据《刑法》第20条、21条规定：为使国家、公共利益、本人或他人的人身、财产和其他权利免受正在进行的不法侵害或正在发生的危险，而采取的制止不法侵害的正当防卫或者不得已采取的紧急避险行为，造成损害的，不负刑事责任。由此可见，物业服务企业在采取正当防卫或紧急避险的情况下可以破门而入。这就要求物业服务企业能够判断出是否住户室内有正在进行的不法侵害或正在发生的危险，如有，破门而入就属合法行为，反之就值得商榷，因为很难有客观证据佐证，报警器误报并不能构成破门而入的合法理由。当然，因破门而入造成业主的损失，可由物业服务企业与事故相关当事人进行协商处理。

3. 经受害人许可方可采取破门而入，例如报警信号。但报警信号不能简单理解为受害人许可，很多情况下，面对自己的损失，业主往往会忘记曾经发生的危险而要求物业服务企业进行赔偿，所以必要情况下可采取相应的辅助确认措施。

问题五：如何界定物业服务企业公共安全防范管理的限度？

1. 保安在发现打斗事件时，应及时、合理地进行处置，例如近距离呐喊制止、同时拨打110报警、招呼更多的保安与歹徒搏斗等，尽可能制止侵害行为，使被严重伤害的后果不发生。

2. 保安在打斗事件发生后应及时、积极、合理、妥善地救助，现场科学救助包括人工呼吸、止血，并拨打120或直接送往最适当的医院抢救，使被害人受严重伤害或致死的后果尽量不发生。

【现实建议】

1. 在履行物业小区公共安全防范管理义务时，应当注意的是，物业服务企业的身份为一个民事主体而非行政执法机关。物业服务企业作为一个民事主体，只是接受业主团体的委托对小区的物业进行管理,这种管理的本质是一种民事活动。因此,物业服务企业应当控制自身行为的合法界限,凡是专属于国家机关才能行使的公共权力物业服务企业均不得实施否则就构成违法行为,应当承担相应的法律责任,包括民事责任、行政责任以及刑事责任。保安人员在维护物业管理区域内的公共秩序时不得侵害公民的合法权益即为此意。实践中,由于物业服务企业及其工作人员欠缺法律知识,实施了强制搜身、非法拘禁、暴力伤人等非法行为,这样物业服务企业及其工作人员就要承担相应的法律责任。

2. 建议物业服务企业最好购买公众责任保险,将所有承担的赔偿责任的风险转嫁给保险公司。万一发生因物业服务企业疏忽或过失行为而导致业主、住户等其他人员利益受到损害时,也可由保险公司承担相应的赔偿责任。

【课堂活动】

案例分析:2008年5月22日,七旬老太朱女士前往所住的小区会所棋牌室打牌,出来时在通过小区会所旋转门时,由于旋转门突然加快转速并把朱女士撞倒,老人被摔出门外,腿部剧疼,不能站立。事发后,物业服务企业通知了朱女士所在的干休所,该干休所医务人员到场后将其送至医院救治,经诊断为左股骨头置换术后假体周围骨折。朱女士住院治疗16天,还进行了股骨头手术。住院期间共花费医药费51035.61元。朱女士起诉至法院,要求物业服务企业赔偿其各项经济损失及精神赔偿6万余元。物业服务企业则辩称,朱女士是在走出旋转门后摔倒的,与物业服务企业无关。只同意给予人道补偿,但不同意朱女士的诉讼请求。法院作出终审判决,以物业服务企业未能预见到风险并采取相应保障措施,对事件发生负有一定过错为由。最终法院判令物业服务企业赔偿朱女士。

思考:物业服务企业对朱女士的人身伤害损害赔偿金额应该多少?

附:人身伤害赔偿计算表

人身伤害赔偿计算表

类别	项目	标准	法律依据	数额
基本赔偿项	医疗费	医药费、住院费等收款凭证	19条(注)	
	误工费	根据受害人的误工时间和收入状况确定	20条	
	护理费	根据护理人员的收入状况和护理人数、护理期限确定	21条	
	交通费	以正式票据为凭	22条	
	住宿费	以正式票据为凭	23条	
	住院伙食补助费	参照当地国家机关一般工作人员的出差伙食补助标准	23条	
	必要的营养费	参照医疗机构的意见	24条	
残疾追加项	残疾赔偿金	法院所在地或居住地(选高标准)城镇居民人均可支配收入或者农村居民人均纯收入*20年*残疾等级系数	25、30条	

续表

类 别	项 目	标 准	法律依据	数 额
	残疾辅助器具费	按照普通适用器具的合理费用标准计算	26条	
	被扶养人生活费	法院所在地或居住地（选高标准）上一年度人均消费 * 20 年	28、30条	
死亡追加项	丧葬费	法院所在地上一年度职工月平均工资 * 六个月	27条	
	被扶养人生活费	法院所在地或居住地（选高标准）上一年度人均消费 * 20 年	28、30条	
	死亡补偿费	法院所在地或居住地（选高标准）上一年度城镇居民人均可支配收入或者农村居民人均纯收入 * 20 年	29、30条	
	亲属办理丧葬的交通费、住宿费和误工费等其他合理费用	参照各单项标准	17条	
合计				

注：所引法律为《最高人民法院关于审理人身损害赔偿案件适用法律若干问题的解释》。

任务6.5　物业管理事务之消防管理

【案例6-5 导入】

消防通道变成了停车位，消防疏散楼梯内堆放废纸箱，乐嘉花园小区内发生火灾后消防车难以施救，消防人员难以进入现场，受损业主认为信义物业服务企业管理混乱将物业服务企业告上法庭，要求赔偿损失7万元。

2009年5月27日星期日上午10点左右，乐嘉花园小区一房屋内火光四射，6幢301室起火。物业服务企业没有及时报警，消防车赶到时，反而派管理人员阻挠消防人员进入火场，加上由于小区内道路及消防通道被停放的车辆占道堵塞，消防车一时无法进入，无法靠近火灾现场进行扑救。在现场警务人员的指挥下，消防人员采取紧急措施使用6幢楼下的消防栓，但结果却因为消防栓的水压不足以上到二楼，令施救人员束手无策，火势蔓延，将房内所有物品烧成灰烬。

2009年6月26日，业主周先生将物业服务企业推上了法庭。周先生认为，火灾虽然是由本人室内引起，但如果能够得到消防人员的及时扑救，损失不会扩大到如此严重的程度。目前自己已经损失近13万元。而造成消防车不能进入火灾现场的真正原因，是由于道路、消防通道受堵所致。这都是由于物业服务企业管理混乱，不履行职责所致，因此要求物业服务企业赔偿7万元的财产损失。

【思考】

1. 本案中物业服务企业有哪些行为违法了？
2. 本案中物业服务企业是否应承担责任？

【参考法条】

《消防法》第28条：任何单位、个人不得损坏、挪用或者擅自拆除、停用消防设施、器材，不得埋压、圈占、遮挡消火栓或者占用防火间距，不得占用、堵塞、封闭疏散通道、安全出口、消防车通道。人员密集场所的门窗不得设置影响逃生和灭火救援的障碍物。

《消防法》第29条：负责公共消防设施维护管理的单位，应当保持消防供水、消防通信、消防车通道等公共消防设施的完好有效。在修建道路以及停电、停水、截断通信线路时有可能影响消防队灭火救援的，有关单位必须事先通知当地公安机关消防机构。

《消防法》第32条：任何人发现火灾时，都应当立即报警。任何单位、个人都应当无偿为报警提供便利，不得阻拦报警。严禁谎报火警。公共场所发生火灾时，该公共场所的现场工作人员有组织、引导在场群众疏散的义务。发生火灾的单位必须立即组织力量扑救火灾。邻近单位应当给予支援。消防队接到火警后，必须立即赶赴火场，救助遇险人员，排除险情，扑灭火灾。

《物业管理条例》第46条：对物业管理区域内违反有关安全、环保、物业装饰装修和使用等方面法律、法规规定的行为，物业服务企业应当制止，并及时向有关行政管理部门报告。

《物业管理条例》第47条：物业服务企业应当协助做好物业管理区域内的安全防范工作。

【案例分析】

1. 物业服务企业违法行为有消防通道变为停车位，允许业主在消防疏散楼梯内堆放杂物。因为消防疏散楼梯是物业区域内共用设施，有特殊的用途，百货公司不得将纸箱堆放在楼梯内，物业服务公司应当对此行为进行制止。物业服务企业没有对这类消防隐患进行及时查处，导致当发生火灾的时候没能及时疏散导致损失，属于物业服务公司工作的失责。

消防通道并非用于停车用的，也不得堆放杂物或者建设违章建筑等，物业服务企业在自己的管理区域范围内，将消防通道改变用途，已侵犯业主对公共场所使用权。

2. 我国《消防法》第44条明确规定："任何人发现火灾都应当立即报警。火灾发生第一时间应及时报警。"但本案例中物业服务企业没有及时报警，反而阻挠消防人员工作，不仅延误了最佳灭火时间，导致业主损失增加，而且也构成妨碍公务行为，消防部门将会追究物业服务公司管理不当的责任。

【知识点】

问题一：物业公司承担的消防管理包括哪些内容？

物业消防管理，物业服务合同双方当事人可以依据本条例、《消防法》和各地的地方性规定，约定物业服务企业承担的具体消防管理义务。实践中物业服务合同中所约定的物业服务企业所承担的具体消防管理义务主要有如下几种：

1. 定期检查、维修消防设施和器材、设置消防安全标志。确保消防设施和器材的完好、有效。

2. 定期组织防火检查，及时消除火灾隐患。当物业服务企业发现消防安全隐患后，应当通知有关责任人及时改进。如果责任人拒绝改进的，物业服务企业应当及时告知业主团体或直接通报有关行政主管部门。物业服务企业怠于履行约定的消防管理义务造成损失或损失扩大的，应承担民事责任。

3. 开展防火安全知识宣传教育。

4. 保障疏通通道、安全出口畅通，并保持符合国家规定的消防安全疏通标志。

5. 当物业管理区域内发生火灾时，物业服务企业应当积极进行救助工作，并及时通知消防机关，否则应当承担相应的法律责任。

6. 其他约定的事项。

问题二：物业消防管理中建设单位应当承担哪些责任？

依法应当经公安机关消防机构进行消防设计审核的建设工程，未经依法审核或者审核不合格，擅自施工的；消防设计经公安机关消防机构依法抽查不合格，不停止施工的；依法应当进行消防验收的建设工程，未经消防验收或者消防验收不合格，擅自投入使用的；有以上行为之一的，责令停止施工、停止使用或者停产停业，并处三万元以上三十万元以下罚款。

建设单位未依照本法规定将消防设计文件报公安机关消防机构备案，或者在竣工后未依照本法规定报公安机关消防机构备案的，责令限期改正，处五千元以下罚款。

问题三：物业消防管理中物业单位应承担哪些责任？

1. 在物业区域中，如果发生下列行为，将承担相应的责任，物业单位违反本法规定，有下列行为之一的，责令改正，处五千元以上五万元以下罚款：

（1）消防设施、器材或者消防安全标志的配置、设置不符合国家标准、行业标准，或者未保持完好有效的；

（2）损坏、挪用或者擅自拆除、停用消防设施、器材的；

（3）占用、堵塞、封闭疏散通道、安全出口或者有其他妨碍安全疏散行为的；

（4）埋压、圈占、遮挡消火栓或者占用防火间距的；

（5）占用、堵塞、封闭消防车通道，妨碍消防车通行的；

（6）人员密集场所在门窗上设置影响逃生和灭火救援的障碍物的；

(7) 对火灾隐患经公安机关消防机构通知后不及时采取措施消除的。

业主或使用人、个人有前款第二项、第三项、第四项、第五项行为之一的，处警告或者五百元以下罚款。

有本条第一款第三项、第四项、第五项、第六项行为，经责令改正拒不改正的，强制执行，所需费用由违法行为人承担。

2. 违反本法规定，构成犯罪的，依法追究刑事责任。有下列违反消防管理规定行为之一，尚未造成严重后果的，对责任者处以警告或500~1000元以下的罚款：

(1) 违反消防安全规定，在有禁火标志或易燃易爆化学物品存放场所使用明火、电热器具或夹带火种进入以上场所的；

(2) 指使或强令他人违反消防安全规定冒险作业造成火险的；不具有专业合格证进行电业、电气焊、易燃易爆化学物品作业的；

(3) 负责监控用火、用电和使用危险品的人员擅离职守的；

(4) 挪用、损坏消防器材、设备、设施及消防安全标志的；

(5) 不按规定配置消防器材、设备、设施及消防安全标志的；

(6) 拒绝、刁难消防监督人员进行消防监督检查的；

(7) 故意阻碍消防车、船执行任务或扰乱火场秩序，影响灭火救灾的；

(8) 隐瞒火灾事故真相或提供假情况的；

(9) 其他影响消防安全，尚不够追究刑事责任或安全处罚的行为。

3. 有下列行为之一，尚未构成刑事责任的，对责任者处以1000元以上3000元以下的罚款：

(1) 发生火灾后，未经公安消防监督机构查清起火原因便擅自清理火灾现场的；

(2) 涂改、转借、出租消防安全许可证的；

(3) 宾馆、酒店、商场和公共娱乐场所使用不符合防火安全要求的装修材料的；

(4) 未经批准擅自搭建可燃工棚等建筑物，造成火险隐患的，或占用防火间距，阻塞消防通道的，在灭火、抢险的紧急情况下，拒不执行火场指挥员的指挥；

(5) 影响灭火救灾的；

(6) 谎报火警的；

(7) 发生火灾后不报警、延误报警、阻拦报警的；

(8) 未经公安消防监督机构批准，从事生产、维修消防产品的；

(9) 擅自销售未经公安消防监督机构质量鉴定和认证的消防产品的。

问题四：物业服务企业的消防责任如何界定？

按照合同约定提供相应的服务是物业服务企业的主要合同义务。消防事故中，对物业服务企业是否应当承担责任，必须审查它与居民之间签订服务合同的内容。如果双方对物业服务企业的消防安全管理责任没有约定，那么物业服务企业只承担一般意义上的消防安全管理，即通过一定管理措施维护区域内的消防设备和处理突发事件，而不是消灭一切火灾源头。事件中物业服务企业未能及时处理消防事故，反而阻碍消防人员工作，未能履行自己的职责，造成业主财产损害的需要承担法律责任。根据合同法的规定，物业服务企业根本不履行合同义务和不完全履行合同义务的，均需承担违约责任。但如果物业服务企业完全遵守了法律法规的规定和物业服务合同的约定，则即使业主人身、财产在物业管理区域内受到损害，物业服务企业也不一定因此承担法律责任。

【现实建议】

物业管理区域内按照规划建设的公共建筑和共用设施，是满足业主正常的生产、生活需求所必需的，其设计对于物业管理区域内来讲是一体的，因而其用途不得随意改变。如随意改变其用途，不仅不能发挥其规划设计的功能，而且还会造成事故隐患。例如，共用走廊、楼梯是用于正常通行的，不得堆放杂物，否则会妨碍通行，还可能会引起火灾；客用电梯不得作为专门运输货物的工具使用；停车场是用于停车用的，也不得堆放杂物或者建设违章建筑等，物业服务企业在自己的管理区域范围内将消防通道改变用途，已侵犯业主对公共场所的所有权；消防疏散楼梯是用于消防事故发生是紧急疏散人群的，在正常情况下不得作为通行楼梯使用，也不得堆放杂物，造成堵塞等。业主堆放杂物在消防疏散楼梯内，存在安全隐患，该行为应予以制止。

【课堂活动】

建议：为了更好的掌握物业消防安全事故的学习和处理，在课堂活动中，可以采用播放安全教育事故的相关视频，让同学们小组自由讨论，分析并明确案例事故的处理及相关法律责任。

任务6.6　物业管理事务之车辆管理

【案例6-6导入】

乐嘉花园小区业主冯先生于2009年11月购买了一辆丰田小轿车，并从2009年起就与小区物业服务企业订立车辆有偿保管合同，由小区物业服务企业乐嘉花园停车场对该车进行月保，办理了月保卡，月保费为每月400元。之后，冯先生能每月交纳保管费，物业服务企业也能履行保管义务，但物业服务企业管理较不规范，月保车辆出入没有登记。2010年8月26日上午11点左右，冯先生将车辆停放在小区停车场的指定位置，之后冯先生就到外地出差。2010年8月31日上午10时左右，冯先生到小区停车场处提取车辆时发现车辆已经丢失，冯先生当即向派出所报案。由于物业服务企业管理不善，导致原告的车辆丢失，属严重违约行为，故冯先生诉至法院，请求判令物业服务企业赔偿原告车辆损失及利息，并由物业服务企业支付本案诉讼费。案件争论的焦点是业主与物业服务企业之间签订的合同是保管合同关系还是停车位租赁合同关系？物业服务企业在自己的管理区域内，是否尽职？

【思考】
1. 物业服务企业与业主之间是保管合同关系还是停车位租赁合同关系？
2. 本案例中，业主车辆的丢失，物业服务企业需要承担赔偿责任吗？

【参考法条】
《合同法》第365条：保管合同是保管人保管寄存人交付的保管物，并返还该物的合同。

第366条 寄存人应当按照约定向保管人支付保管费……

第367条 保管合同自保管物交付时成立，但当事人另有约定的除外。

第368条 寄存人向保管人交付保管物的，保管人应当给付保管凭证，但另有交易习惯的除外。

第369条 保管人应当妥善保管保管物。

第374条 保管期间，因保管人保管不善造成保管物毁损、灭失的，保管人应当承担损害赔偿责任，但保管是无偿的，保管人证明自己没有重大过失的，不承担损害赔偿责任。

【案例分析】

1. 根据《合同法》第367条规定，本案中，业主与物业服务企业的停车协议，是单纯的停车服务还是保管合同，需要对物业服务企业与业主签订的物业服务合同内容作了解才能定性。从物业服务企业和业主签订车辆保管合同和收取400元费用等方面判断，可以认定物业服务企业为业主提供了车辆保管服务，构成保管合同关系。

2. 根据《合同法》第369条、第374条规定，业主冯先生的车辆确实在2010年8月26日将车停进被告乐嘉花园停车场，同年8月31日上午发现被盗。故法院对冯先生车辆在乐嘉花园停车场被盗事实予以确认。物业服务企业作为停车场管理者，应做好车辆进出登记，并督促月保车辆的车主保管好月保卡，严格执行凭卡进出的制度。被告长期对月保车辆进出不作登记，属于管理不善。同时业主要求物业服务企业赔偿其汽车被盗损失有理，法院予以支持。但是业主作为车主，在停放车辆时应具备基本的安全意识，自身也应承担相应的责任。

本案是关于保管合同纠纷的民事案件。法院对双方争议的主要事实认定清楚，并依法认定保管合同成立，但保管的车辆的丢失双方都有过错，其中被告负有主要责任，承担赔偿车辆主要损失，被告负有次要责任，承担车辆次要损失。

【知识点】

问题一：关于车库归属如何确定？

《物权法》第74条第一款规定："建筑区划内，规划用于停放汽车的车位、车库应当首先满足业主的需要。"这实际上是对小区车位、车库的出售或出租加以了必要的限制。尽管法律允许小区车库可以成为交易的客体，但为了本区居民的停车需要和方便生活，必须首先满足业主的需要。在业主没有满足需要前，开发商与业主以外的人订立的买卖合同应该推定为无效的。

问题二：物业车位管理法律上如何明确归属？

《物权法》第74条第二款规定："建筑区划内，规划用于停放汽车的车位、车库的归属，由当事人通过出售、附赠或者出租等方式约定。"该条款确立了在市场经济条件下，关于小区车库归属的一个基本原则，也即法律给了开发商或业主通过约定保留车库所有权的可能性，如果开发商在合同中保留车库所有权的约定，那么，开发商就获得了车库的所有权；如果开发商不愿意作出约定或者没有约定，就意味着开发商放弃了车库的所有权，从而车库的所有权就推定为全体业主所有。

《物权法》第74条第三款还规定："占用业主共有的道路或者其他场地用于停放汽车的车位，属于业主共有。"

问题三：停车场发生车辆被盗或受损，车场管理方应承担怎样的法律责任？

首先，要看物业服务企业在服务过程中是否有失职行为。例如：车辆被盗走时，如果物业服务企业员工在没有依照正常管理程序核查车辆的情况下放行车辆，理应负主要的赔偿责任。第二，若物业服务企业已尽了其职责，则要看物业服务企业和存车人是如何约定服务内容，是否有保管的责任。第三，第三方肇事的，物业服务企业承担的连带管理责任。如：施工人员没有设置指示标志令车辆受损，一方面由施工方负赔偿责任，另一方面由物业服务企业负管理失职的连带责任。

问题四：如何区分停车位有偿使用关系与保管关系？

物业管理区域内停车场车辆丢失的法律责任区分主要由停车场停放车辆的关系是单纯的停车位有偿使用合同关系，还是车辆停放的保管合同关系来确定，可以从以下几方面来分析：

1. 根据经营者经工商核准的经营范围来确定。我国《公司法》第11条规定："公司的经营范围由公司章程规定，并依法登记。公司应在登记的经营范围内从事经营活动。"物业服务公司经营停车场，收取车主的一定费用，这种经营活动属于何种性质，应在公司的经营范围中有所明确。

2. 根据物业服务公司依据的收费标准来确定。物业服务公司经营活动的收费标准应根据物价和税务部门颁布的标准执行，物业服务公司收费依据的是场地使用费标准，还是车辆保管费标准，是确定哪种法律关系的重要依据。

3. 根据物业服务公司与车主的约定来确定。这主要是从业主委员会与物业服务公司签订的《物业管理委托合同》中体现，停车场车辆停放究竟属于什么性质，应该在合同中明确。这种明确的车辆停放关系应对所有的业主具有同等的法律效力。

4. 根据物业服务公司对外明示的服务性质来确定。物业服务公司对外提供停车服务，应该明示服务的性质，以使车主根据停车场明示服务的性质来决定是否接受这种服务，同时也能清楚接受这种服务时自己应尽的注意义务。如果停车场没有明示这种服务的性质，车主或公众以保管关系来看待，就是一种正常的看法。

问题五：车辆停车保管合同关系成立，需要具备什么条件？

在现行法律框架下，通过对两个法律特征的区分，可以较为准确地界定停车费性质。一是合同成立的必备要件，二是停车费的归属。

1. 保管合同成立的必备要件：交付——车辆停车位排他占有和实际控制权的转移

所谓保管合同，又称寄托合同、寄存合同。对财物的排他占有和实际控制权就是衡量是否完成交付的重要标准。如果业主将车停泊在停车场，自己拿着钥匙并可以随时将车开走，那么在停车场停放汽车的实际控制权就并没有转移，交付没有完成，自然该车的保管合同关系就不成立，双方之间存在的就应当是一个停车位的场地租赁合同。如果业主将车开到停车场存放，由停车场管理人员或自动监控设施给付凭证或者检验出入。这就表明所停放的汽车已在停车场的实际控制之下，随着实际控制权的转移，保管物交付完成，保管合同关系自然成立。因此，我们主要根据双方的权利、义务内容，收费形式等来分析物业服务企业与住户间是否形成保管合同关系。

2. 租赁费性质的有效证明：停车费的归属

保管合同与车位租赁合同之间存在的本质区别，保管费的对价主要来自保管人员的劳务，而租赁费的对价则来自场地的利用价值。保管费的支付对象应当是保管人员所隶属的单位即物业服务企业，而租赁费支付的对象应当是场地使用权人即小区全体业主。这部分租赁费是物业服务企业利用小区共用部分进行经营活动的收益，除少部分可以作为物业服务企业的佣金之外，大部分应归于全体业主。

问题六：在什么情况下，物业服务公司才能免除赔偿责任呢？

《合同法》第374条规定："保管期间，因保管人保管不善造成保管物毁损、灭失的，保管人应当承担损害赔偿责任，但保管是无偿的，保管人证明自己没有重大过失的，不承担损害赔偿责任"。在实际生活中要完全体现这条规定，恐怕必须符合如下的条件：首先，除了土地使用性质的费用外，停车不再收取管理费或保管费等；其次，停车场应是一个相对开放的场所，人员的流动不受限制；再次，物业服务企业没有保管车辆的职能，也不从事这样的工作。

【现实建议】

小区的车辆管理是物业管理中重要内容，常见的问题有：车位不够、地面的固定车位被外来的车辆临时占用、晚间汽车的报警笛声爆响引来居民的怨声载道、收取停车费用过高、车辆损坏、丢失等，一些物业服务企业为求无过，对小区的停车位既不管理也不收费，出现责任事故以无偿保管为由拒绝赔偿。但是物业服务企业需要通过一定的经营来牟取利润,以促使企业的壮大发展,所以,这种不管理不收费的办法并不可取。所以物业服务企业需要在车辆管理费用上加以平衡,将停车场这个资源加以经营,将获取的费用融入管理费用,以服务于全体业主,同时要做好对业主的解释和适当账目公开工作。

【课堂活动】

结合物业管理车辆管理的特点,有针对性的组织学生模拟相应的场景,并针对事件进行讨论。

案情介绍:乐嘉花园 18 幢 602 房住户。2003 年 1 月 17 日原告与被告签订《乐嘉花园物业服务合同》,约定由原告使用位于乐嘉花园 14 幢楼下编号分别为 1421、1425 的两个车位,用以停放车牌号分别为粤 T×××××和粤 TF××××的两辆小车,每辆每月交纳 400 元费用,被告委托工商银行代收上述费用等。2004 年 1 月 21 日 18 时 30 分,原告将粤 T×××××小车停放在第 14 幢楼下编号为 1421 的停车位上,至同月 23 日 11 时发现小车丢失。原告即告知被告的保安员并向公安机关报案。该辖区的派出所对此案立案侦查,但至今该案尚未侦破。原告起诉认为,按原、被告双方的管理合约,被告负责乐嘉花园住宅小区的管理事务,其职责包括保障安全及加强对车辆的进出管理。

物业管理的范围包括车辆的停放及停放的场地,内容包括安全防范服务。因此,被告有法定的义务对车辆的停放进行管理并保障其安全。现由于被告未能对车辆履行足够的管理,导致原告小车失窃,被告应对此承担赔偿责任。被告辩称,原、被告之间成立的是车辆停放合同关系,不是保管合同关系,因此被告对原告的车辆只有一般的安全保障义务,没有保管义务。而被告已在小区的 4 个出口设立门岗,并实行 24 小时保安巡逻,履行了管理合约约定的保障安全、加强对车辆的进出及泊位管理的义务。且在公安机关侦破案件之前,不能仅根据原告的陈述就认定其小车是在小区内被盗的。因此,请求法院驳回原告的诉讼请求。

分歧意见:

第一种观点认为,应该支持原告的诉讼请求。原告与被告签订了物业服务合同。双方形成物业服务合同关系,虽然原告至今没有缴纳物业服务费用但是双方的物业服务合同并没有解除。根据约定,被告负有管理业主及非业主使用人的人身、财产安全的义务。本案中,由于被告疏于管理,以致发生业主财产被盗的事实。因此,被告应该承担赔偿原告损失的责任。

第二种观点认为,应该判决驳回原告的诉讼请求。原告所提供的证据仅仅证明其向派出所报案称丢失小车但是该案并没有侦破,仍不能确认原告是否真正丢失该小车。因而应该判决驳回原告的诉讼请求。

第三种观点认为,应该裁定驳回原告的诉讼请求。由于该案所涉车辆被盗公安机关已经立案侦查,且原告也无证据证明被告怠于职守。因此,应该待侦查结束,若有证据证明被告应承担责任,可另行主张。如果判决驳回原告的诉讼请求则会损害原告今后的诉权。

问题：你认为本案应该支持哪种观点？为什么？

任务 6.7　物业管理事务之清洁、绿化管理

【案例 6-7 导入】

2010 年 2 月在乐嘉花园小区居住的小敏在其居住的楼下与同学一起踢毽子的时候，毽子飞入一楼花园平台。小敏便攀登草坪边的 70 余厘米高的钢筋护栏去捡毽子，但不慎脚下一滑，倒在了钢筋护栏上的尖头上，该护栏尖头扎进她的胸部，后小敏被立即送往较近的医院治疗。经诊断"右胸锐器心房贯通伤"。住院治疗后于当月 23 日出院。但不久又因心包积液、心肌损害、上呼吸道感染等症先后两次入院治疗，共计支付医院治疗费用达 2.9 万余元。5 月，受伤女童小敏将小区物业服务企业告上法庭，其父作为法定代理人，要求被告赔偿其医疗费、营养费、父母护理误工费、精神损失费等并承担诉讼费用。同时乐嘉花园的不少业主反映，小区的环境存在不文明的地方，小区内存在严重的私搭乱盖、占用公共绿地等问题。小区内一些居民私自圈占、开垦公共绿地，用来种菜或是养鸡养鸭。更有甚者，竟然在自家圈占出来的"自留地"里打出压把井，直接抽取地下水用来浇灌菜园。原本一个好端端的小区，现在显得破败不堪，特别是位于小区中心地带的公共绿地，被"割据"得四分五裂，早已看不出原貌，乐嘉花园的业主反映，小区的开发商还计划擅自把小区中用于建绿地的土地用来建房，面对这样的情况，乐嘉花园的业主们强烈要求信义物业服务企业尽快解决，因此希望有关部门能尽早对该小区进行一次综合治理，恢复公共绿地原貌。

【思考】

1. 本案中，物业服务企业安装护栏的做法是否不妥？
2. 小敏在小区中因为被护栏扎伤，物业服务企业应该承担责任吗？
3. 开发商、业主或使用人有权占用、改变小区绿化用地吗？

【相关法条】

《中华人民共和国民法通则》第 106 条：公民、法人违反合同或者不履行其他义务的，应当承担民事责任。公民、法人由于过错侵害国家的、集体的财产，侵害他人财产、人身的，应当承担民事责任。没有过错，但法律规定应当承担民事责任的，应当承担民事责任。

第 109 条　侵害公民身体造成伤害的，应当赔偿医疗费、因误工减少的收入、残废者生活补助费等费用；造成死亡的，并应当支付丧葬费、死者生前扶养的人必要的生活费等费用。

第131条 受害人对于损害的发生也有过错的,可以减轻侵害人的民事责任。

第133条 无民事行为能力人、限制民事行为能力人造成他人损害的,由监护人承担民事责任。监护人尽了监护责任的,可以适当减轻他的民事责任。有财产的无民事行为能力人、限制民事行为能力人造成他人损害的,从本人财产中支付赔偿费用。不足部分,由监护人适当赔偿,但单位担任监护人的除外。

《物业管理条例》第36条:物业服务企业应当按照物业服务合同的约定,提供相应的服务。物业服务企业未能履行物业服务合同的约定,导致业主人身、财产安全受到损害的,应当依法承担相应的法律责任。

第46条 对物业管理区域内违反有关安全、环保、物业装饰装修和使用等方面法律、法规规定的行为,物业服务企业应当制止,并及时向有关行政管理部门报告。有关行政管理部门在接到物业服务企业的报告后,应当依法对违法行为予以制止或者依法处理。

【案例分析】

1. 根据《中华人民共和国民法通则》第106条、《物业管理条例》第46条规定,本案例中物业服务企业安装钢筋护栏的目的是为了保护栏内草坪,不允许业主和使用人随意进去践踏。是出于保护小区环境着想,但是造成业主受伤不是其主观目的,做法是善意的,并无不妥,但是在安装选材和管理上存在着一定的漏洞,应在护栏周围安装相关的警示标语,并做好相关方面的宣传,避免伤害事故的发生。

2. 根据《中华人民共和国民法通则》第98条、第119条、第131条、第133条及《物业管理条例》第36条的规定,在本案例中,该女童脚踏70余厘米的护栏取球时倒在护栏上被扎伤,孩子10岁虽是限制行为能力人,但其攀登70余厘米高处时应该预见到有一定危险性,对自己被护栏尖处扎伤,理应承担一定责任;其父对孩子攀登护栏被扎伤没有尽到监护之责,对造成的严重伤害后果应承担主要责任。作为物业服务企业,在住宅小区内为保护绿地安装钢筋护栏时,应考虑到居民特别是孩子的安全而没有考虑,该钢筋护栏70余厘米高,且留有10余厘米的尖头,埋下了安全隐患,给女童造成伤害事故也应负一定责任。在本案例中小女孩及其监护人应该承担伤害后果的主要责任。物业服务企业在安装钢筋护栏时上端留有10余厘米的尖头,对居民区的孩子安全问题考虑不周,因此,对扎伤女童的经济损失应承担一部分。

3. 《物业管理条例》第36条规定,小区公共绿地使用权属于全体区分所有人所共同享有,开发商就无权通过出售、变相赠与或转让等方式对该公共绿地使用权予以处分,这种行为已侵害了全体区分所有人对公共绿地所共同享有的使用权。业主或使用人也不能随意占用绿地,随意更改小区绿地的用途。居住区、居住小区内依法属于业主所有的绿地由业主负责,业主可以委托物业服务企业进行管护;居住区内严重影响居住采光、通风、安全的树木,管护单位应当按照有关技术规范及时组织修剪。业主或使用人应当协助管护单位做好修剪工作。

【知识点】

问题一：如何理解物业管理中的保洁、绿化管理？

1. 保洁管理，是指物业服务公司通过宣传教育、监督治理和日常清洁工作，保护物业区域环境，防治环境污染，定时、定点、定人进行生活垃圾的分类收集、处理和清运。通过清、扫、擦、拭、抹等专业性操作，维护辖区所有公共地方、公用部位的清洁卫生，从而塑造文明形象，提高环境效益。

保洁管理的重心，是防治"脏乱差"。"脏乱差"具有多发性、传染性和顽固性。例如，随手乱扔各种垃圾、楼上抛物、乱堆物品堵塞公共走道、随意排放污水废气、随地吐痰和大小便，以及乱涂、乱画、乱搭、乱建、乱张贴等等，很可能发生在某些业户身上，所以不可掉以轻心。业户整体素质的提高，需要物业服务公司员工通过宣传教育、监督治理和日常清洁工作，作出坚持不懈的努力，否则就可能因"脏乱差"而使物业区域（楼）面目全非，从而与物业管理的宗旨相悖。

2. 绿化管理

物业绿化管理是指物业管理的区域内，种植树木花草进行绿化美化，为业主，使用人创造清新优美的生活、工作环境。加强环境保护，营造良好的生态环境成为当今人们的共识和追求，反映到物业服务工作上，最直接的就是做好绿化管理。

物业服务企业应通过组织、协调、督导、宣传教育等职能，以及建绿化、护绿和养绿劳动品劳动，加强绿化管理，在提高绿化植物的生长质量、维护绿化植物优美外形的同时，注重于园林艺术协调融合，以期创造一个清洁、安静、舒适、优美的生活环境。

问题二：违反物业环境管理的行为有哪些？

《城市新建住宅小区管理办法》第14条规定：房地产产权人和使用人违反本办法规定，有下列行为之一的，由物业服务公司予以制止、批评教育、责令恢复原状、赔偿损失：

①擅自改变小区内土地用途的；②擅自改变房屋、配套设施的用途、结构、外观、毁损设施、设备、危及房屋安全的；③私搭乱建，乱停乱放车辆，在房屋共用部位乱堆乱放，随意占用、破坏绿化、污染环境、影响住宅小区景观、噪声扰民的；④不照章交纳各种费用的。

第15条物业服务公司违反本办法规定，有下列行为之一的，房地产产权人和使用人有权投诉；管委会有权制止，并要求其限期改正；房地产行政主管部门可对其予以警告、责令限期改正、赔偿损失，并可处以罚款：

①房屋及公用设施、设备修缮不及时的；②管理制度不健全，管理混乱的；③擅自扩大收费范围，提高收费标准的；④私搭乱建，改变房地产和公用设施用途的；⑤不履行物业服务合同及管理办法规定义务的。

问题三：住宅绿化率和容积率能否随意更改？

1. 绿化率：是指项目规划建设用地范围内的绿化面积与规划建设用地面积之

比。对购房者而言，绿化率高为好。物业区域内的绿化率不得随意进行更改。《城市绿化条例》第26条规定：工程建设项目的附属绿化工程设计方案或者城市的公共绿地、居住区绿地、风景林地和干道绿化带等绿化工程的设计方案，未经批准或者未按照批准的设计方案施工的，由城市人民政府城市绿化行政主管部门责令停止施工、限期改正或者采取其他补救措施。下面列举国内几个主要城市的绿化率标准的规定。

《北京市绿化条例》第20条 建设工程应当按照规划安排绿化用地。

规划行政主管部门在办理相关审批手续时，应当按照绿地系统规划和详细规划确定建设工程附属绿化用地面积占建设工程用地总面积的比例。其中，新建居住区、居住小区绿化用地面积比例不得低于30%，并按照居住区人均不低于2平方米、居住小区人均不低于1平方米的标准建设集中绿地；成片开发或者改造的地区应当按照规划要求建设集中绿地，绿地建设费用纳入开发建设总投资。

《广州市城市绿化管理条例》第8条建设工程项目必须安排配套绿化用地，绿化用地占建设工程项目用地面积的比例，应符合下列规定，第（五）款规定：居住区、居住小区和住宅组团，在新城区的，不低于30%；在旧城区的不低于25%。其中公共绿地人均面积，居住区不低于1.5平方米，居住小区不低于1平方米，住宅组团不低于0.5平方米。

《上海市绿化条例》第15条 建设项目绿地面积占建设项目用地总面积的配套绿化比例，应当达到下列标准，第一款规定：（一）新建居住区内绿地面积占居住区用地总面积的比例不得低于百分之三十五，其中用于建设集中绿地的面积不得低于居住区用地总面积的百分之十；按照规划成片改建、扩建居住区的绿地面积不得低于居住区用地总面积的百分之二十五。

2．容积率：所谓"容积率"，是指一个小区的总建筑面积与用地面积的比率。对于发展商来说，容积率决定地价成本在房屋中占的比例，而对于住户来说，容积率直接涉及居住的舒适度。绿化率也是如此。绿化率较高，容积率较低，建筑密度一般也就较低，发展商可用于回收资金的面积就越少，而住户就越舒服。这两个比率决定了这个项目是从人的居住需求角度，还是从纯粹赚钱的角度来设计一个社区。一个良好的居住小区，高层住宅容积率应不超过5，多层住宅应不超过3，绿化率应不低于30%。但由于受土地成本的限制，并不是所有项目都能做得到。

根据国务院颁布1992年8月1日起施行的《城市绿化条例》的第16条规定，"城市绿化工程的施工，应当委托持有相应资格证书的单位承担。绿化工程竣工后，应当经城市人民政府城市绿化行政主管部门或者该工程的主管部门验收合格后，方可交付使用"。

容积率是小区总建筑面积与项目总占地面积的比值。按照国家有关法律规定，楼盘小区及建筑物的"规划指标"，一经确定就不能随便更改。按照2002年国家七部委联合下发的《关于整顿和规范房地产市场秩序的通知》要求：房地产开发项目规划方案一经批准，任何单位和个人不得擅自变更。确需变更的，必须按原审批程序报批；城市规划行政主管部门在批准其变更前，应当进行听证。

【现实建议】

在小区的环境管理中如果管理不善，时常发生一些意外伤害事故，以上述案例为例，究其原因主要存在以下三个方面的管理漏洞：

1. 物业管理方面对安全问题考虑不周，为保护居民区内绿地草坪是正确的，但护栏上端不应留有尖头，给居民特别是未成年人人身安全埋下了隐患。

2. 该护栏已安装很长一段时间，根据其高度，3～4岁的孩子攀登不上去也不敢攀登，作为10岁的原告人不但应该知道践踏绿地是不好的，更应该知道攀登70余厘米高尖头的钢筋护栏会有一定的危险性，但因是孩子玩性大，对危险没有更多的考虑。

3. 在安装上护栏后，作为成年人及孩子的监护人，应根据安装的护栏情况及时教育孩子不要攀登该护栏，要进行安全教育，尽到监护作用，如果不及时对孩子进行教育，也许就会发生人体伤害事故。

【课堂活动】

本节主要讲述的是物业管理保洁、绿化管理中的案例，结合知识的实践性，在课堂活动中，可以组织学生进行案例分析和辩论。

案例介绍：某小区前面有一个大广场，系政府投资建造和治理。广场上有花坛、石阶、喷泉，是一个可以休闲健身的好地方。所以天天一大早，四周小区居民便来广场上跳舞、健身，并一边放音乐一边操练拳脚，加上儿童的嬉笑叫喊，广场上噪声很大。住在靠近广场的小区业主被噪声所打搅，纷纷打电话到小区物业服务中心投诉，要求物业出面处理，还给他们一个安静的环境。

问题一：业主的这个请求，物业服务企业有没有责任处理？

问题二：物业服务企业应如何处理此类事件？

任务 7

物业收费相关法规应用

【学习目标】
1. 能够正确判断分析物业服务收费的纠纷。
2. 掌握物业收费服务、物业维修资金相关法规内容的应用。

任务 7.1 物业服务费的管理

【案例 7-1 导入】

　　一年多以来，乐嘉花园小区 7 幢 302 业主李某自从收楼后，便以电费价格高为由，拒绝缴纳电费；水费也未缴纳，并以各种理由拒绝缴纳物业服务费。不缴费的业主，并非因为家庭经济状况差，相反其家中经济条件十分优越，夫妻每人一辆车，另外还备一辆宝马，却拖欠物业服务费、水电费一年多。对拖欠的物业服务费时间及对原告提供的电费、水费实用数均无异议，承认物业服务企业也催讨过。不缴纳物业服务费、电费、水费的原因是认为恒祥物业服务企业的收费不规范，并且代收的电费、水费超过国家规定的收费标准。另外，小区属于前期物业服务阶段，物业服务企业的收费标准未经物价局核准，业主认为物业服务企业无权主张收费和制定收费标准。恒祥物业服务企业面对拖欠服务费的李某，多次上门催讨，对电费价格也作了必要的解释，但被告仍拒绝缴纳。为此，将业主李某告上法庭，要求法院判令业主缴纳物业服务费 12319 元、电费 7071 元、水费 1215 元，并缴纳所欠物业服务费的滞纳金。李某认为物业服务企业的收费不规范，并且代收的电费、水费超过国家规定的收费标准。小区属于前期物业服务阶段，物业服务企业的收费标准未经物价局核准，同时因为物业服务企业不是业主自己选的，所以拒绝缴纳物业服务费。本案例中李某是否可以不交物业服务费？

【思考】
1. 恒祥物业服务企业是否有权制定前期物业服务收费标准并进行收费吗？
2. 业主能否因为物业服务企业收费不规范而拒交服务费？

【参考法条】
《中华人民共和国价格法》第6条：商品价格和服务价格，除依照本法第18条规定适用政府指导价或者政府定价外，实行市场调节价，由经营者依照本法自主制定。《中华人民共和国价格法》规定："物业服务收费是一种服务收费，即属于服务价格"。

《物业管理条例》第7条：业主有按时交纳物业服务费用的义务。

《物业管理条例》第41条：物业服务收费应当遵循合理、公开以及费用与服务水平相适应的原则，区别不同物业的性质和特点，由业主和物业服务企业按照国务院价格主管部门会同国务院建设行政主管部门制定的物业服务收费办法，在物业服务合同中约定。

《物业管理条例》第42条：业主应当根据物业服务合同的约定交纳物业服务费用。业主与物业使用人约定由物业使用人交纳物业服务费用的，从其约定，业主负连带交纳责任。已竣工但尚未出售或者尚未交给物业买受人的物业，物业服务费用由建设单位交纳。

《物业管理条例》第43条：县级以上人民政府价格主管部门会同同级房地产行政主管部门，应当加强对物业服务收费的监督。

《物业管理条例》第45条：物业服务区域内，供水、供电、供气、供热、通讯、有线电视等单位应当向最终用户收取有关费用。物业服务企业接受委托代收前款费用的，不得向业主收取手续费等额外费用。

《物业收费服务办法》第2条：本办法所称物业服务收费，是指物业服务企业按照物业服务合同的约定，对房屋及配套的设施设备和相关场地进行维修、养护、服务，维护相关区域内的环境卫生和秩序，向业主所收取的费用。

《物业收费服务办法》第6条：物业服务收费应当区分不同物业的性质和特点分别实行政府指导价和市场调节价。具体定价形式由省、自治区、直辖市人民政府价格主管部门会同房地产行政主管部门确定。

《物业收费服务办法》第7条：物业服务收费实行政府指导价的，有定价权限的人民政府价格主管部门应当会同房地产行政主管部门根据物业服务服务等级标准等因素，制定相应的基准价及其浮动幅度，并定期公布。具体收费标准由业主与物业服务企业根据规定的基准价和浮动幅度在物业服务合同中约定。实行市场调节价的物业服务收费，由业主与物业服务企业在物业服务合同中约定。

《物业收费服务办法》第 9 条：业主与物业服务企业可以采取包干制或者酬金制等形式约定物业服务费用。

《最高人民法院关于审理物业服务纠纷案件具体应用法律若干问题的解释》第 1 条：建设单位依法与物业服务企业签订的前期物业服务合同，以及业主委员会与业主大会依法选聘的物业服务企业签订的物业服务合同，对业主具有约束力。业主以其并非合同当事人为由提出抗辩的，人民法院不予支持。

《最高人民法院关于审理物业服务纠纷案件具体应用法律若干问题的解释》第 3 条：物业服务企业不履行或者不完全履行物业服务合同约定的或者法律、法规规定以及相关行业规范确定的维修、养护、管理和维护义务，业主请求物业服务企业承担继续履行、采取补救措施或者赔偿损失等违约责任的，人民法院应予支持。

《最高人民法院关于审理物业服务纠纷案件具体应用法律若干问题的解释》第 5 条：物业服务企业违反物业服务合同约定或者法律、法规、部门规章规定，擅自扩大收费范围、提高收费标准或者重复收费，业主以违规收费为由提出抗辩的，人民法院应予支持。

《最高人民法院关于审理物业服务纠纷案件具体应用法律若干问题的解释》第 6 条：经书面催交，业主无正当理由拒绝交纳或者在催告的合理期限内仍未交纳物业费，物业服务企业请求业主支付物业费的，人民法院应予支持。物业服务企业已经按照合同约定以及相关规定提供服务，业主仅以未享受或者无需接受相关物业服务为抗辩理由的，人民法院不予支持。

【案例分析】

1. 本案中的疑点之一就是恒祥物业服务企业是否具备前期物业服务收费标准的权利，根据《最高人民法院关于审理物业服务纠纷案件具体应用法律若干问题的解释》第 1 条规定，建设单位依法与物业服务企业签订的前期物业服务合同，以及业主委员会与业主大会依法选聘的物业服务企业签订的物业服务合同，对业主具有约束力。乐嘉花园小区恒祥物业服务企业是由开发商的委托，从事前期物业服务，物业服务企业按照物业服务合同的约定，对房屋及配套的设施设备和相关场地进行维修、养护、服务，维护相关区域内的环境卫生和秩序，向业主所收取的费用，物业服务企业的收费标准经过物价局的核算，物业服务费每月每平方米建筑面积 2.7 元，符合其收费服务标准等级；同时在小区的业主委员会成立后，双方约定仍按区物价局核定的这一收费标准收缴。因此物业服务企业具备制定收费标准并进行收费的权利。

2. 案例中的恒祥物业服务企业制定收费标准，依据《物业管理条例》、《物业服务收费服务办法》，制定乐嘉花园的物业服务收费标准，服务自身的服务等级，在规定幅度内收取物业服务费。《最高人民法院关于审理物业服务纠纷案件具体应用法律若干问题的解释》第 3 条、第 5 条规定物业服务企业不履行或者不完全履行物业服务合同约定的或者法律、法规规定以及相关行业规范确定的维修、养护、管理和维护义务。或者物业服务企业违反物业服务合同约定或者法律、法规、部门规章规定,擅自扩大收费范围、提高收费标准或者重复收费,业主以违规收费为由提出抗辩的,人民法院应予支持。

但事实上物业服务企业后收费无乱收费,业主李某以物业服务企业收费不规范而拒付物业服务费的理由不能成立,没有事实依据证明物业服务企业的收费不规范。

【知识点】
问题一:物业收费方式有哪些类型?
《物业服务合同》和《前期物业服务合同》中明确,关于物业服务的收费方式,业主与物业服务企业可以采取包干制或者酬金制等形式约定物业服务费用。

1. 包干制:是指由业主向物业服务企业支付固定物业服务费用,盈余或者亏损均由物业服务企业享有或者承担的物业服务计费方式。

2. 酬金制:是指在预收的物业服务资金中按约定比例或者约定数额提取酬金支付给物业服务企业,其余全部用于物业服务合同约定的支出,结余或者不足均由业主享有或者承担的物业服务费用的计费方式。

酬金制中,业主按建筑面积预先交纳,物业服务资金为交纳的业主所有,由物业代管,主要用于维持物业的必要开支。物业应向全体业主公布物业服务年度计划和支出年度预决算,并每季度或每半年向全体业主公布物业服务费用的收支情况。同时,双方按照约定每年聘请专业机构,对物业服务资金年度预决算和物业服务费收支情况进行审计。而年度结算后结余部分,将转入下一年度继续使用,年度结算后不足部分,由全体业主承担,另行交纳。

国家发改委、建设部《物业服务收费管理办法》指出,实行物业服务费用酬金制的物业服务企业应当向业主大会或者全体业主公布物业服务资金年度预决算并每年不少于一次公布物业服务资金的收支情况;物业服务企业或业主大会可以按照物业合同约定聘请专业机构或价格成本监审部门对物业服务资金年度预决算和物业服务资金的收支情况进行审计和监审。当业主或业主大会对公布物业服务资金年度预决算和物业服务资金的收支情况提出质询时,物业服务企业应当及时答复。

问题二:物业服务费由哪些项目构成?
根据《物业服务收费管理办法》第11条:实行物业服务费用包干制的,物业服务费用的构成包括物业服务成本、法定税费和物业服务企业的利润。实行物业服务费用酬金制的,预收的物业服务资金包括物业服务支出和物业服务企业的酬金。

物业服务成本或者物业服务支出构成一般包括以下部分:
1. 管理服务人员的工资、社会保险和按规定提取的福利费等;
2. 物业共用部位、共用设施设备的日常运行、维护费用;
3. 物业管理区域清洁卫生费用;
4. 物业管理区域绿化养护费用;

5. 物业管理区域秩序维护费用；
6. 办公费用；
7. 物业服务企业固定资产折旧；
8. 物业共用部位、共用设施设备及公众责任保险费用；
9. 经业主同意的其他费用。

物业共用部位、共用设施设备的大修、中修和更新、改造费用，应当通过专项维修资金予以列支，不得计入物业服务支出或者物业服务成本。

问题三：物业服务不到位，业主可以拒绝缴纳物业服务费吗？

根据《最高人民法院关于审理物业服务纠纷案件具体应用法律若干问题的解释》第3条规定：物业服务企业不履行或者不完全履行物业服务合同约定的或者法律、法规规定以及相关行业规范确定的维修、养护、管理和维护义务，业主请求物业服务企业承担继续履行、采取补救措施或者赔偿损失等违约责任的，人民法院应予支持。

物业服务中，存在一定瑕疵，如将楼房的消防道用做垃圾通道、乱停车、设啤酒销售摊位等，业主以此为由而提出拒绝缴纳服务费。现实中，物业服务企业根据权利义务对等原则，业主既然享受了物业公司提供的物业服务就要承担缴纳物业服务费的义务，即使物业公司提供的服务有瑕疵，业主也不得依此为由拒交物业费，但可以要求物业公司在服务瑕疵范围内减收一定的物业费。

业主如果无故不缴纳物业服务费的，违反物业服务合同约定，业主逾期不交纳物业服务费用的，业主委员会应当督促其限期交纳；逾期仍不交纳的，物业服务企业可以向人民法院起诉。此外，公民，法人违反合同或者不履行其他义务的，应当承担民事责任，因此，物业公司依约提供了物业服务后，业主负有按约缴纳物业服务费的义务。

问题四：房屋的质量不满意，业主可以拒绝缴纳物业服务费吗？

业主买房的时候，特别在办理入住手续时，会对房屋内部提出了不少细部质量问题，认为该房没有达到入住条件，许多人会在物业验收表格中提出了整改的意见，没有收楼，但却收到物业的一堆缴费通知单，在《商品房买卖合同》中均对房屋交接的程序作了约定的规范，如：要求开发商在交付房屋时，向购房人提供房屋验收合格的证明；开发商不出示证明文件或出示证明文件不齐全，购房人有权拒绝接收，由此产生的延期交房责任由开发商承担。

具体到一些细节上，如果业主对开发商的交付提出了自己的意见，但如果这些意见不构成法定或约定的、不能交付的情况（比如房屋根本未经正式验收合格等），同时又收下了房门钥匙，则说明该业主对房屋的交付已表示认可，业主可以就房屋存在的细部问题继续要求开发商进行修补，但不能据此认为房屋不符合交付条件。因此，对于其后的物业服务费应及时交付。

问题五：空置物业需要缴纳物业费吗？

空置的物业仍然需要交纳物业费，而且如果业主已经拖欠一段时间，那么物业公司还有权提出需要收取拖欠期间的滞纳金，具体标准需要看双方签订的《物业服务合同》中是如何规定的，按其规定执行，如果没有一般按照0.3%～0.5%执行。理由如下：

1. 所拥有的空置房仅仅是区分所有建筑物的专有部分空置，并不意味着整个所有建筑物在空置着。实际上虽然区分所有建筑物的专有部分在空置，但区分所有建筑物的共用部分仍然在运行，使用之中，而物业服务费的支出目的就是要维持、保证区分所有建筑物的共用部分的正常运行，使用，维修和保养，如果物业服务费用缺乏来源或者减少，就不能使区分所有建筑物的共用部分的正常运行、使用、维修和保养得到维持和保证。

2. 当部分业主将物业建筑物空置后，并不意味着就可以减少物业服务公司的物业服务的工作量，也不意味着可以减少维持，要保证区分所有建筑物的共用部分的正常运行，使用、维修和保养的工作量，电梯，高低压配电设备，共用照明，水泵，消防设施等共用设备，设施仍然要投入正常运行，仍然需要维修和保养；保安的值勤，巡逻，安全检查等工作量也不会减少；清洁卫生，环境绿化等等物业服务的服务工作量一样也不会因部分业主的物业建筑物空置而有所减少。

3. 造成业主的物业建筑物的空置责任在于业主本身，而并非物业服务公司无理阻挠不让业主投入使用，因此，空置房的责任不在于物业服务公司。而且空置房的业主仍然在享受着因物业服务的优质服务而带来的物业建筑的保值和增值的经济成果。

问题六：业主不缴费，物业公司能否停水停电？

有些物业服务企业，在催交物业费的过程中，采用一些不恰当的方式方法，比如强制关闭业主的日常用电用水，这样的做法是不正确的。

因为物业服务合同与供水供电合同是两个独立的合同，合同当事人也是不同的。供水供电合同的相对人是供水公司与电力公司，物业服务公司只是基于供水公司与电力公司的委托代收水费、电费。如果物业服务公司的停水、停电行为给业主带来了损失，则是一种侵权行为。停水停电这个权利应是供水供电部门所享有的。由于物业是代收单位，没有权利作出供不供电的决定，即使作出，也须供水供电部门的授权。因此，如果业主遭遇这样的行为，可以向供水供电部门反映情况，让其责成服务站恢复供水供电。如果供电部门不予理睬或拒绝业主的请求时，业主可以向法院起诉该供水供电部门，要求其恢复供水供电，并赔偿因此而支出的合理费用和其他损失。

问题七：在房屋租赁行为中，业主还是物业使用人缴纳物业服务费？

《物业管理条例》第42条规定："业主应当根据物业服务合同的约定交纳物业服务费用。业主与物业使用人约定由物业使用人交纳物业服务费用的，从其约定，业主负连带缴纳责任。"因此，应当由业主而非承租人支付物业服务费用。

物业服务合同与房屋租赁合同属于两个不同的法律关系。承租人义务乃是基于房屋租赁合同而产生的，承租人应当履行的是向出租人支付租金的义务，而不是依据物业服务合同向物业服务企业承担物业服务费的义务。承租人应当履行房屋租赁合同约定的义务，而业主应当履行的是物业服务合同约定的义务。这两种义务并非基于同一个合同而产生的，不能混淆这两种义务。

根据《物业管理条例》第42条规定，业主与物业使用人可以约定由物业使用人缴纳物业服务费用，但业主应当负连带责任。即在物业使用人不能按照合同约定交纳物业服务费用时，物业服务企业可以要求业主交纳物业服务费，业主在交纳物业服务费后，享有依法向物业使用人追偿的权利。

问题八：物业服务企业或业主可以增加或降低物业收费标准吗？

物业服务公司不得单方要求增加或降低物业服务费。物业服务费的收取标准，应以物业服务合同或商品房买卖合同中的约定为准。除因政府调整价格外，开发商和物业服务公司都不得单方提价。如果确有必要增加必须召开业主大会，征得业主同意后方能增加。如果物业擅自提高物业服务费的收取标准，业主可以要求物价部门进行协调，也可以通过仲裁或诉讼程序解决。

附：2004～2005年度广州市普通住宅物业服务收费政府指导价基准价和浮动幅度

级别	基准价		上下浮动幅度	浮动范围	
	有电梯	无电梯		有电梯	无电梯
一级	1.70	0.85	15%	[1.45, 1.96]	[0.72, 0.98]
二级	1.25	0.62	15%	[1.06, 1.44]	[0.53, 0.71]
三级	0.91	0.45	15%	[0.77, 1.05]	[0.38, 0.52]

2010年广州市进一步加强我市住宅物业服务收费管理的管理，通知中明确规定：

建设单位与前期物业服务企业所确定的前期物业服务具体收费标准不得擅自超出政府指导价最高收费标准。

新建住宅物业的建设单位依法通过公开招标方式选聘前期物业服务企业，其前期物业服务收费确需超出政府指导价最高收费标准的，可在发布招标公告前20个工作日向物业所在地的区、县级市政府价格主管部门提出单独核定该新建住宅前期物业服务最高收费标准的申请。经核定批准的收费标准，同时作为该新建住宅前期物业服务公开招标的最高收费标准。该新建住宅前期物业服务的具体收费标准，由建设单位与前期物业服务企业根据招投标结果协商确定并与物业买受人约定。

住宅物业交付使用之后，物业服务收费按商品房买卖合同或物业服务协议的有关前期物业服务约定执行。物业服务企业与业主需要调整物业服务具体收费标准的，实行市场调节价，由物业服务企业与业主双方依法约定，但应当经专有部分占建筑物总面积过半数的业主且占总人数过半数的业主同意。住宅物业小区已依法成立业主委员会的，物业服务收费由业主委员会根据业主大会的决定，与业主大会选聘或续聘的物业服务企业在物业服务合同中约定。

《北京市物业服务收费管理办法》中也明确规定：本市物业服务收费实行市场调节价和政府指导价。实行市场调节价的物业服务收费标准由物业服务合同、房屋买卖合同的当事人协商确定；实行政府指导价的物业服务收费由市价格主管部门会同市房屋主管部门制定基准价标准及浮动幅度，并定期公布。实行市场调节价的物业服务收费标准需要调整时，应由业主大会或共同履行业主大会、业主委员会职责的全体业主与物业管理企业协商确定。

《海南省物业服务收费管理办法》中也规定：实行政府指导价的物业服务收费，由政府主管部门根据普通住宅物业类型、服务内容及服务成本等情况，制定相应的物业服务收费基准价及浮动幅度，并每三年向社会公布一次。同时，《管理办法》明确制定或调整物业服务收费政府指导价标准应实行成本监审和听证。

实行政府指导价的物业服务收费，由业主委员会根据业主大会的决定与物业服务企业根据政府相关规定协商确定具体收费标准。未成立业主委员会的，物业服务收费标准不得超过政府指导价的基准价标准。具体收费标准，物业服务企业也必须与业主协商。也就是说，在制定具体物业收费标准时，业主有充分的参与权与协商权，物业服务企业不能想收就收。

物业服务收费实行市场调节价的，建设单位或物业服务企业与物业买受人或业主应当签订服务合同。合同应载明服务内容、收费项目和收费标准。

【现实建议】

业主以对服务不满意为由拒缴物业服务费，实际上是混淆了业主和小区业主委员会之间的权利义务。依据法律、法规的规定或约定，即业主将其对物业服务公司的监督权让给代表全体业主利益的业主委员会行使；同时，业主赋予业主委员会对物业服务公司使用物业服务费以及各种维修资金检查和监督的权利、予以制止并要求其限期改正、解聘物业服务公司以及代表全体业主向物业服务公司提出起诉要求赔偿业主损失的权利。建议业主可以通过业主委员会对物业服务公司的收费提出抗议，而不是采用拒交物业服务费的方式。

【课堂活动】

案例分析：东海花园业主马先生交房时就和开发商、东海物业签订房屋验收表，并确认阳台玻璃有裂痕，需要更换。一年多了，仍得不到问题的解决，结果东海物业以这个是开发商的问题为由不给业主解决问题，找过开发商，他们又说是物业的问题，因此部分业主拒交了物业费，但却收到物业企业的催费通知单和缴纳物业费滞纳金告知。

思考：业主马先生该怎么办？他可以拒交物业服务费吗？物业有权利收业主的滞纳金吗？

任务7.2 物业专项维修资金的管理

【案例7-2导入】

张清的叔叔张恒于2009年7月与某开发商签订了一个商品房买卖合同。合同无约定住宅专项维修资金的支付办法。在买卖双方办理交易过户手续时，发展商要求张先生付清住宅专项维修资金，而张先生认为自己与发展商签订的商品房买卖合同并无约定住宅专项维修资金由他支付，发展商向其收取住宅专项维修资金并无依据。

【思考】

1. 什么是住宅专项维修资金？
2. 若合同无约定，住宅专项维修资金应由谁支付？

【参考法条】

《物业管理条例》第54条：住宅物业、住宅小区内的非住宅物业或者与单幢住宅楼结构相连的非住宅物业的业主，应当按照国家有关规定交纳专项维修资金。专项维修资金属业主所有，专项用于物业保修期满后物业共用部位、共用设施设备的维修和更新、改造，不得挪作他用。专项维修资金收取、使用、管理的办法由国务院建设行政主管部门会同国务院财政部门制定。

第55条 利用物业共用部位、共用设施设备进行经营的，应当在征得相关业主、业主大会、物业服务企业的同意后，按照规定办理有关手续。业主所得收益应当主要用于补充专项维修资金，也可以按照业主大会的决定使用。

《住宅专项维修资金管理办法》第6条：下列物业的业主应当按照本办法的规定交存住宅专项维修资金：

（一）住宅，但一个业主所有且与其他物业不具有共用部位、共用设施设备的除外；

（二）住宅小区内的非住宅或者住宅小区外与单幢住宅结构相连的非住宅。

前款所列物业属于出售公有住房的，售房单位应当按照本办法的规定交存住宅专项维修资金。

第7条 商品住宅的业主、非住宅的业主按照所拥有物业的建筑面积交存住宅专项维修资金，每平方米建筑面积交存首期住宅专项维修资金的数额为当地住宅建筑安装工程每平方米造价的5%~8%。

直辖市、市、县人民政府建设（房地产）主管部门应当根据本地区情况，合理确定、公布每平方米建筑面积交存首期住宅专项维修资金的数额，并适时调整。

第7条：维修资金应当在银行专户存储，专款专用。为了保证维修资金的安全，维修资金闲置时，除可用于购买国债或者用于法律、法规规定的其他范围外，严禁挪作他用。维修资金明细户一般按单幢住宅设置，具体办法由市、县房地产行政主管部门制定。

【案例分析】

1. 住宅专项维修资金是指依据有关法规筹集的用于新商品房（包括经济适用

住房）和公有住房出售后的共用部位、共用设施设备保修期满后的维修、更新、改造的专门资金。这里的维修主要指大修、中修，不包括小修。

2. 根据民事活动的基本原则，如果当事人有约定依照约定，没有约定则依照法律规定。就本案而言，合同对住宅专项维修资金的交付没有明确约定，那么根据《住宅专项维修资金管理办法》第6条、第7条的规定，物业专项维修资金不应由发展商缴交，而应该由购房者缴交。值得注意的是《住宅专项维修资金管理办法》是2008年2月1日正式实施，根据法无溯及力原则，仅对该法实施之后的行为发生法律效力，之前的行为仍旧按照旧的相关法律规定。

【知识点】

问题一：如何缴纳物业专项维修资金？

1. 商品住宅的业主、非住宅的业主按照所拥有物业的建筑面积交存住宅专项维修资金，每平方米建筑面积交存首期住宅专项维修资金的数额为当地住宅建筑安装工程每平方米造价的5%～8%。直辖市、市、县人民政府建设（房地产）主管部门应当根据本地区情况，合理确定、公布每平方米建筑面积交存首期住宅专项维修资金的数额，并适时调整。

2. 出售公有住房的，按照下列规定交存住宅专项维修资金：业主按照所拥有物业的建筑面积交存住宅专项维修资金，每平方米建筑面积交存首期住宅专项维修资金的数额为当地房改成本价的2%。售房单位按照多层住宅不低于售房款的20%、高层住宅不低于售房款的30%，从售房款中一次性提取住宅专项维修资金。

问题二：维修资金如何管理？

在前期物业管理期间（即在业主委员会成立之前），物业服务企业由发展商选聘，业主通常向物业服务企业办理入住手续，并向其缴纳物业专项维修资金。由于种种原因，客观上缺乏有力的监督，发展商延迟缴纳其应承担的物业专项维修资金以及物业服务企业挪用物业专项维修资金就成为可能，特别是发展商拖延缴纳物业专项维修资金的现象更是常有的事。

根据相关法律法规的规定，业主大会成立后，应当按照下列规定划转业主交存的住宅专项维修资金：业主大会应当委托所在地一家商业银行作为本物业管理区域内住宅专项维修资金的专户管理银行，并在专户管理银行开立住宅专项维修资金专户。开立住宅专项维修资金专户，应当以物业管理区域为单位设账，按房屋户门号设分户账。

业主委员会应当通知所在地直辖市、市、县人民政府建设（房地产）主管部门；涉及已售公有住房的，应当通知负责管理公有住房住宅专项维修资金的部门。

直辖市、市、县人民政府建设（房地产）主管部门或者负责管理公有住房住宅专项维修资金的部门应当在收到通知之日起30日内，通知专户管理银行将该物业管理区域内业主交存的住宅专项维修资金账面余额划转至业主大会开立的住宅专项维修资金账户，并将有关账目等移交业主委员会。

住宅专项维修资金划转后的账目管理单位，由业主大会决定。业主大会应当建立住宅专项维修资金管理制度。业主大会开立的住宅专项维修资金账户，应当接受所在地直辖市、市、县人民政府建设（房地产）主管部门的监督。

业主分户账面住宅专项维修资金余额不足首期交存额30%的，应当及时续交。成立业主大会的，续交方案由业主大会决定。未成立业主大会的，续交的具体管理办法由直辖市、市、县人民政府建设（房地产）主管部门会同同级财政部门制定。

问题三：住宅专项维修资金可以用于其他用途吗？

根据2008年国家出台的《住宅专项维修资金管理办法》规定：在保证住宅专项维修资金正常使用的前提下，可以按照国家有关规定将住宅专项维修资金用于购买国债。

利用住宅专项维修资金购买国债，应当在银行间债券市场或者商业银行柜台市场购买一级市场新发行的国债，并持有到期。

利用业主交存的住宅专项维修资金购买国债的，应当经业主大会同意；未成立业主大会的，应当经专有部分占建筑物总面积三分之二以上的业主且占总人数三分之二以上业主同意。

利用从公有住房售房款中提取的住宅专项维修资金购买国债的，应当根据售房单位的财政隶属关系，报经同级财政部门同意。

禁止利用住宅专项维修资金从事国债回购、委托理财业务或者将购买的国债用于质押、抵押等担保行为。

问题四：使用物业专项维修资金时，具体程序怎样操作？

关于物业专项维修资金的使用，在《住宅专项维修资金管理办法》中作出了明确的规范，业主个人或物业服务企业单位是无权提取或使用维修资金的，物业维修资金的使用应当履行下列程序：

1. 住宅专项维修资金划转业主大会管理前，需要使用住宅专项维修资金的，按照以下程序办理：

（1）物业服务企业根据维修和更新、改造项目提出使用建议；没有物业服务企业的，由相关业主提出使用建议；

（2）住宅专项维修资金列支范围内专有部分占建筑物总面积三分之二以上的业主且占总人数三分之二以上的业主讨论通过使用建议；

（3）物业服务企业或者相关业主组织实施使用方案；

（4）物业服务企业或者相关业主持有关材料，向所在地直辖市、市、县人民政府建设（房地产）主管部门申请列支；其中，动用公有住房住宅专项维修资金的，向负责管理公有住房住宅专项维修资金的部门申请列支；

（5）直辖市、市、县人民政府建设（房地产）主管部门或者负责管理公有住房住宅专项维修资金的部门审核同意后，向专户管理银行发出划转住宅专项维修资金的通知；

（6）专户管理银行将所需住宅专项维修资金划转至维修单位。

2. 住宅专项维修资金划转业主大会管理后，需要使用住宅专项维修资金的，按照以下程序办理：

（1）物业服务企业提出使用方案，使用方案应当包括拟维修和更新、改造的项目、费用预算、列支范围、发生危及房屋安全等紧急情况以及其他需临时使用住宅专项维修资金的情况的处置办法等；

（2）业主大会依法通过使用方案；

（3）物业服务企业组织实施使用方案；

（4）物业服务企业持有关材料向业主委员会提出列支住宅专项维修资金，其中，动用公有住房住宅专项维修资金的，向负责管理公有住房住宅专项维修资金的部门申请列支；

（5）业主委员会依据使用方案审核同意，并报直辖市、市、县人民政府建设（房地产）主管部门备案，动用公有住房住宅专项维修资金的，经负责管理公有住房住宅专项维修资金的部门审核同意，直辖市、市、县人民政府建设（房地产）主管部门或者负责管理公有住房住宅专项维修资金的部门发现不符合有关法律、法规、规章和使用方案的，应当责令改正；

（6）业主委员会、负责管理公有住房住宅专项维修资金的部门向专户管理银行发出划转住宅专项维修资金的通知；

（7）专户管理银行将所需住宅专项维修资金划转至维修单位。

问题五：哪些维修不能提取住宅专项维修资金？

物业维修中不可以提取住宅专项维修资金的情形具体如下：

1. 依法应当由建设单位或者施工单位承担的住宅共用部位、共用设施设备维修、更新和改造费用；

2. 依法应当由相关单位承担的供水、供电、供气、供热、通讯、有线电视等管线和设施设备的维修、养护费用；

3. 应当由当事人承担的因人为损坏住宅共用部位、共用设施设备所需的修复费用；

4. 根据物业服务合同约定，应当由物业服务企业承担的住宅共用部位、共用设施设备的维修和养护费用。

问题六：开发商、物业、业主违反住宅专项维修资金管理办法应承担哪些责任？

1. 业主不缴纳或续筹应分摊的物业专项维修资金的，业主委员会或其委托的物业服务企业可按法律法规或管理规约的规定采取相应的催缴措施。经业主委员会或物业服务企业催缴，业主仍不缴纳或续筹应分摊的物业专项维修资金的，由市物业管理行政主管部门责令其限期缴纳。逾期仍不缴纳的，每日加收应缴纳费用2‰的滞纳金。

2. 未按本办法规定交存首期住宅专项维修资金的，开发建设单位或者公有住房售房单位不得将房屋交付购买人。开发建设单位违反规定将房屋交付买受人的，由县级以上地方人民政府建设（房地产）主管部门责令限期改正；逾期不改正的，处以3万元以下的罚款。

3. 住宅共用部位、共用设施设备维修和更新、改造，涉及尚未售出的商品住宅、非住宅或者公有住房的，开发建设单位或者公有住房单位应当按照尚未售出商品住宅或者公有住房的建筑面积，分摊维修和更新、改造费用。开发建设单位未按规定分摊维修、更新和改造费用的，由县级以上地方人民政府建设（房地产）主管部门责令限期改正；逾期不改正的，处以1万元以下的罚款。

4. 违反本办法规定，挪用住宅专项维修资金的，由县级以上地方人民政府建设（房地产）主管部门追回挪用的住宅专项维修资金，没收违法所得，可以并处挪用金额2倍以下的罚款；构成犯罪的，依法追究直接负责的主管人员和其他直接责任人员的刑事责任。

物业服务企业挪用住宅专项维修资金，情节严重的，除按前款规定予以处罚外，还应由颁发资质证书的部门吊销资质证书。

【现实建议】

物业专项维修资金的使用和管理，应该遵循以下的程序：物业的维修资金从产权的角度上来讲归全体业主所有，物业专项维修资金的使用，必须经全体业主大会的统一，授权业主委员会批准，委托物业服务企业才能动用这笔资金。如果在业主委员会成立之前，可由政府行政主管部门负责管理，一般不由物业服务企业直接掌管，因为这笔资金是永久性存在的，而物业服务企业只是受业主大会的委托在一定时期内管理该物业的。为了防止物业服务企业的短期行为，或是因辞聘物业服务企业而影响使用这笔资金的安全，必须由业主委员会负责该资金的管理。当物业服务企业需要使用时，再提出使用计划和预算，报业主大会及业主委员会批准，并在使用过程中，接受业主委员会、银行、国土资源和房屋管理局的监督检查。

【课堂活动】

案例分析：王先生购买了天天花园一套商品房。依照合同约定，王先生付清了全部房款，并且支付了房屋建筑面积乘以成本价3%的住宅专项维修资金。辉达物业服务企业从事小区的前期物业管理。入住后，由于电梯意外受损，王先生便与其他业主提出修复或更换电梯。开发商因涉及多起诉讼，资金短缺，于是就使用维修资金来修理电梯，事后开发商一直未归还这笔钱款。业主发现后，要求开发商还钱，但开发商却认为，电梯属于共用设备，其修理可以使用维修资金，不用返还。双方就此发生争执，直至诉诸法院。请问：前期物业管理期间可否使用专项维修资金？

任务 8
物业管理纠纷的处理

【学习目标】
1. 学会正确选择物业纠纷的处理途径。
2. 掌握调解、行政复议、仲裁、诉讼等物业纠纷处理方式。

任务 8.1 常见物业纠纷解决途径的认识

【案例 8-1 导入】

乐嘉花园的业主蒋某、李某、吴某等人没有按照物业服务合同的约定交纳物业服务费,该小区的信义物业服务企业多次催促,蒋某等人总以种种理由回避。信义物业服务企业遂将此事向业主委员会反映。业主委员会了解情况之后,明确了物业公司与小区业主蒋某等人的争议焦点,遂组织相关工作人员做业主的工作。经过业主委员会的调解,业主蒋某等人按照规定交纳了物业服务费用;物业服务企业也在日常的管理中提高了服务的质量。这次业主与物业服务企业的纠纷,经过业主委员会的调解,得到了圆满的解决。

【思考】
1. 本案中物业管理民事纠纷有哪些解决途径?
2. 本案中业主委员会是否有权进行调解,为什么?
3. 本案中业主蒋某等人的行为正确吗,为什么?

【相关法条】

《物业管理条例》

第 7 条 业主在物业管理活动中，履行下列义务……（五）按时缴纳物业服务费用。

第 20 条 业主大会、业主委员会应当配合公安机关，与居民委员会相互协作，共同做好维护物业管理区域内的社会治安等相关工作。

【案例分析】

1. 物业管理纠纷的解决方式有多种，一般认为包括：协商、调解、行政处理、仲裁、诉讼。争议额比较小的纠纷可以选择协商和调解，但是事实繁琐、法律关系复杂且争议额比较大的案件还是选择仲裁或诉讼，更能有力公正的处理。

2. 本案中，业主委员会的调解行为在性质上属于民间调解。业主委员会是有资格进行调解的，理由如下：首先，业主委员会作为第三方是争议一方物业服务企业选择的；其次，根据《物业管理条例》第 15 规定："业主委员会执行业主大会的决定事项，履行下列职责：……（三）及时了解业主、物业使用人的意见和建议，监督和协助物业服务企业履行物业服务合同；（四）监督管理规约的实施。"本案中，业主不交纳物业服务费用，是违反管理规约的行为，而业主委员会依法可以监督管理规约的实施。

3. 《物业管理条例》第 7 条规定："业主有缴纳物业服务费的义务。"本案蒋某等人总以物业公司没有提供高质量的物业服务作为借口，逃避交纳物业费用的行为是违法行为，也是违反合同约定的，要承担相应的违约责任。

【知识点】

问题一：什么是调解？

调解是指当事人之间发生物业管理纠纷时，由第三人来主持引导当事人进行协商活动，坚持自愿原则和合法原则，运用对当事人的利害分析、说服教育的方法，促使当事人双方互相谅解，自愿达成协议的一种解决争议的方式。在我国现有的调解形式主要有：民间调解、行政调解和司法调解三种。

民间调解广义上包括人民调解委员会、律师调解、协会组织调解；狭义上仅指人民调解委员会调解，其调解要靠当事人自觉履行，不能强制执行。比如，劳动争议发生后，纠纷主体可以向本单位劳动争议调解委员会申请调解，再如，消费者协会依《消费者权益保护法》的规定，可以对消费者与经营者之间的消费纠纷进行调解。

行政调解是指在特定的国家行政主管机关主持下进行的调解，具有行政性质。行政调解书具有法律效力，若一方不执行，主管机关虽无权强制其执行，但另一方当事人可以持行政调解书向有管辖权的法院申请强制执行；若达成调解协议的一方反悔了，要推翻行政调解书写明的协议，就必须到法院起诉才能推翻。

司法调解又称法院调解。法院受审案件的民事部分可以在审判人员主持下进行调解，一般只有在调解不成的情况下，才依法作出判决。司法调解书和判决具有同等效力，一经送达生效就产生法律后果。

调解与仲裁和诉讼相比，调解并非严格依据程序法规范和实体法规范来进行的，而具有很大程度上的灵活性和随意性。调解的开始、步骤、结果常常伴随着纠纷主体的意志而变动、确定，因此调解的规范较少。但是与和解相比，调解的规范因素较多。这是因为在调解过程中，纠纷主体为了获得调解人的支持，往往有必要就自己的正当性对调解人进行说服，特别是调解人越具有中立性，纠纷主体所主张的正当性就越重要；并且调解人基于多种因素的考虑，常常依据正当的社会规范来协调纠纷双方的利益冲突。

问题二：什么是物业管理纠纷的行政复议？

行政复议是行政处理的方式之一，物业管理纠纷的行政复议是指物业服务企业、业主、非业主使用人、房地产开发公司及参与物业管理法律关系的其他组织和个人认为物业管理行政主管机关及公安、物价、工商、环保、税收等其他行政机关的具体行政行为侵犯了其合法权益，依法定的程序和条件向作出该具体行政行为的上一级行政机关提出复议申请，要求行政复议机关依法对该具体行政行为进行合法性、适当性审查，并作出行政复议决定的行政行为。行政复议的特征有：第一，一级复议，以书面复议为原则；第二，合法性和适当性双重审查；第三，不适用调解；第四，复议不停止执行。行政诉讼将在任务8.4详细介绍，这里不做重复。

问题三：行政复议的程序是如何？

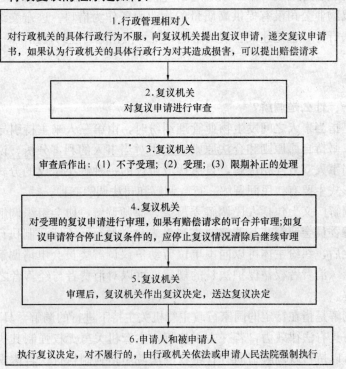

问题四：行政复议管辖如何确定？

1. 对县级以上地方各级人民政府工作部门的具体行政行为不服的，由申请人选择，可以向该部门的本级人民政府申请行政复议，也可以向上一级主管部门申请行政复议。对海关、金融、国税、外汇管理等实行垂直领导的行政机关和国家安全机关的具体行政行为不服的，向上一级主管部门申请行政复议。

2. 对省、自治区、直辖市人民政府以外的地方各级人民政府的具体行政行为不服的，向上一级地方人民政府申请行政复议。不能向上级人民政府的工作部门或者向更上一级人民政府申请复议。对省、自治区人民政府依法设立的派出机关所属的县级地方人民政府的具体行政行为不服的，向该派出机关申请行政复议。

3. 对国务院部门或者省、自治区、直辖市人民政府的具体行政行为不服的，向作出该具体行政行为的国务院部门或者省、自治区、直辖市人民政府申请行政复议。对行政复议决定不服的，可以向人民法院提起行政诉讼；也可以向国务院申请裁决，国务院依照行政复议法的规定作出最终裁决。当事人不得对国务院的最终裁决提起行政诉讼。

4. 对县级以上地方人民政府依法设立的派出机关的具体行政行为不服的，向设立该派出机关的人民政府申请行政复议；

5. 对政府工作部门依法设立的派出机构依照法律、法规或者规章规定，以自己的名义作出的具体行政行为不服的，向设立该派出机构的部门或者该部门的本级地方人民政府申请行政复议。

6. 对法律、法规授权的组织的具体行政行为不服的，分别向直接管理该组织的地方人民政府、地方人民政府工作部门或者国务院部门申请行政复议。

7. 对两个或者两个以上行政机关以共同的名义作出的具体行政行为不服的，向其共同上一级行政机关申请行政复议。

8. 对被撤销的行政机关在撤销前所作出的具体行政行为不服的，向继续行使其职权的行政机关的上一级行政机关申请行政复议。

问题五：行政复议期限是多少？

《行政复议法》第9条第1款规定："公民、法人或者其他组织认为具体行政行为侵犯其合法权益的，可以自知道该具体行政行为之日起60日内提出行政复议申请；但是法律规定的申请期限超过60日的除外。"行政复议申请期限的计算依照下列规定办理：

1. 当场作出具体行政行为的，自具体行政行为作出之日起计算。

2. 载明具体行政行为的法律文书直接送达的，自受送达人签收之日起计算；载明具体行政行为的法律文书邮寄送达的，自受送达人在邮件签收单上签收之日起计算，没有邮件签收单的，自受送达人在送达回执上签名之日起计算。

3. 具体行政行为依法通过公告形式告知受送达人的，自公告规定的期限届满之日起计算；行政机关作出具体行政行为时未告知公民、法人或者其他组织，事后补充告知的，自该公民、法人或者其他组织收到行政机关补充告知的通知之日起计算；被申请人能够证明公民、法人或者其他组织知道具体行政行为的，自证据材料证明其知道具体行政行为之日起计算。

4. 行政机关作出具体行政行为,依法应当向有关公民、法人或者其他组织送达法律文书而未送达的,视为该公民、法人或者其他组织不知道该具体行政行为。

5. 对于行政机关作出的具体行政行为对公民、法人或者其他组织的权利、义务可能产生不利影响的,条例明确规定"应当告知其申请行政复议的权利、行政复议机关和行政复议申请期限"。

问题六:物业管理纠纷的解决要注意什么?

要解决好物业管理纠纷必须从以下几点入手:

1. 民事性质的物业管理纠纷的解决要注重调解。在合法的前提下,要遵循当事人意思自治原则,尽量促成纠纷当事人的和解,从而有利于及时解决纠纷,节省解决纠纷的成本,有利于维持当事人之间的良好关系,也便于执行。除了人民调解委员会外,要更充分发挥社会服务组织或基层组织的作用,例如物业管理协会、业主委员会、居委会、消费者协会等等。

2. 证据是处理物业管理纠纷时必须高度重视的。以事实为依据、以法律为准,是处理纠纷案件的一项基本原则。而事实必须有证据加以证明才能认定。证据是指能够证明案件或纠纷真实情况的一切事实。作为证据还必须是法律允许的,合法程序获得的。

【现实建议】

在西方人看来,调解是作为一种"东方经验"而存在的,对之抱有极大的热情。在现实生活中,调解也是纠纷解决途径当中比较高效常用的一种。明确调解目的,理清调解思路,注重调解技巧,认真做好调解工作对于构建社会主义和谐社会无疑具有重要的作用。

【课堂作业】

以3个人为一组分别扮演业主蒋某、物业助理张某、业主委员会主任,模拟案例8-1,以调解的方式进行解决纠纷,模拟地点为物业服务中心,模拟时间为10分钟,要求最后达成一份调解书。

任务8.2 物业纠纷仲裁的认识

【案例8-2导入】

张清舅舅老杨所在的海浪小区成立业主大会并依法选举了业主委员,业主委员会作为业主们的维权代表,严格按照规定履行其职责,受到小区业主们的好评。业主大会解聘了前期物业管理阶段由建设单位聘请的一家物业服务企业之后,业主委员会又依据业主大会的决议与另一家物业服务企业签订了物业服务合同；合同中对争议解决的方式也作了约定，即通过奉市 A 仲裁委员会仲裁解决。其后，物业服务企业在物业管理服务过程中，并没有严格按照物业服务合同的约定履行其义务。住宅小区业主们投诉较多，意见较大。因此，业主委员会代表小区业主向人民法院提起诉讼。法院受理后，物业服务企业提出法院无权管辖此案，因物业服务合同中有仲裁条款的约定，所以法院应当依法驳回起诉。

【思考】

1. 物业服务合同中仲裁条款的约定是否有效？
2. 法院驳回业主的起诉是否正确，为什么？
3. 如果物业服务企业没有提出法院无权管辖，法院判决下来后还可以提出判决无效吗？

【相关法条】

《仲裁法》第 16 条规定：仲裁协议包括合同中订立的仲裁条款和以其他书面方式在纠纷发生前或者纠纷发生后达成的请求仲裁的协议。

仲裁协议应当具有下列内容：

（一）请求仲裁的意思表示；
（二）仲裁事项；
（三）选定的仲裁委员会。

《仲裁法》第 4 条规定：当事人采用仲裁方式解决纠纷，应当双方自愿，达成仲裁协议。没有仲裁协议，一方申请仲裁的，仲裁委员会不予受理。

《仲裁法》第 26 条规定：当事人达成仲裁协议，一方向人民法院起诉未声明有仲裁协议，人民法院受理后，另一方在首次开庭前未对人民法院受理此案提出异议的，视为放弃仲裁协议，人民法院应当继续审理。

【案例分析】

1. 本案主要涉及的是民事纠纷解决方式以及仲裁的相关法律规定问题。双方根据《物业管理条例》的相关规定，依法签订了物业服务合同，并在合同中约定了仲裁条款。依据我国《合同法》的规定：当事人不愿和解、调解或者和解、调解不成的，可以根据仲裁协议向仲裁机构申请仲裁，因此，物业服务合同中关于仲裁条款的约定依法有效。

2. 根据我国《仲裁法》的规定，当事人达成仲裁协议，一方向人民法院起诉的，人民法院不予受理，但仲裁协议无效的除外。本案中，海浪小区业主委员会与物业服务企业签订的物业服务合同依法有效，因合同中约定争议解决方式采取仲裁方式，因此，法院不予受理此案正确，当事人应当将本案提交双方约定的仲裁机构解决。

3. 本案的情形按照法律的相关规定应当根据物业服务合同的约定到仲裁机构提交仲裁申请，而不是向人民法院起诉。当然，本案中如果业主委员会的起诉被法院受理了，而且物业服务企业也应诉了，法院判决下来后还是有效的判决。根据《仲裁法》第二十六条，如果法院受理了，物业服务企业在首次开庭前没有提出异议，就视为放弃仲裁协议，那么应当认定判决有效。

【知识点】

问题一：什么是仲裁，它有什么特点？

仲裁是指双方在纠纷发生前或纠纷发生后达成协议或者根据有关法律规定，将纠纷交给中立的民间组织进行审理，并作出约束纠纷双方的裁决的一种解决纠纷机制。我国《仲裁法》第二条规定："平等主体的公民、法人和其他组织之间发生的合同纠纷和其他财产权益纠纷，可以仲裁。"

仲裁一般要求当事人之间在仲裁之前达成仲裁协议。但是，也存在一些特定情形下的法定仲裁或强制性仲裁，这类仲裁是根据法律的规定进行而无须仲裁协议，比如劳动争议仲裁。与诉讼相比，仲裁体现出当事人的高度意思自治和充足程序选择权，并且程序简便迅速、方式灵活、成本低廉。他有以下三个特点：

1. 仲裁的民间性。《仲裁法》第31条规定："当事人约定由三名仲裁员组成仲裁庭的，应当各自选定或者各自委托仲裁委员会主任指定一名仲裁员，第三名仲裁员由当事人共同选定或者共同委托仲裁委员会主任指定。第三名仲裁员是首席仲裁员。当事人约定由一名仲裁员成立仲裁庭的，应当由当事人共同选定或者共同委托仲裁委员会主任指定仲裁员。"从该条规定我们可以看出．仲裁员主要是由当事人选定或约定的专家，非国家工作人员。

2. 仲裁的自治性。主要体现在：第一，是否采用仲裁解决纠纷取决于当事人的合意；第二，当事人有权从仲裁委员会提供的仲裁员名册中选定和约定仲裁员；第三，当事人自行确定仲裁机构；第四，当事人可以约定审理方式、开庭形式等等。

3. 仲裁的法律性。从我国《仲裁法》的规定可以看出，仲裁虽具有民间性、自治性，但不能排除适用强行法；仲裁离不开诉讼法院的支持、监督，仲裁过程中的证据保全、财产保全以及仲裁裁决的执行，都要借助于法院根据国家强制力来执行。

问题二：如何选择纠纷解决途径是仲裁还是诉讼？

仲裁与诉讼相比较而言具有如下特点：

1. 仲裁实行一局终裁，仲裁裁决作出后，当事人不得申请再裁或者提起诉讼，当事人必须履行仲裁裁决。否则，另一方当事人可以申请人民法院强制执行，但依法应予撤销的仲裁裁决除外。但诉讼除适用特别程序的案件外，一般有一审、二审，有的还可能引起再审。马拉松式的诉讼不利于迅速解决民间纠纷，常会让当事人陷入诉讼。

2. 当事人可以协议选择仲裁委员会、仲裁规则、仲裁员等。而诉讼必须严格依据《民事诉讼法》的规定向有管辖权的法院起诉，程序严格依照《民事诉讼法》的规定进行，当事人也不得选择审判员等。

3. 仲裁的仲裁期限一般较短，而诉讼除适用简易程序的案件，审限较短外，普通程序的案件审限一般较长，而且还可以报请延长。

4. 仲裁实行不公开审理，仲裁裁决也不向社会公开，这有利于保护当事人的商业秘密及商业声誉等，而诉讼除法定不予公开开庭的审理外，一律公开开庭审理，允许新闻记者采访、报道等，且不开庭审理的案件，判决一律公开。对于商业主体来说，仲裁无非是更好的一种解决方式。仲裁受人为的影响、干预较少，而诉讼有时可能因权力的扭曲而造成司法的不公。

问题三：如何订立仲裁条款？

当事人将合同争议提请仲裁，必须基于有效的仲裁协议。根据《仲裁法》第16条第2款的规定，仲裁协议内容必须具备三个要素：一是要有请求仲裁的意思表示；二是要有仲裁事项；三是要有选定的仲裁委员会。

问题四：仲裁的流程是什么？

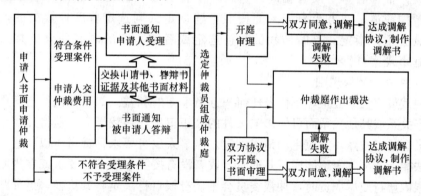

问题五：仲裁的适用范围有哪些？

仲裁的适用范围是指仲裁作为纠纷的一种解决方式，可以解决哪些纠纷，不能解决哪些纠纷，《仲裁法》都有规定。根据《仲裁法》第二条规定："平等主体的公民、法人和其他组织之间发生的合同纠纷和其他财产权益纠纷，可以仲裁。第三条规定：下列纠纷不能仲裁：（一）婚姻、收养、监护、扶养、继承纠纷；（二）依法应当由行政机关处理的行政纠纷。"

问题六：仲裁庭是如何组成的？

根据仲裁委员会的仲裁规则，仲裁庭分为独任仲裁庭和合议仲裁庭两种，独任仲裁庭由一名仲裁员组成，合议仲裁庭由三名仲裁员组成。当事人可以约定仲裁庭的组成形式。适用简易程序的案件，由一名仲裁员组成独任仲裁庭予以审理。对于其他大部分适用普通程序的案件，除非当事人另有约定，一般由三名仲裁员组成的合议仲裁庭审理。

1. 独任仲裁员仲裁

如案件由独任仲裁员审理，双方当事人可以共同选定或者共同委托仲裁委员会主任指定一名仲裁员作为独任仲裁员。如简易程序案件的当事人在被申请人收到仲裁通知之日起15天内,或者约定由独任仲裁员进行审理的普通程序案件的当事人在被申请人收到仲裁通知之日起15天内未能就独任仲裁员的人选达成一致意见,则由仲裁委员会主任指定。

2. 合议庭仲裁

如案件由三人仲裁员审理,申请人和被申请人应当各自在收到仲裁通知之日起15天内选定一名仲裁员或者委托仲裁委员会主任指定。当事人未在上述期限内选定或委托仲裁委员会主任指定的,由仲裁委员会主任指定。首席仲裁员由双方当事人在被申请人收到仲裁通知之日起15天内共同选定或者共同委托仲裁委员会主任指定。双方当事人可以各自推荐一至三名仲裁员作为首席仲裁员人选,并将推荐名单在仲裁规则规定的期限内提交至仲裁委员会。双方当事人的推荐名单中有一名人选相同的,为双方当事人共同选定的首席仲裁员;有一名以上人选相同的,由仲裁委员会主任根据案件的具体情况在相同人选中确定一名首席仲裁员,该名首席仲裁员仍为双方共同选定的首席仲裁员;推荐名单中没有相同人选时,由仲裁委员会主任在推荐名单之外指定首席仲裁员。双方当事人未能按照上述规定共同选定首席仲裁员的,由仲裁委员会主任指定。首席仲裁员与被选定或者被指定的两名仲裁员共同组成仲裁庭审理案件。

3. 回避、替换规则

仲裁员应独立公正,不代表任何一方当事人的利益。如果仲裁员与案件有个人利害关系或其他关系而可能影响案件的公正审理,仲裁员应主动将此情形向仲裁委员会予以披露,并应主动请求回避。当事人也可要求仲裁员予以回避。仲裁员在法律上或事实上不能履行其职责,或者没有按照本规则的要求或在规则规定的期限内履行应尽职责时,仲裁委员会主任有权自行决定将其更换;该仲裁员也可以主动申请不再担任仲裁员。

在最后一次开庭终结后,如果三人仲裁庭中的一名仲裁员因死亡或被除名而不能参加合议及/或作出裁决,另外两名仲裁员可以请求仲裁委员会主任按照仲裁规则的规定替换该仲裁员;在征求双方当事人意见并经仲裁委员会主任同意后,该两名仲裁员也可以继续进行仲裁程序,作出决定或裁决。仲裁委员会秘书局应将上述情况通知双方当事人。

仲裁委员会制定有《仲裁员守则》,用以约束规范仲裁员在案件审理中的行为。仲裁员应根据事实,在依照法律规定的前提下,公平合理、独立公正地审理案件。仲裁员应公平独立地实施仲裁程序,给予当事人充分陈述意见的机会。候选仲裁员事先与一方当事人讨论过案情或提供过咨询意见的,不得担任该案仲裁员;仲裁员不得收受当事人的馈赠,不得与一方当事人单独会见讨论案情或接收材料;仲裁员应严格保守仲裁秘密,不得向外界和案件当事人披露任何有关案件实体和程序性事项,亦不得发表个人看法;仲裁员应审慎地履行职责。

问题七：如何缴纳仲裁的费用？

仲裁的收费标准：按照规定，房地产纠纷申请仲裁时必须要交付仲裁诉讼费，其中包括案件受理费和案件处理费两种。

1. 案件受理费

该费用是一种"国家规费"，主要用于仲裁机关的业务经费开支的补充。广州市的收费标准是：

（1）不涉及房屋产权的一般性案件，受理费为：公民纠纷每件20元，法人单位纠纷每件40元；公房欠租纠纷，按欠租额的10%收取费，低于50元的按50元收取。

（2）涉及房屋产权争执或收回一个自然间以上的使用权（即收回空房）的，依争议的标的价值按比例收取，具体标准是：标的在1千～5万元的部分，按3%收取；标的在5万～10万元的部分，按2.5%收取；标的在10万～20万元的部分，按1.5%收取；标的在20万～50万元的部分按1.12%收取；标的在50万～100万元的部分，按0.75%收取；标的超过100万～500万元的部分，按0.37%收取。

2. 案件处理费

案件处理费不同于案件的受理费，处理费是根据当事人双方争执的事项或仲裁诉讼的需要，对房屋、土地进行评估、勘测、鉴定或取证等所需的费用，是按实际支出由当事人先向有关单位支付，或由当事人先预交处理费，由仲裁机关代付给有关单位，结案后统一结账。

案件处理费主要包括：评估房产、装修、水暖设备及附属物的价格；评估房屋、土地租金；测量房屋、宅基地、房基地的面积、坚向标高等；鉴定房屋设备等工程质量和完损状况；拆砌墙身、鉴定所有权；证人误工补贴及差旅费；仲裁人员跨省、市外调的差旅费等。

3. 仲裁费用的负担与减免

（1）仲裁费的负担分类：

是由仲裁机关采取依法裁决责令负担。责令负担又根据败诉或受益比例分别采取：①败诉人负担，其中又分为当事人部分败诉、部分胜诉；②按比例负担，按比例和责任大小分担和共同诉讼人败诉时，按共同诉讼人的不同责任、不同的份额或占有标的成数分担；③申请人负担，申请人出于某种原因，申请仲裁立案收费后，又申请撤诉的，原缴纳的受理费仍由申请人负担，不再退还。

（2）仲裁费的减免：

在仲裁实际受理中，有两种情况可减免仲裁费：一种是当事人确有经济困难，无力缴纳受理费的，可由当事人申请，仲裁机关审查批准，可以适当减收或免收；另一种是因仲裁机关的过失，可经仲裁委员会批准，当事人免交仲裁费用。

问题八：哪些情况下仲裁结果会被撤销？

根据《仲裁法》第58条规定："当事人提出证据证明裁决有下列情形之一的，

可以向仲裁委员会所在地的中级人民法院申请撤销裁决：
（一）没有仲裁协议的；
（二）裁决的事项不属于仲裁协议的范围或者仲裁委员会无权仲裁的；
（三）仲裁庭的组成或者仲裁的程序违反法定程序的；
（四）裁决所根据的证据是伪造的；
（五）对方当事人隐瞒了足以影响公正裁决的证据的；
（六）仲裁员在仲裁该案时有索贿受贿，徇私舞弊，枉法裁决行为的。
人民法院经组成合议庭审查核实裁决有前款规定情形之一的，应当裁定撤销。人民法院认定该裁决违背社会公共利益的，应当裁定撤销。"

第59条规定："当事人申请撤销裁决的，应当自收到裁决书之日起6个月内提出。"

【现实建议】

在现实当中当事人将合同争议提请仲裁，必须基于有效的仲裁协议。合同当事人往往会由于不了解仲裁制度和仲裁机构的设置，在合同争议条款中作出以下几种不规范的仲裁协议：第一，约定了仲裁地点，但没有约定仲裁机构，或虽然有约定，但约定的仲裁机构名称的方式、术语不规范，如："争议在"合同签订地（履行地）仲裁解决"、"争议所在地仲裁解决"等。第二，同时约定两个仲裁机构仲裁，如：争议可提交"A市有关仲裁机构仲裁"或"B市有关仲裁机构仲裁"。第三，既约定仲裁，又选择诉讼，如：发生争议向"合同履行地（签订地）仲裁机关申请仲裁，也可以直接向人民法院起诉"、争议由"合同履行地仲裁机关仲裁，对仲裁不服，向人民法院起诉"等。

【课堂活动】

假设你是一名物业助理，你所在的物业服务企业受业主委员会委托，对小区进行管理，同时收取小区内业主的物业服务费、水电费。谁知道，物业服务企业摊上了一个难对付的业主陈某，每次上门收钱他都采取抗拒态度，3年下来没交一分钱。物业服务企业找出当年与业主委员会签订的物业管理委托合同，上面签订了仲裁条款。请你登录中国商事仲裁委员会网址，上网查找仲裁相关资料，思考物业服务企业应如何进行仲裁准备。

任务8.3 物业纠纷民事诉讼的认识

【案例8-3导入】

2005年11月，杨某与信义物业服务企业签订物业服务协议。协议约定：物业服务费为每月每平方米 2.8 元，在每月 20 日前交纳，逾期每日加收千分之一的滞纳金。杨某于 2006 年 1 月入住，从 2007 年 2 月开始至 2009 年 10 月拒绝交纳物业费期间，物业服务企业分别于 2007 年 10 月和 2009 年 6 月两次通过同城快递发函催收，杨某仍拒绝支付。

无奈之下，物业服务企业诉至法院，请求法院判令杨某给付 2007 年 2 月至 2009 年 10 月的物业服务费及滞纳金。杨某辩称，物业服务企业自 2007 年 2 月知道其不交纳物业服务费时起，直到 2009 年 11 月向法院起诉，已经超过两年的诉讼时效，依法不予保护，请求法院驳回物业服务企业的诉讼请求。物业服务企业向法院提交了两份同城快递详情单及交寄邮件收据，表明公司曾经主张过权利，证明诉讼时效中断，对于其权利的保护没有超过诉讼时效期间。

【思考】

1. 什么是诉讼时效，我国民事诉讼中规定诉讼时效是多久？
2. 什么是诉讼时效中断？诉讼时效中止和中断的法律效果有什么不同？
3. 本案中物业服务企业是否超过诉讼时效，为什么？
4. 如果物业服务企业超过诉讼时效，法院应如何处理？

【相关法条】

《民法通则》第 135 条规定：向人民法院请求保护民事权利的诉讼时效期间为 2 年，法律另有规定的除外。

第 140 条规定：诉讼时效因提起诉讼、当事人一方提出要求或者同意履行义务而中断。从中断时起，诉讼时效期间重新计算。

【案例分析】

1. 诉讼时效是指民事权利受到侵害的权利人在法定的时效期间内不行使权利，当时效期间届满时，人民法院对权利人的权利不再进行保护的制度。在法律规定的诉讼时效期间内，权利人提出请求的，人民法院就强制义务人履行所承担的义务。而在法定的诉讼时效期间届满之后，权利人行使请求权的，人民法院就不再予以保护。值得注意的是，诉讼时效届满后，义务人虽可拒绝履行其义务，权利人请求权的行使仅发生障碍，权利本身及请求权并不消灭。当事人超过诉讼时效后起诉的，人民法院应当受理。受理后查明无中止、中断、延长事由的，判决驳回其诉讼请求。

诉讼时效依据时间的长短和适用范围分为一般诉讼时效和特殊诉讼时效。我国《民法通则》第 135 条规定一般诉讼时效期间为 2 年。特殊时效可分为以下两种：①短期时效。短期时效指诉讼时效不满两年的时效。我国《民法通则》第 136 条规定："下列时效为一年：1. 身体受到伤害要求赔偿的；2. 出售质量不合规格的商品未声明的；3. 延付或拒付租金的；4. 寄存财物被丢失或被损坏的。"②最长诉讼时效。最长诉讼时效为二十年。我国《民法通则》第137条规定:"从权利被侵害之日起超过二十年,人民法院不予保护"。

2. 我国《民法通则》还规定了诉讼时效期间的中断,它是指在诉讼时效进行过程中,因出现了法定事由致使已进行的期间全部归于无效,诉讼时效重新起算。诉讼时效中断的事由包括提起诉讼、权利人主张权利和义务人同意履行等几种方式。

诉讼时效中止:是指在诉讼时效期间的最后6个月内,因不可抗力或者其他障碍不能行使请求权的,诉讼时效中止。从中止时效的原因消除之日起,诉讼时效期间继续计算。

法律后果不同在于:诉讼时效中止从中止时效的原因消除之日起,诉讼时效期间继续计算,而诉讼时效中断是重新计算。

3. 本案中物业服务企业没有超过诉讼时效,计算方法具体如下:从2007年2月杨某在规定的日期没有交纳物业服务费的次日起,物业服务企业就应当知道其债权受到侵害,2年的诉讼时效开始计算,到2009年2月时效届满。但是由于物业服务企业在此期间内两次发函催收,使得诉讼时效两次中断,因此,诉讼时效应该从第二次中断时起重新计算,即从2009年6月开始计算。所以,物业服务企业在2009年11月起诉没有超过2年的诉讼时效期间。因此,物业服务企业一定要在2年的诉讼时效期间内起诉或以其他方式主张自己的权利并保留相应的证据,否则将无法保护自己的权益。本案中,物业服务企业向法院提交了两份同城快递详情单及交寄邮件收据,表明公司曾经主张过权利,证明了诉讼时效中断,保护了自己的利益。

4. 诉讼时效丧失的是实体胜诉权,程序上还是可以起诉的。因此,法院会受理但是会裁定驳回诉讼请求。但是对方如果不提出超过诉讼时效这个抗辩理由的话,法院也不会主动审查。

【知识点】

问题一:什么是物业管理纠纷民事诉讼,它有什么特征?

诉讼,也就是通常说的"打官司",通过"打官司"的方式解决物业管理纠纷。物业管理纠纷民事诉讼,是指人民法院在物业管理纠纷当事人和其他诉讼参加人的参加下,以审理、判决、执行等方式解决物业管理民事纠纷的活动。与协商、调解、仲裁这些诉讼之外的解决物业管理纠纷的方式相比,物业管理民事诉讼有如下特征:

1. 具有公权性。物业管理纠纷民事诉讼是以司法方式解决物业管理纠纷,是由法院代表国家行使审判权解决争议,它既不同于当事人自愿协商的方式,也不同于第三者的调解和具有民间性质的仲裁机构的居中仲裁。

2. 具有强制性。强制性是公权性的重要属性。物业管理纠纷民事诉讼的强制性既表现在案件的受理上,也表现在裁判的执行上。调解、仲裁均建立在当事人自愿的基础上,只要有一方不愿意选择上述方式解决争议,调解、仲裁就无从进行；民事诉讼则不同，只要原告起诉符合民事诉讼规定的条件，无论被告是否愿意，诉讼都会发生。诉讼外调解协议的履行依赖于当事人的自觉，不具有强制力；法院裁判则不同，当事人不自动履行生效裁判所确定的义务，法院可以依法强制执行。

3. 具有程序性。物业管理纠纷民事诉讼是依照法定程序进行的诉讼活动，无论是法院还是当事人和其他诉讼参加人，都需要按照民事诉讼法设定的程序实施诉讼行为，违反诉讼程序常常会引起严重的后果，如法院的裁判被上级法院撤销，当事人失去某种诉讼行为的权利等。诉讼外解决民事纠纷的方式程序性较弱，调解没有严格的程序规则，仲裁虽然也需要按预先设定的程序进行，但其程序相当灵活，当事人对程序的选择权也大。

4. 具有可调解性。人民法院在审理物业管理纠纷民事案件时，应该根据自愿和合法的原则进行调解，调解不成的应当及时判决。

问题二：如何正确选择管辖的法院？

民事诉讼的管辖是指各级法院之间和同级法院之间受理第一审民事案件的分工和权限。民事诉讼管辖有级别管辖和地域管辖之分。级别管辖是指按照一定的标准，划分上下级法院之间受理第一审民事案件的分工和权限；地域管辖是指按照各法院的辖区和民事案件的隶属关系来划分的同级法院之间受理第一审民事案件的分工和权限。

1. 物业管理纠纷民事诉讼的级别管辖

我国法院有四级，各区、县设的基层人民法院（如广州市白云区人民法院）、市一级设的中级人民法院（如广州市中级人民法院）、省一级设的高级人民法院（如广东省高级人民法院）和最高人民法院。每一级法院受理的一审民事纠纷其管辖的依据都是根据纠纷的性质、繁简程度和纠纷影响的大小、争议标的额的大小来确定的。一般物业管理纠纷民事诉讼由基层人民法院或中级人民法院受理。具体而言根据《民事诉讼法》第18条规定："基层人民法院管辖第一审民事案件，但本法另有规定的除外。"第19条规定："中级人民法院管辖下列第一审民事案件：（一）重大涉外案件（根据司法解释，重大涉外案件是指争议标的额大，或者案情复杂，或者居住在国外的当事人人数众多的涉外案件）；（二）在本辖区有重大影响的案件；（三）最高人民法院确定由中级人民法院管辖的案件。"

2. 物业管理纠纷民事诉讼的地域管辖

地域管辖分一般地域管辖、特殊地域管辖和专属地域管辖。一般地域管辖实行"原告就被告原则"，即以被告所在地为确定管辖的标准。特殊地域管辖，通常可以不以被告所在地的法院而选择其他标准作为管辖依据，专属管辖是由法律规定某些特殊类型的案件专门由特定法院管辖。具体到物业管理纠纷诉讼的地域管辖，因物业服务合同纠纷大都是由不动产物业引起的，所以应适用专属管辖原则，由物业所在地法院管辖；因侵权引起的物业管理纠纷，其侵权行为地一般是物业所在地，所以也应由物业所在地法院管辖。

问题三：物业管理民事诉讼的流程是什么？

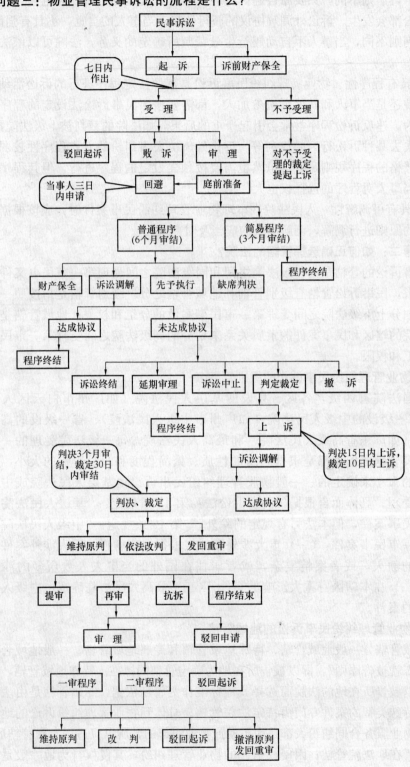

问题四：什么是财产保全，如何运用财产保全制度？

1. 财产保全，是指人民法院在利害关系人起诉前或者当事人起诉后，为保障将来的生效判决能够得到执行或者避免财产遭受损失，对当事人的财产或者争议的标的物，采取限制当事人处分的强制措施。财产保全可以分为诉讼中财产保全和诉前财产保全。

2. 程序：

（1）诉讼中财产保全，应当由当事人提出申请，人民法院进行审查，作出财产保全的裁定，根据裁定采取财产保全措施。人民法院也可以根据案件的实际情况，依职权主动作出财产保全裁定，采取财产保全措施。人民法院接到申请后，对情况紧急的，必须在48小时内作出裁定，并开始执行。

（2）诉前财产保全，一概由申请人提出申请，并且提供担保。人民法院对诉前财产保全申请，必须在接受申请后的48小时内作出裁定，并立即开始执行。申请人在人民法院采取保全措施后十五日内不起诉的，人民法院应当解除财产保全。

问题五：物业管理民事纠纷的举证责任如何分配，期限是多少？

1. 举证责任分配

举证责任是指诉讼当事人应依法向人民法院提供与案件事实相关的证据，否则，将承担其主张不能成立后果。举证责任分配的基本准则，就是"谁主张谁举证"。此外还有一些特殊准则：

（1）侵权诉讼中，下列案件由侵权人提供免除责任的证据，否则，就要承担侵权责任。此类情形通常称"举证责任倒置"。

1）因产品制造方法发明专利引起的专利侵权诉讼，被控为侵权方即由制造同样产品的单位或个人承担举证责任，以证明其产品的制造方法不同于专利方法，并非专利侵权。

2）高度危险作业致人损害的侵权诉讼，由加害人承担举证责任，以证明损害是受害人故意造成的，而非加害人的责任。

3）因环境污染引起的损害赔偿诉讼，由加害人就法律规定的免责事由及其行为与损害结果之间不存在因果关系承担举证责任。

4）建筑物或者其他设施以及建筑物上的搁置物、悬挂物发生倒塌、脱落、坠落致人损害的侵权诉讼，由所有人或者管理人对其无过错承担举证责任。

5）饲养动物致人损害的侵权诉讼，由动物饲养人或者管理人就受害人有过错或者第三人有过错承担举证责任。

6）因缺陷产品致人损害的侵权诉讼，由产品的生产者就法律规定的免责事由承担举证责任。

7）因共同危险行为致人损害的侵权诉讼，由实施危险行为的人就其行为与损害结果之间不存在因果关系承担举证责任。

8）因医疗行为引起的侵权诉讼，由医疗机构就医疗行为与损害结果之间不存在因果关系及不存在医疗过错承担举证责任。

（2）劳动争议纠纷案件中，因用人单位作出开除、除名、辞退、解除劳动合同、减少劳动报酬、计算劳动者工作年限等决定而发生劳动争议的,由用人单位负举证责任。

2. 举证期限

举证期限,是指当事人在规定的期限内向人民法院提交证据材料,逾期不交,视为放弃举证权利;逾期提交的证据材料,法院审理时不组织质证。但对方当事人同意质证的除外。

举证期限的确定,一种是当事人协商一致经法院认可。一种是法院指定,法院指定举证期限的,一般不少于 30 天。如果当事人在举证期限内举证确有困难,可向法院申请延期举证。

问题六：如何适用民事诉讼回避制度?

1. 程序

根据《民事诉讼法》当事人有权用口头或者书面的方式申请他们进行回避。当事人提出回避申请,应当说明理由,在案件开始审理时提出;回避事由在案件开始审理后知道的,也可以在法庭辩论终结前提出。同时,人民法院对当事人提出的回避申请,应当在申请提出的三日内,以口头或者书面形式作出决定。申请人对决定不服的,可以在接到决定时申请复议一次。人民法院对复议申请,应当在三日内作出复议决定,并通知复议申请人。

2. 回避人员

我国现行《民事诉讼法》第 45 条规定了关于当事人申请回避规定了三种情形：

(1) 是本案当事人或当事人、诉讼代理人的近亲属；

(2) 与本案有利害关系；

(3) 与本案当事人有其他关系,可能影响对案件公正审理的。

《最高人民法院关于审判人员严格执行回避制度的若干规定》第 1 条对审判人员应当回避的情形作了更加细致的规定,概括为：

(1) 是本案的当事人或者与当事人有直系血亲、三代以内旁系血亲及姻亲关系的；

(2) 本人或者其近亲属与本案有利害关系的；

(3) 担任过本案的证人、鉴定人、勘验人、辩护人、诉讼代理人的；

(4) 与本案的诉讼代理人、辩护人有夫妻、父母、子女或者同胞兄弟姐妹关系的；

(5) 本人与本案当事人之间存在其他利害关系,可能影响案件公正处理的。

【现实建议】

在生活中,业主拖欠物业服务费的现象非常普遍,物业服务企业也不可能动辄就打官司,因此,物业服务企业保存主张权利的证据以证明诉讼时效中断就非常重要。一些物业服务企业采取通过业主委员会催收物业服务费的办法。也是可行的,但业主委员会要出具相关证据予以证明。

【课堂活动】

案情介绍：2004 年 9 月赵某购买了南国花园的商品房一套,并于 9 月 26 日与南国公司物业服务部签订了物业委托管理的合同，约定无电梯的房屋按照每月每平方米 0.80 元收取。当日，赵某即交付了 2004 年 9 月至 12 月的物业服务费共计 346.70 元。2005 年 4 月 23 日，南国花园业主委员会与南国物业服务企业签订了一份物业服务合同，约定由南国公司管理南国花园物业，管理期限为 2 年，自 2005 年 5 月 1 日至 2007 年 5 月 1 日；物业服务费按照每月每平方米 0.80 元直接向业主收取；逾期支付的按每日收取 0.30% 的滞纳金。同年 5 月 1 日，南国花园业主委员会与南国公司又签订一份合同，约定原物业服务合同自即日起移交南国公司并继续有效。2005 年 5 月 1 日，南国公司填写"物业服务收费备案审核表"，收费标准确定为非电梯房每平方米每月 0.93 元，电梯房为 1.23 元，并加盖了业主委员会印章；后物价管理部门同意备案。2005 年 7 月 29 日，赵某交纳了 2005 年 1 月至 9 月的物业服务费，其中 1 至 4 月的费用为 346.70 元，5 至 9 月的费用为 433.40 元。从 2005 年 10 月起，赵某拒绝支付物业服务费。2006 年 3 月 14 日，南国公司将赵某诉至法院，请求判令赵某按照 0.80 元的标准支付物业服务费。

请你以上述案情为基础，如果你是南国物业服务企业原告身份向法院提起诉讼，请计算应当缴纳多少诉讼费用？

附《诉讼费用交纳办法》相关规定。

第 6 条 当事人应当向人民法院交纳的诉讼费用包括：

（一）案件受理费；

（二）申请费；

（三）证人、鉴定人、翻译人员、理算人员在人民法院指定日期出庭发生的交通费、住宿费、生活费和误工补贴。

第 7 条 案件受理费包括：

（一）第一审案件受理费；

（二）第二审案件受理费；

（三）再审案件中，依照本办法规定需要交纳的案件受理费。

第 13 条 案件受理费分别按照下列标准交纳：

（一）财产案件根据诉讼请求的金额或者价额，按照下列比例分段累计交纳：

1. 不超过 1 万元的，每件交纳 50 元；
2. 超过 1 万元～10 万元的部分，按照 2.5% 交纳；
3. 超过 10 万元～20 万元的部分，按照 2% 交纳；
4. 超过 20 万元～50 万元的部分，按照 1.5% 交纳；
5. 超过 50 万元～100 万元的部分，按照 1% 交纳；
6. 超过 100 万元～200 万元的部分，按照 0.9% 交纳；
7. 超过 200 万元～500 万元的部分，按照 0.8% 交纳；
8. 超过 500 万元～1000 万元的部分，按照 0.7% 交纳；
9. 超过 1000 万元～2000 万元的部分，按照 0.6% 交纳；
10. 超过 2000 万元的部分，按照 0.5% 交纳。

（二）非财产案件按照下列标准交纳：

1. 离婚案件每件交纳 50 元至 300 元。涉及财产分割,财产总额不超过 20 万元的,不另行交纳;超过 20 万元的部分,按照 0.5% 交纳。

2. 侵害姓名权、名称权、肖像权、名誉权、荣誉权以及其他人格权的案件,每件交纳 100 元至 500 元。涉及损害赔偿,赔偿金额不超过 5 万元的,不另行交纳;超过 5 万元至 10 万元的部分,按照 1% 交纳;超过 10 万元的部分,按照 0.5% 交纳。

3. 其他非财产案件每件交纳 50 元至 100 元。

(三) 知识产权民事案件,没有争议金额或者价额的,每件交纳 500 元至 1000 元;有争议金额或者价额的,按照财产案件的标准交纳。

(四) 劳动争议案件每件交纳 10 元。

(五) 行政案件按照下列标准交纳:

1. 商标、专利、海事行政案件每件交纳 100 元;

2. 其他行政案件每件交纳 50 元。

(六) 当事人提出案件管辖权异议,异议不成立的,每件交纳 50 元至 100 元。

任务 8.4 物业纠纷行政诉讼的认识

【案例 8-4 导入】

原告信义小区业主委员会(以下简称信义业委会)认为被告北京市海淀区国土资源和房屋管理局(以下简称海淀区国土资源和房屋管理局)不履行备案法定职责的行为违法,于 2008 年 9 月 8 日向北京市海淀区人民法院提起行政诉讼。

原告诉称:2007 年 6 月 15 日,原告依法成立。2008 年 2 月,原告通过公开招标,与北京金罗马物业服务有限公司(以下简称金罗马公司)订立了物业服务合同,被告对此却不予备案,致使中标公司将原告告上法庭。2008 年 6 月 15 日,原告任期届满。此前,原告依照法定程序进行了改选,并于 2008 年 6 月 14 日以挂号信的方式,向被告申请备案。被告收到申请后,曾电话通知原告汇报工作,但并未在 15 日内以书面形式告知原告不予备案。直到 2008 年 8 月 14 日,原告才从被告的证词中得知被告没有对原告备案。原告认为,被告的行为损害了原告的合法权益,应当纠正,请求确认被告不履行备案职责的行为违法。

被告辩称:本案的原告不适合。小区业主委员会不是能够独立承担法律责任的组织,不具有诉讼行为能力,不具有原告主体资格。我局对信义小区业主委员会与金罗马公司订立的物业服务合同不予备案是合法的行政行为,对信义小区业主委员会换届选举不予备案也是合法的。信义小区业主委员会在改选过程中,未召开业主大会,以挂号信的方式申请备案且未提交应当提交的备案申请书、业委会章程、业委会委员名单及基本情况、产权人大会或产权人代表大会决议等材料,均不符合物业业委会委员会委员补选、改选、换届选举及变更事项的相关规定,而且我局也收到了信义小区业主关于业委会不为业主办实事、以公告方式进行业委会换届选举侵害广大业主权益的举报。所以，我局认为信义小区业主委员会提交的改选备案申请不符合备案条件，我局工作人员已明确告知信义小区业主委员会对其申请不予备案。总之，信义小区业主委员会的改选不符合备案条件，我局不予备案行为合法，请求驳回信义小区业主委员会的诉讼请求。

【思考】
1. 原告提起的是什么诉讼，为什么？
2. 原告和被告各要出示哪些证据来证明自己的主张？
3. 法院会如何审理，为什么？

【相关法条】
《中华人民共和国行政诉讼法》第2条：公民、法人或者其他组织认为行政机关和行政机关工作人员的具体行政行为侵犯其合法权益，有权依照本法向人民法院提起诉讼。

《城市新建住宅小区管理办法》第6条：住宅小区应当成立住宅小区管理委员会（以下简称管委会），管委会是在房地产行政主管部门指导下，由住宅小区内房地产权人和使用人选举的代表组成，代表和维护住宅小区内房地产产权人和使用人的合法权益。

《北京市居住小区物业管理办法》第5条：市和区、县房屋土地管理机关主管本行政区域居住小区物业。

【案例分析】
1. 原告提起的是行政诉讼，因为被告和原告之间是不平等的管理者与被管理者的关系。被告的身份是行政主体，原告是行政相对人。
2. 原告提交的证据有：
(1) 备案材料邮寄存根和投递签收清单，用以证明信义小区业主委员会改选后即向海淀区国土资源和房屋管理局申请备案。
(2) 法院调查笔录，用以证明海淀区国土资源和房屋管理局工作人员在接受法院调查时，明确表示信义小区业主委员会未备案。
(3) 法院交换证据笔录，用以证明海淀区国土资源和房屋管理局对信义小区业主委员会与金罗马公司订立的物业服务合同未备案，一直违法行政。
被告提交的证据有：
(1) 信义小区500名业主签名的举报信，用以证明业主举报信义小区业主委员会改选程序不合法。
(2) 信义小区业主委员会寄给被告的挂号信，用以证明信义小区业主委员会曾以挂号信的方式申请备案。

（3）海淀区国土资源和房屋管理局委托代理人的陈述。主要内容是：我局经办人员接到信义小区业主委员会寄来的挂号信后，打电话通知信义小区业主委员会人员到本局谈话，在谈话中明确告知其提交的备案材料不齐备、不符合备案条件，不予备案。该陈述用以证明已将不备案的情况及原因明确通知信义小区业主委员会。

3. 法院认为根据本案发生时实施的建设部《城市新建住宅小区管理办法》、北京市人民政府《北京市居住小区物业管理办法》以及原北京市房屋土地管理局《关于开展居住小区小区业主委员会试点工作的通知》、《关于全面开展组建小区业主委员会工作的通知》、北京市国土资源和房屋管理局《关于小区业主委员会委员补选、改选、换届选举及变更事项的通知》、北京市人民政府办公厅《关于转发规范和加强本市居住区物业管理的若干意见》的规定，居住小区小区业主委员会是由居住小区内全体业主通过业主大会选举产生，代表本物业区域内全体业主的合法权益，负责对区域内物业实施管理的组织。小区业主委员会的成立及换届选举，均须报当地区县国土房管机关登记备案。小区业主委员会的主要职责包括选聘或解聘物业服务企业、与物业服务企业签订物业服务合同以及审议物业服务企业提出的物业管理服务收费标准、年度计划、财务预算和决算、监督物业服务企业的管理服务活动等，小区业主委员会的办公场所由物业服务企业提供，日常办公经费也暂由物业服务企业从其收入中支付。据此，可以认为，小区业主委员会的产生与改选均须经行政主管机关登记，有自己的组织章程和组织机构，有独立使用的办公场所，办公经费亦有相应保障，因而具有一定的民事行为能力，虽然不具备法人的资格，但如果小区业主委员会认为国土资源和房屋管理局处理其申请换届登记予以备案的具体行政行为，侵犯了该委员会的合法权益，有权依照行政诉讼法的规定向人民法院提起诉讼。因此，对于被告海淀区国土资源和房屋管理局提出原告信义小区业主委员会不具有诉讼主体资格的主张，不予采纳。

根据上述行政规章的规定，房管行政机关负责指导小区业主委员会的组建和日常工作的监督，有权要求小区业主委员会纠正其作出的违反法规、规章及政策的决定。原告信义小区业主委员会在组建时已经在行政管理机关办理了登记手续，任期届满后进行了换届选举。被告海淀区国土资源和房屋管理局如认为信义小区业主委员会采取的换届选举方式不符合法规、规章的规定，可以要求信义小区业主委员会予以纠正；在收到信义小区业主委员会寄送的换届选举登记备案的书面申请后，如认为其提交的备案材料不符合规定，应当要求其补正；如不予备案，亦应书面通知并说明理由。海淀区国土资源和房屋管理局在长达一年的时间内，不依照职权对信义小区业主委员会提出的换届选举登记备案申请给予任何书面答复，亦未依照规定尽其指导、监督的职责，构成违法。为此，信义小区业主委员会请求确认海淀区国土资源和房屋管理局的上述行为违法，应予支持。

据此，北京市海淀区人民法院依照《中华人民共和国行政诉讼法》第53条第1款、《最高人民法院关于执行〈中华人民共和国行政诉讼法〉若干问题的解释》第57条第2款第（二）项的规定，参照建设部《城市新建住宅小区管理办法》第6条、北京市人民政府《北京市居住小区物业管理办法》第5条的规定，于2003

年11月20日判决：

(1) 确认被告北京市海淀区国土资源和房屋管理局对原告信义小区业主委员会提出的换届选举登记备案申请不履行备案职责的行为违法。

(2) 案件受理费80元，由被告北京市海淀区国土资源和房屋管理局负担。

【知识点】

问题一：什么是物业管理纠纷行政诉讼，它有什么特征？

物业管理纠纷行政诉讼是指物业服务企业、业主、业主委员会认为物业管理行政主管机关的具体行政行为侵犯了其合法权益，依法定程序向人民法院提起诉讼，人民法院在当事人及其他诉讼参与人的参加下，对具体行政行为进行审查并作出裁决的活动。

物业管理行政诉讼有如下特征：

1. 物业管理行政诉讼案件只限于就行政机关的具体行政行为的合法性发生的争议。

2. 物业管理行政诉讼案件的审理方式原则上为开庭审理，法院在审理行政诉讼案件时，只有在事实清楚的情况下，才可以采用书面审理的方式。

3. 物业管理行政诉讼双方当事人诉讼权利是不平等的，只能由行政相对人起诉，而作为物业管理行政部门是作为被告的一方，不能提起反诉。而物业管理民事诉讼中，双方当事人的诉讼权利是对等的，如一方起诉，另一方可以反诉。

4. 物业管理行政诉讼不得采用调解作为审理程序或结案方式，而只能以判决方式解决。

5. 诉讼期间行政机关做出的原具体行政行为不停止执行。

6. 被告负有举证责任。

问题二：如何正确选择管辖的法院？

1. 物业管理行政诉讼的级别管辖。我国《行政诉讼法》第13条规定："基层人民法院管辖第一审行政案件。"第14条规定："下列第一审行政案件由中级人民法院管辖：①确认发明专利权的案件、海关处理的案件；②对国务院各部门或者省、自治区、直辖市人民政府所作的具体行政行为提起诉讼的案件；③本辖区内重大、复杂的案件。"第十五条规定："高级人民法院管辖本辖区内重大、复杂的第一审行政案件。"第十六条规定："最高人民法院管辖全国范围内重大、复杂的第一审行政案件。"所以物业管理行政诉讼一般是到区、县级别的基层法院起诉。

2. 物业管理行政诉讼的地域管辖。一般分普通地域管辖和特殊地域管辖。普通地域管辖一般由最初作出具体行政行为的行政机关所在地法院管辖。经复议的案件，复议机关改变原具体行政行为的，也可以由复议机关所在地人民法院管辖；特殊地域管辖是根据具体行政行为的特殊性或者标的物所在地来确定管辖法院，如因不动产提起的行政诉讼，由不动产所在地的法院管辖。所以，物业管理行政诉讼的地域管辖一般根据物业管理行政主管部门的所在地或者物业所在地来确定。

问题三：物业管理行政诉讼的流程是什么？

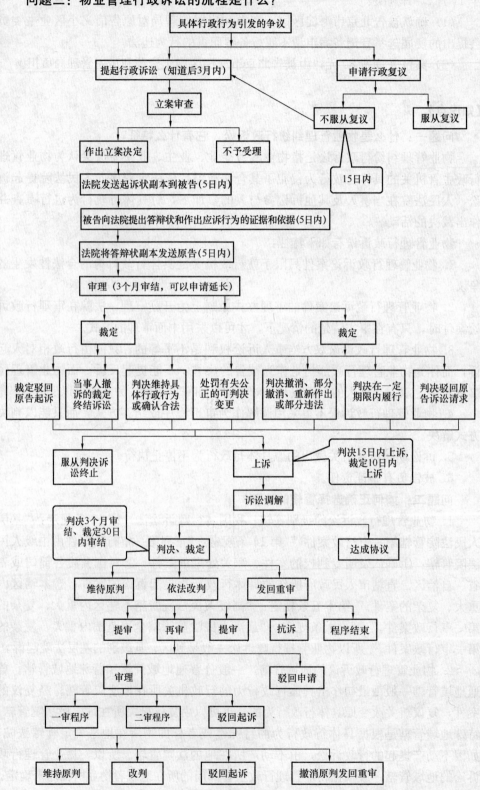

问题四：物业管理纠纷行政诉讼的举证责任是如何分配的，举证期限是多少？

1. 举证责任分配

在行政诉讼中，举证责任主要在被告，即行政机关这一方。我国《行政诉讼法》第32条规定："被告对作出的具体行政行为负有举证责任，应当提供作出该具体行政行为的证据和所依据的规范性文件。"这就确定了我国的行政诉讼制度采取被告负举证责任的分配原则。但这并不等于原告没有举证责任，《最高人民法院关于执行〈中华人民共和国行政诉讼法〉若干问题的解释》第27条还作了补充规定："原告对下列事项承担举证责任：（一）证明起诉符合法定条件，但被告认为原告起诉超过起诉期限的除外；（二）在起诉被告不作为的案件中，证明其提出申请的事实；（三）在一并提起的行政赔偿诉讼中，证明因受被诉行为侵害而造成损失的事实；（四）其他应当由原告承担举证责任的事项。"

我国《行政诉讼法》第33条规定："在诉讼过程中，被告不得自行向原告和证人收集证据"，这就要求行政机关在做出具体行政行为的程序上，必须是先取证、后决定，而不能是先决定、后取证。

2. 举证期限

被告的举证期限：根据《行政诉讼法》第43条规定："被告应当在收到起诉状副本之日起十日内向人民法院提交作出具体行政行为的有关材料，并提出答辩状。"

原告和第三人的举证期限：根据《行政诉讼证据规定》第7条规定："原告或第三人应当在开庭审理前或者人民法院指定的交换证据之日提供证据。因正当事由申请延期提供证据的，经人民法院准许，可以在法庭调查中提供。逾期提供证据的，视为放弃举证的权利。"

问题五：物业管理纠纷行政诉讼受理费用是如何交纳的？

行政案件受理费的交纳：一是交纳标准，一是由谁交纳。

1. 基本的交纳标准是：①治安行政案件，每件交纳30元；②其他行政案件，每件交纳80元。有争议金额的，按财产案件收费标准交纳。

2. 由谁交纳：一般情况下，行政诉讼的费用由当事人预交，在案件审结后，按实际费用确定由何方当事人负担。根据我国《行政诉讼法》第74条规定："诉讼费由败诉方承担，双方都有责任的由双方分担"。当事人交纳诉讼费用确有困难的，可向人民法院申请缓交、减交或免交，是否减、免，由人民法院决定。对人民法院关于诉讼费用的决定，当事人不能就此单独提起上诉，只能在上诉中附带提出申请改变诉讼费用分担的决定。

问题六：物业管理行政纠纷的诉讼时效是多少？

根据《最高人民法院关于执行〈中华人民共和国行政诉讼法〉若干问题的解释》第41条、第42条、第43条之规定，行政诉讼时效应当分为以下两种：

1. 一般诉讼时效

行政机关作出具体行政行为时，未告知公民、法人或者其他组织诉权或者起诉期限的，起诉期限从公民、法人或者其他组织知道或者应当知道诉权或起诉期限之日起计算，但从知道或者应当知道具体行政行为内容之日起最长不得超过 2 年。复议决定未告知公民、法人或者其他组织诉权或者法定起诉期限的，适用前款规定。

2. 特殊诉讼时效

公民、法人或者其他组织不知道行政机关作出的具体行政行为内容的，其起诉期限从知道或者应当知道该具体行政行为内容之日起计算。由于不属于起诉人自身的原因超过起诉期限的，被耽误的时间不计算在起诉期间内。因人身自由受到限制而不能提起诉讼的，被限制人身自由的时间不计算在起诉期间内。对涉及不动产的具体行政行为从作出之日起超过 20 年、其他具体行政行为从作出之日起超过 5 年提起诉讼的，人民法院不予受理。

【现实建议】

物业管理行政纠纷产生于物业行政管理关系的当事人在物业关系中的地位是不平等的。一旦诉讼于法院，则属于行政诉讼，其可能涉及财产内容也可能不涉及财产内容。物业管理行政纠纷的诉讼和民事纠纷的诉讼适用的法律规定是不同的，最大区别就是：在审理过程中不可以调解，诉讼期间被诉讼方行政机关不得补充证据或者另外收集证据。

【课堂活动】

某物业服务企业在小区门口悬挂了一块牌子，牌子上写着："非小区人员未经同意，禁止入内，否则罚款 50～100 元"。一日，某县居民张某好奇，一定要进入小区参观。在门口与保安发生争执。保安随即扣留张某，并对张某罚款 500 元。张某不服，向人民法院提起行政诉讼。人民法院依法裁定不予受理，并告知其应该向人民法院提起民事诉讼。请你分析该案法院不予受理是否正确，为什么？

参 考 文 献

[1] 林广志. 物业管理法规, 广州: 中山大学出版社, 2000
[2] 王跃国. 物业管理法规, 北京: 机械工业出版社, 2009
[3] 李冠东. 物业管理法律法规. 上海: 华东师范大学出版社, 2010
[4] 邓保同. 物业管理法概论. 上海: 华中师范大学出版社, 2006
[5] 夏善胜. 物业管理法. 北京: 法律出版社, 2003
[5] 温小明. 物业管理案例分析. 北京: 中国建筑工业出版社, 2006
[7] 中国物业管理协会培训中心. 物业管理实务. 北京: 中国建筑工业出版社, 2007
[8] 范小强. 物业管理法规, 北京: 中国轻工业出版社, 2008
[9] 胡晓娟. 物业管理概论. 重庆: 重庆大学出版社, 2005
[10] 本书编写组. 物权法以案说法. 北京: 人民出版社, 2007
[11] 中国物业管理协会培训中心. 物业管理基本制度与政策. 北京: 中国建筑工业出版社, 2006
[12] 物业纠纷实用法律手册. 北京: 中国法制出版社, 2007
[13] 新编物业纠纷办案手册. 北京: 法律出版社, 2008
[14] 梅新和, 尹卓. 物业管理案例精析. 北京: 法律出版社, 2006
[15] 马克力. 物业管理纠纷. 北京: 法律出版社, 2007
[16] 周珂. 物业管理法教程. 北京: 法律出版社, 2004